Robert Kurz/Ernst Lohoff/Norbert Trenkle

Feierabend!

Elf Attacken gegen die Arbeit

Robert Kurz/Ernst Lohoff/Norbert Trenkle

Feierabend!

Elf Attacken gegen die Arbeit

Konkret Literatur Verlag

Umschlaggestaltung: Peter Albers, Hamburg
Satz: H+G Herstellung, Hamburg
Druck: Wiener Verlag, Himberg
ISBN 3-89458-182-4

Inhalt

Vorwort

Fast eine Milliarde Menschen hungern, die Massenarmut frißt sich von der Peripherie in die Zentren voran. Aber kein Meteor hat die Erde getroffen, auch der Atomkrieg ist ausgeblieben, die Ernten sind gut, Wissen und technische Hilfsmittel stehen in überreichem Ausmaß zur Verfügung. Was leider fehlt, sagt man uns händeringend, seien genügend »Arbeitsplätze«. Während ungeheure Ressourcen vor unseren Augen brachliegen und andere in sonderbaren Pyramidenprojekten verschwinden, öden Politikdarsteller, Menschen- und Krisenverwalter, Management-Gurus und Querdenker die Öffentlichkeit auf allen Kanälen mit einem Dauerdiskurs über die »Schaffung von Arbeitsplätzen« an. Die Bevölkerung ganzer Regionen wimmert nach dem »Investor«, weil sie sonst ihre eigenen Köpfe und Hände nicht mehr »beschäftigen« kann. Was ist das für eine verrückte Gesellschaftsordnung, die derartige Absurditäten möglich macht?

Den wenigsten ist heute noch bewußt, daß die abstrakte »Arbeit« in den Zuchthäusern und sogenannten Irrenanstalten des 17. und 18. Jahrhunderts erfunden wurde, als die Menschen von den frühmodernen Despotien zur »Beschäftigung« für ihnen fremde Zwecke gezwungen wurden. Das ständige Gerede von »Beschäftigungsmöglichkeiten« entstammt eigentlich einem Anstaltsjargon. Was einstmals als äußerer Zwang begann, hat sich heute zu einem verselbständigten System der allgemeinen Entmündigung entwickelt, in dem die Menschen wie Geisteskranke, Sträflinge oder Fünfjährige im Kindergarten »beschäftigt« werden sollen, statt gemeinsam Sinn und Zweck ihres Tuns zu bestimmen. Dieses irrationale System stößt jedoch zunehmend an Grenzen. Denn wie uns die Spezialisten der »Bundesanstalt für Arbeit« sagen, wird es leider nie mehr »Vollbeschäftigung« geben.

Wir haben es mit Zuständen zu tun, die nach radikaler Kritik geradezu schreien. Aber die bisherige Gesellschaftskritik zeigt sich paralysiert, weil sie selbst tiefer in die Logik des herrschenden Wahnsystems verstrickt ist, als sie wahrhaben will. Alles hätten sich Arbeiterbewegung, Gewerkschaften, sozialistische und kommunistische Parteien vorstellen können, nur eines nicht: daß einmal der »Standpunkt der Arbeit« selbst hoffnungslos obsolet werden könnte. Erst in der Weltkrise am Ende des 20. Jahrhunderts stellt sich heraus, wie sehr die vermeintlich überhistorische Kategorie »Arbeit« in Wahrheit die spezifische, von allen Bedürfnissen losgelöste Tätigkeitsform des modernen warenproduzierenden Systems ist. Wenn die bitter nötige radikale Kapitalismuskritik jemals wieder Fuß fassen will, muß sie sich in einer kopernikanischen Wende gegen die »Arbeit« selbst richten. Wir brauchen keine »Beschäftigung«, sondern einen vernünftigen Einsatz der Produktivkräfte, die längst über »Arbeitsgesellschaft« und Warenproduktion hinausgewachsen sind.

Die folgenden »Attacken gegen die Arbeit« sind Produkte eines Diskurses, der seit Ende der 80er Jahre im Kontext der Theoriezeitschrift »Krisis – Beiträge zur Kritik der Warengesellschaft« geführt wird. Wir wollen damit keine endgültigen Wahrheiten verkünden. Es geht vielmehr darum, das Feld einer Debatte zu eröffnen, vor der die Linke bisher zurückscheut, weil ihr eine abgelebte Geschichte noch in den Knochen steckt. Parallel zu diesem Buch ist ein »Manifest gegen die Arbeit« erschienen.

Nürnberg, im August 1999 — Die Herausgeber

Robert Kurz

Die Diktatur der abstrakten Zeit

Arbeit als Verhaltensstörung der Moderne

In der Geschichte des westlichen Denkens hat sich die Sprache von Philosophie und Wissenschaft immer weiter von der Sprache der gewöhnlichen Menschen entfernt und ist zur Geheimsprache einer elitären, von der übrigen Gesellschaft getrennten Priesterkaste des bürgerlichen Wissens geworden. Es gibt wenig Begriffe, die gleichzeitig der Sphäre der theoretischen Reflexion und der Sphäre des alltäglichen praktischen Lebens angehören. Gerade dann handelt es sich meistens um besonders schräge Gegenstände, die unfreiwillig auf die Absurdität der bürgerlichen Gesellschaft verweisen. »Arbeit« ist ein solcher Begriff, der einerseits eine philosophische, ökonomische und soziologische Kategorie darstellt, andererseits aber auch auf eine verwirrend vielfältige Weise in der Lebenspraxis aller Menschen verwendet wird. Dieser besondere Charakter der gesellschaftlichen Bedeutung von Arbeit verweist auf einen universellen Zusammenhang in der modernen Welt. Kein Wort ist auf den ersten Blick klarer und keines auf den zweiten Blick unklarer als dieses.

Die Doppeldeutigkeit der Arbeitskategorie erweist sich schon allein daran, daß sie sowohl oppositionell als auch affirmativ verwendet wird. Der Marxismus hat immer versucht, die Arbeit als positives Ideal für sich zu reklamieren und von der angeblichen »Nichtarbeit« der bürgerlichen Welt und ihrer Repräsentanten abzugrenzen. Die sozialistische Presse des 19. Jahrhunderts stellte in ihren Karikaturen die Kapitalisten mit Vorliebe als fettleibige Schmarotzer oder als Dandys und Flaneure dar, die sich auf Kosten der Arbeiterklasse ein angenehmes und »arbeitsloses« Leben verschaffen. Deshalb wurde es ja auch zum zentralen Anliegen, statt der Arbeitskategorie »die Müßiggänger« beiseite zu schieben. Es sind eigentlich eher die alten Feudalherren und die Rentiers großer Geldvermögen, die in diesem groben Feindbild sichtbar werden, und nicht die modernen Manager. Denn die industriellen Tycoons sind bekanntlich schlank, joggen täglich, haben weniger Freizeit als ein Plantagensklave und müssen sich in Therapie begeben, weil sie »arbeitssüchtig« geworden sind.

In Wahrheit ist die Arbeit schon immer ein bürgerlich-kapitalistisches Ideal gewesen, längst bevor der Sozialismus diesen Begriff für sich entdeckte. Insofern stellt der vermeintlich kapitalismuskritische »Standpunkt der Arbeit« schon von Haus aus eine Paradoxie dar. Das Lob der Arbeit wird auch von der christlichen Soziallehre in den höchsten Tönen gesungen; und der Liberalismus hat die Arbeit ebenfalls heilig gesprochen und verspricht ganz ähnlich wie der Marxismus deren »Befreiung«. Auch sämtliche konservativen und gerade auch die rechtsradikalen Ideologien beten die Arbeit geradezu an. Offensichtlich ist die Religion der Arbeit das gemeinsame Bezugssystem aller modernen Theorien, politischen Systeme und sozialen Klassen. Sie konkurrieren miteinander, wer in dieser Religion die größte Frömmigkeit an den Tag legt und die größte Leistung aus den Menschen herauskitzelt.

Die seltsame Karriere des Arbeitsbegriffs

Bei solchen Gedanken wird vielleicht der moderne Normalmensch ärgerlich. Was soll das denn? Man muß doch arbeiten. Haben die Menschen nicht schon immer gearbeitet? Sonst gäbe es ja keine Nahrungsmittel, keine Kleidung, keine Wohnung und keine Kultur. Von nichts kommt nichts.

Zweifellos haben die Menschen schon immer Dinge und Ideen produziert, um zu leben, zu genießen, zu forschen und sich zu unterhalten. Aber ist »Arbeit« der richtige, überhistorische, universelle Begriff dafür? »Arbeit« ist eine Abstraktion, ein Wort von vieldeutiger Allgemeinheit. Karl Marx, dessen Verhältnis zum positiven Arbeitsbegriff durchaus zwiespältig ist, meinte einerseits, die Arbeit erscheine »in dieser Abstraktion praktisch wahr (nur) als Kategorie der modernsten Gesellschaft« (Marx 1974/1857, S. 25). Dennoch verteidigte er zugleich diese unbestimmte Allgemeinheit als eine überhistorische und meinte, es handle sich gewissermaßen um eine »vernünftige« Abstraktion, die »eine uralte und für alle Gesellschaftsformen gültige Beziehung ausdrückt« (ebda). Friedrich Engels behauptete sogar, die Arbeit sei maßgeblich an der »Menschwerdung des Affen« beteiligt gewesen, womit schon unsere »über und über behaarten« Vorfahren mit »Bärten und spitzen Ohren« jener segensreichen, vernünftigen Abstraktion teilhaftig geworden seien (Engels 1946/1896, S. 6ff.).

Aber stimmt das wirklich? Eine vernünftige Abstraktion wäre ein sinnvoller allgemeiner Oberbegriff für qualitativ verschiedene, aber trotzdem auf einer bestimmten Ebene zusammengehörige Dinge. So werden zum Beispiel Äpfel, Birnen, Pfirsiche, Orangen usw. zu dem Oberbegriff »Obst« zusammengefaßt. Aber in diesem Sinne ist »Arbeit« als Oberbegriff menschlicher Tätigkeiten gerade keine vernünftige Abstraktion. Auch Spazierengehen, Schach spielen oder Romane lesen sind menschliche Tätigkeiten, ohne daß sie normalerweise zur Arbeit gerechnet werden. Wo soll da die Grenze gezogen werden, ohne ein Moment von Willkürlichkeit hineinzubringen? Um hier Klarheit zu schaffen, ist der besondere gesellschaftliche Charakter des abstrakten Arbeitsbegriffs genauer zu bestimmen.

Historisch ist die gesellschaftliche Allgemeinheit dieser Kategorie als angebliche Selbstverständlichkeit mehr als zweifelhaft. Viele Jäger-, Hirten- oder Bauernkulturen kannten überhaupt keinen abstrakten, ganz unterschiedliche Tätigkeiten übergreifenden Begriff der Arbeit. Aber nicht etwa deswegen, weil sie kein Abstraktionsvermögen gehabt hätten. Es wäre ihnen jedoch im höchsten Grade unvernünftig und geradezu verrückt erschienen, Tätigkeiten wie Jagen und Pflanzen, Kochen und Kinder erziehen, Kranke pflegen und kultische Handlungen ausführen unter einem einzigen abstrakten Oberbegriff von »Tätigkeit überhaupt« zusammenzufassen. Oft gab es in diesen archaischen Gesellschaften (soweit sie rekonstruierbar sind oder noch Reste existieren) für die verschiedenen Bereiche des Lebens, für Männer und Frauen, für verschiedene soziale Gruppen oder Fertigkeiten (Bauern, Künstler, Krieger usw.) auch verschiedene Oberbegriffe der Tätigkeit, die in keiner Weise dem modernen Universalbegriff der Arbeit entsprechen.

Wann und in welchem Kontext ist also historisch dieser abstrakt-allgemeine Begriff der sozialen und ökonomischen Aktivität entstanden? In mehreren Kultursprachen geht die Wurzel des Wortes »Arbeit« auf eine Bedeutung zurück, die den unmündigen Menschen, den Abhängigen oder Sklaven bezeichnet. »Arbeit« ist also ursprünglich keine neutrale und vernünftige, sondern eine soziale Abstraktion: Es ist die Tätigkeit derjenigen, die ihre Freiheit verloren haben. Egal, ob sie nun im Bergwerk oder auf der Plantage schwitzen, ob sie als Domestiken im Haus das Essen auftragen, die Kinder zur Schule begleiten oder der Herrin Luft zufächeln: es ist immer die Tätigkeit eines als Knecht definierten Menschen. Das Dasein als Knecht ist der Inhalt der Abstraktion »Arbeit«. In diesem Sinne, als sozial eingegrenzte Abstraktion, konnte der Arbeitsbegriff natürlich keinesfalls den Charakter einer gesellschaftlich allgemeinen Tätigkeitsform haben und schon gar nicht positiv bestimmt sein.

So ist es kein Wunder, daß der Begriff der Arbeit in der Antike die metaphorische Nebenbedeutung von Leid und Unglück angenommen hat (etwa im Lateinischen). Es ist das Leid des Menschen, der in dem negativen Sinne tätig ist, daß er »unter einer Last schwankt« (laborare). Diese Last kann auch unsichtbar sein, weil sie in Wahrheit die soziale Last der Unselbständigkeit ist. Das ist auch letzten Endes gemeint, wenn im Alten Testament die Arbeit als ein dem Menschen von Gott auferlegter Fluch gedeutet wird. Die Gleichbedeutung von Leid und Arbeit meint nicht die bloße Anstrengung. Auch ein freier Mensch kann sich bei bestimmten Gelegenheiten anstrengen und sogar Lust dabei empfinden.

Deswegen ist es ganz falsch, die »Nichtarbeit« der Freien und Unabhängigen in der Antike als pures »dolce far niente« und als bloße Faulheit mißzuverstehen, wie es oft in der vulgärmarxistischen Literatur erscheint. Bei Homer ist der Held Odysseus sogar stolz darauf, daß er sein Bett selbst gezimmert hat. Nicht die Tätigkeit als solche war ehrlos, auch nicht die Handarbeit, sondern die Subsumtion des Menschen unter andere Menschen oder unter einen »Beruf«. Ein freier Mensch konnte gelegentlich ein Bett oder einen Schrank bauen, aber er durfte nicht von Berufs wegen Schreiner sein; er konnte gelegentlich Handel treiben, aber er durfte nicht Händler sein; er konnte gelegentlich Gedichte schreiben, aber er durfte nicht Dichter sein (schon gar nicht zum Gelderwerb). Wer formal frei war, aber sich einer lebenslangen Erwerbsarbeit in irgendeinem Zweig der Produktion unterwerfen mußte, war dieser Tätigkeit gegenüber »unmündig« geworden und galt kaum mehr als ein Sklave.

Deswegen mußte die Tätigkeit des freien Amateurs allerdings keineswegs ungeschickter oder von schlechterer Qualität sein als die des unfreien »Berufsmenschen«. Sich in verschiedenen Künsten zu üben und Kenntnisse zu erwerben galt durchaus als ehrenhaft. Und aus den Märchen verschiedener Kulturkreise können wir erfahren, daß in den alten Gesellschaften sogar Königssöhne und Prinzen manchmal neben der Kriegskunst und geistigem Wissen auch ein Handwerk erlernen mußten – aber eben nicht, um lebenslang Handwerker zu »sein« und damit dem Leid der Arbeit unterworfen zu werden, sondern um in vieler Hinsicht »geschickt« zu sein und qualitativ verschiedene Tätigkeitsformen frei miteinander kombinieren zu können.

Es war das Christentum, das zuerst die negative Bedeutung der Abstraktion »Arbeit« positiv umdefiniert hat – und zwar paradoxerweise gerade als Leid und Unglück! Weil nämlich das Leid Christi am Kreuz die Menschheit von ihren irdischen Sünden erlöst hat, verlangt der Glaube daran die »Nachfolge Christi«. Und das bedeutet, das Leid freudig und freiwillig auf sich zu nehmen. In einer Art von Masochismus des Glaubens an das positive Leiden adelte also das Christentum auch die Arbeit zum geradezu erstrebenswerten Ziel, etwa in demselben Sinn, wie es gelegentlich üblich war, sich in frommer Ekstase selber zu geißeln. Die Mönche und Nonnen in den Klöstern unterwarfen sich bewußt und freiwillig der Abstraktion »Arbeit«, um als »Knechte Gottes« ein Leben im Sinne des Leids von Christus zu führen. Mentalitätsgeschichtlich waren, und darauf ist oft hingewiesen worden, die klösterliche Zucht und Ordnung, also die strenge Einteilung des Tagesablaufs und die mönchische Askese, Vorläufer der späteren Fabrikdisziplin und der abstrakten »betriebswirtschaftlichen« Zeitrechnung. Aber diese spezifisch christliche Mission der Arbeit bezog sich nur auf die metaphorische Bedeutung des Begriffs als religiöse Akzeptanz des Leids mit Blick auf das Jenseits; es wurde damit noch kein positiver irdischer Zweck verfolgt.

Es war erst der Protestantismus, besonders in seiner calvinistischen Form, der seit dem 16. Jahrhundert den christlichen Masochismus des Arbeitsleidens zum diesseitigen Gegenstand machte. Der gläubige Mensch sollte die Schmerzen der Arbeit als »Knecht Gottes« nun nicht mehr in klösterlicher Abgeschiedenheit auf sich nehmen, sondern damit in der profanen irdischen Welt Erfolg haben, und zwar gerade um seine Auserwähltheit durch Gott zu demonstrieren. Natürlich durfte er aber die Früchte des Erfolgs auf keinen Fall genießen, um die göttliche Gnade in der Nachfolge Christi nicht zu verspielen. Er mußte also das Ergebnis der Arbeit mit säuerlicher Leidensmiene zum Ausgangspunkt immer neuer Arbeit machen und unaufhörlich abstrakte Reichtümer ohne Genuß aufhäufen. In dieser seltsamen Verschränkung eines tristen jenseitigen mit einem ebenso tristen diesseitigen Zweck entstand die erst recht triste moderne Arbeitsmentalität – Arbeit als eine Art Verhaltensstörung.

Politische Ökonomie der Feuerwaffen

Nun wäre es sicherlich nicht ausreichend, bei der bloß religions- und geistesgeschichtlichen Karriere der abstrakten Arbeitskategorie vom negativen zum positiven Leid stehenzubleiben. Damit die protestantische Verhaltensstörung ihren weltlichen Siegeszug antreten konnte, bedurfte es der Vermittlung mit mächtigen materiellen Interessen. Bekanntlich entwickelte sich seit der Renaissance sprunghaft die Warenproduktion und begann die agrarische Naturalwirtschaft aufzusprengen. Die protestantische Mentalität verband sich mit diesem Aufstieg der Marktwirtschaft, der in den modernen Kapitalismus mündete. Und die Positivierung der Arbeitskategorie war natürlich in diesen Zusammenhang eingebunden, der heute als Beginn der »Modernisierung« und ihrer scheinbar endlosen Weiterentwicklung firmiert.

Es ist bezeichnend, daß die Modernisierung genau wie die Arbeit von allen Ideologien, theoretischen Reflexionen und politischen Strömungen der aufsteigenden kapitalistischen Gesellschaft hauptsächlich positiv bestimmt wurde. So spinnefeind sie sich sonst auch sein mochten, im Heraufdämmern ihrer eigenen Welt wollten sie doch im wesentlichen einen gesellschaftlichen »Fortschritt« erkennen. Für die bürgerliche Ideologie ist die Entfesselung von Warenproduktion und Kapitalismus selbstverständlich gleichbedeutend mit ständig erhöhter Reichtumsproduktion. Auch der Marxismus sieht den bürgerlichen Fortschritt, wenngleich nicht ungebrochen, in der »Entwicklung der Produktivkräfte«. Jedenfalls werden stets positive Errungenschaften als die ursprüngliche Triebfeder der Modernisierung und damit der Arbeit angenommen. Prominente Gründe für den »take off« der Moderne sollen wahlweise die künstlerischen und wissenschaftlichen Innovationen der Renaissance, die großen geographischen »Entdeckungen« seit Kolumbus, die protestantisch-calvinistische Idee von der Selbstverantwortung des Individuums und die allmähliche Befreiung vom »mittelalterlichen Aberglauben« gewesen sein.

Andererseits hat Marx im berühmten Kapitel über die »ursprüngliche Akkumulation des Kapitals« den beispiellosen terroristischen Charakter der Ur-Modernisierung beschrieben, die gewaltsame Vertreibung der Pächter von ihren Feldern, den regelrechten Krieg gegen die verarmten Massen, die Errichtung von Zuchtanstalten und Arbeitshäusern im großen Maßstab. Wie geht das zusammen mit der vermeintlich friedlichen Erweiterung der Warenproduktion? Lokalen Warentausch hatte es ebenso wie Fernhandel mit speziellen Waren (Salz, Seide, Erze, Waffen usw.) in mehr oder minder großem Umfang schon seit frühesten Zeiten in den »Nischen« der agrarischen Naturalwirtschaft gegeben, ohne daß daraus jemals ein die gesamte Gesellschaft erfassendes »warenproduzierendes System« (alias Kapitalismus) entstanden wäre, in dem dann die Arbeit ihre seltsame Karriere als nunmehr substantielle Realität für alle Menschen fortsetzen und krönen konnte.

Was also war in der frühen Neuzeit jenes wirklich »Neue«, das in der Folge unausweichlich die Geschichte der Modernisierung hervorgebracht hat? Man kann dem historischen Materialismus durchaus zugestehen, daß keinem bloßen Wandel der Ideen und Mentalitäten, sondern einer Entwicklung auf der Ebene der harten materiellen Tatsachen die größte und wichtigste Bedeutung zukam. Es war jedoch keine Produktivkraft, sondern im Gegenteil eine durchschlagende Destruktivkraft, die der Modernisierung den Weg gebahnt hat: nämlich die Erfindung der Feuerwaffen. Obwohl dieser Zusammenhang seit langem bekannt ist, blieb er doch in den berühmtesten und folgenreichsten Theorien der Modernisierung (den Marxismus eingeschlossen) völlig unterbelichtet.

Es war der deutsche Wirtschaftshistoriker Werner Sombart, der pikanterweise kurz vor dem Ersten Weltkrieg in seiner Studie »Krieg und Kapitalismus« (1913) ausführlicher auf diese Frage einging; freilich nur, um dann wie so viele der damaligen deutschen Intellektuellen selber der Kriegsbegeisterung zu verfallen. Erst in den letzten Jahren sind die rüstungstechnischen und kriegsökonomischen Ursprünge des Kapitalismus wieder zum Thema gemacht worden, so von dem deutschen Ökonomen Karl Georg Zinn in seinem Buch »Kanonen und Pest« (1989) und von dem US-amerikanischen Neuhistoriker Geoffrey Parker in seiner Untersuchung über »Die militärische Revolution« (1990). Aber diese Analysen haben nicht den großen Widerhall gefunden, den sie verdienen. Offensichtlich können die moderne westliche Welt und ihre Ideologen nur schwer akzeptieren, daß der letzte historische Grund ihres Systems in der Erfindung von perfektionierten Mordinstrumenten zu suchen ist. Und dieser Zusammenhang gilt nicht nur für die dunklen Ursprünge, sondern auch noch für die moderne Demokratie. Denn die »militärische Revolution« ist bis heute ein heimlicher Beweggrund der Modernisierung geblieben.

Die Innovation der Feuerwaffen hat die vorkapitalistischen Formen der Herrschaft zerstört, denn sie machte das feudale Rittertum militärisch lächerlich. Schon vor den Feuerwaffen hatte man die gesellschaftlichen Folgen von wirksamen Distanzwaffen geahnt, denn das Zweite Lateranische Konzil verbot im Jahr 1129 den Einsatz der Armbrust gegen Christen. Nicht umsonst galt die von außereuropäischen Kulturen um das Jahr 1000 nach Europa importierte Armbrust als die spezielle Waffe der Räuber, Outlaws und Rebellen. Als die noch viel wirksameren Distanzwaffen der »Feuerrohre« aufkamen, besiegelten sie den Untergang der gepanzerten und berittenen Kriegsherren.

Aber die Feuerwaffe lag nicht mehr in den Händen einer Opposition »von unten« gegen die feudale Herrschaft, sondern sie führte zu einer »Revolution von oben« durch die Fürsten und Könige. Denn die Produktion und Mobilisierung der neuen Waffensysteme war nicht auf der Ebene von lokalen und dezentralen Strukturen möglich, wie sie bis dahin die gesellschaftliche Reproduktion geprägt hatten, sondern erforderte eine völlig neue soziale Organisation auf mehreren Ebenen. Die Feuerwaffen, vor allem die großen Kanonen, konnten nicht mehr in kleinen Werkstätten produziert werden wie die vormodernen Hieb- und Stichwaffen. Deshalb bildete sich eine besondere Rüstungsindustrie heraus, die in großen Fabriken Kanonen und Musketen herstellen ließ. Gleichzeitig entstand eine neue militärische Defensiv-Architektur in Gestalt riesiger Bollwerke, die den Kanonen trotzen sollten. Es kam zu einem Innovationswettlauf zwischen Offensiv- und Defensivwaffen und zu einem Rüstungswettlauf zwischen den Staaten, der bis heute nicht aufgehört hat.

Durch die Feuerwaffen veränderte sich auch die Struktur der Armeen grundsätzlich. Die Krieger konnten sich nicht mehr selbst ausrüsten, sondern mußten sich ihre Waffen von einer gesellschaftlichen Zentralgewalt geben lassen. Deshalb trennte sich die militärische von der bürgerlichen Organisation der Gesellschaft. An die Stelle der von Fall zu Fall für Feldzüge mobilisierten Bürger oder lokalen Herren mit ihren bewaffneten Familien traten »stehende Heere«. Es entstand »das Militär« als besondere soziale Gruppe, und die Armee wurde zu einem sozialen Fremdkörper in der Gesellschaft. Der Status des Offiziers wandelte sich von einer persönlichen Verpflichtung der reichen Bürger in einen modernen »Beruf«. Im Zusammenhang mit dieser neuen militärischen Organisation und der neuen Kriegstechnik nahm auch die Größe der Armeen sprunghaft zu: »Die bewaffneten Streitkräfte wuchsen zwischen 1500 und 1700 um das Zehnfache« (Parker 1990, S. 20).

Rüstungsindustrie, Rüstungswettlauf und die Erhaltung permanent organisierter, von der bürgerlichen Gesellschaft getrennter und gleichzeitig stark vergrößerter Armeen führten notwendig zu einer radikalen Umwälzung der Ökonomie und der gesamten gesellschaftlichen Struktur. Der aus der Gesellschaft herausgelöste militärische Großkomplex erforderte eine »permanente Kriegswirtschaft«. Diese neue Ökonomie des Todes legte sich wie ein Leichentuch auf die naturalwirtschaftlichen Strukturen der alten Agrargesellschaften. Weil Rüstung und Militär sich nicht mehr auf die lokale agrarische Form der Produktion stützen konnten, sondern großräumig und in anonymen Zusammenhängen mit Ressourcen versorgt werden mußten, waren sie auf die Vermittlung des Geldes angewiesen.

Warenproduktion und Geldwirtschaft als Grundelemente des Kapitalismus erhielten ihren entscheidenden Anstoß in der frühen Neuzeit durch die Entfesselung der Militär- und Rüstungsökonomie.

Diese Entwicklung erzeugte und begünstigte die kapitalistische Subjektivität und ihre Mentalität des abstrakten »Plusmachens«. Der permanente finanzielle Bedarf der Kriegswirtschaft führte in der zivilen Gesellschaft zum Aufstieg der Geld- und Handelskapitalisten, der großen Geldsammler und Kriegsfinanziers. Aber auch die neue Organisation der Armeen selber brachte die kapitalistische Mentalität hervor. Die alten agrarischen Krieger verwandelten sich in »Soldaten«, das heißt in Empfänger von »Sold«. Sie waren die ersten modernen »Lohnarbeiter«, die ihr Leben vollständig durch Geldeinkommen und Warenkonsum reproduzieren mußten. Und deshalb kämpften sie nicht mehr für idealisierte Ziele, sondern nur noch für Geld. Ihnen war es gleich, wen sie totschossen, wenn nur der Sold »stimmte«; und so wurden sie zu den ersten Repräsentanten der »abstrakten Arbeit« (Marx) für das moderne warenproduzierende System. Sie waren übrigens auch die ersten, die »arbeitslos« werden konnten. Wenn kein Geld mehr in den Kassen der Kriegsherren war, schmolzen die »Arbeitsplätze« in den Armeen dahin. Viele Musketiere und Kanoniere wurden Opfer von Massenentlassungen. Sie standen dann buchstäblich auf der Straße und waren gefürchtet als herumstromernde Bettler, Räuber und Gelegenheitstotschläger.

Den Hauptleuten und Führern der »Soldaten« kam es darauf an, durch Plünderungen Beute zu machen und diese in Geld zu verwandeln. Dabei sollte der Output der Beute größer sein als der Input der Kriegskosten. Das war ein entscheidender Impuls für die Geburt der modernen betriebswirtschaftlichen Rationalität. Die meisten Generäle und Söldnerführer der frühen Neuzeit legten ihr Beutegeld gewinnbringend an und wurden zu Teilhabern des Geld- und Handelskapitals. Nicht der friedliche Kaufmann, der fleißige Sparer und der ideenreiche Produzent standen also am Anfang des Kapitalismus, ganz im Gegenteil:

Wie die »Soldaten« als blutige Handwerker der Feuerwaffen die Prototypen der modernen Lohnarbeiter waren, so waren die »Geld machenden« Heerführer und Condottieri die Prototypen des modernen Unternehmertums und seiner »Risikobereitschaft«.

Als freie Unternehmer des Todes waren die Condottieri jedoch angewiesen auf die großen Kriege der staatlichen Zentralgewalten und deren Finanzierungsfähigkeit. Das wechselhafte moderne Verhältnis von Markt und Staat hat hier seinen Ursprung. Um die Rüstungsindustrien und Bollwerke, die riesigen Armeen und die Kriege finanzieren zu können, mußten sich die frühmodernen Staaten in Militärdespotien verwandeln und ihre Bevölkerung bis aufs Blut auspressen. Der Sache entsprechend geschah dies in einer ebenfalls neuen Form: An die Stelle der alten Naturalabgaben trat die monetäre Besteuerung. Die Menschen wurden also gezwungen, »Geld zu verdienen«, um ihre Steuern an den Staat bezahlen zu können. Auf diese Weise forcierte die Kriegswirtschaft nicht nur direkt, sondern auch indirekt das marktwirtschaftliche System. Zwischen dem 16. und dem 18. Jahrhundert stieg die (monetarisierte) Besteuerung der Massen in den europäischen Ländern um bis zu 2000 Prozent.

Erst das erzwungene »Geldverdienen« nicht für eigene, sondern für fremde Zwecke, die ungeheure militärdespotische Auspressung, ließ die Abstraktion des Geldes und die Abstraktion der Arbeit zusammenfließen. Kein Wunder, daß sich der Protestantismus-Calvinismus hervorragend als Ideologie für die aufkommende frühmoderne Rüstungsökonomie eignete, konnte doch der genußlose Selbstzweckcharakter der abstrakten Anhäufung von Reichtümern auf diese Weise nicht nur die ihm angemessene »entsinnlichte« Geldform annehmen, sondern auch die weniger »auserwählte« Menschheit mit der dazugehörigen abstrakten Tätigkeitsform kujonieren. Die Abstraktion »Arbeit« wurde nun zum Begriff der Verausgabung von Lebensenergie für den aufgezwungenen äußeren Zweck. Ihre alte Bedeutung von Unmündigkeit und Unselbständigkeit gewann in diesem Kontext neues Gewicht, während sie in der religiösen Überhöhung gleichzeitig schon einen gesellschaftlich-allgemeinen Charakter annahm (der Katholizismus mußte in der Folge die protestantische Säkularisierung der Arbeit wohl oder übel nachvollziehen).

Natürlich ließen sich die Menschen nicht freiwillig in die Zumutungen der neuen Rüstungs- und Geldwirtschaft hineinziehen. Sie konnten dazu nur durch blutige Unterdrückung gezwungen werden. Die permanente Kriegswirtschaft erzeugte für einige Jahrhunderte den permanenten Volksaufstand und damit den permanenten Krieg nach innen; von den »Bauernkriegen« der frühen Neuzeit bis zu den Aufständen der »Ludditen« (der angeblichen »Maschinenstürmer«) im Zeitalter der Industrialisierung. Um die ungeheuren Abgaben auspressen zu können, mußten die staatlichen Zentralgewalten einen ebenso ungeheuren Apparat der Polizei und der Verwaltung aufbauen: Sie wurden »absolutistisch«. Alle modernen Staatsapparate haben in dieser Geschichte ihren Ursprung. An die Stelle lokaler Selbstverwaltung trat die zentralistische und hierarchische Verwaltung durch eine Bürokratie, deren Kern von den Apparaten der Besteuerung und der inneren Unterdrückung gebildet wurde.

Auch die spätere tatsächliche Entwicklung der »industriellen Produktivkräfte« trug immer das Brandmal dieser Herkunft. Die Industrialisierung des 19. Jahrhunderts war sowohl technologisch als auch organisations- und mentalitätsgeschichtlich ein Abkömmling der Feuerwaffen, der frühmodernen Rüstungsproduktion und ihrer gesellschaftlichen Folgeprozesse. Insofern ist es kaum überraschend, daß die rasante kapitalistische Entwicklung der Produktivkräfte seit der ersten industriellen Revolution nicht anders als in einer destruktiven Form vor sich gehen konnte, selbst noch bei den scheinbar unschuldigsten technischen Neuerungen.

Nicht nur technologisch, sondern auch in ihrer gesellschaftlichen Struktur kann die moderne westliche Demokratie nicht verbergen, daß sie ein Abkömmling der frühmodernen Rüstungs- und Militärdiktatur ist. Unter der dünnen Oberfläche der demokratischen Abstimmungsrituale und der politischen Diskurse finden wir das Monstrum eines Apparats, der die scheinbar freien Staatsbürger permanent verwaltet und diszipliniert im Namen der totalen Geldwirtschaft und der damit bis heute verbundenen Kriegsökonomie. Die »Arbeitsverwaltung« ist zentraler Bestandteil dieser Struktur. In keiner Gesellschaft der Geschichte gab es jemals einen derart hohen prozentualen Anteil von Staatsbeamten und Menschenverwaltern, Soldaten und Polizisten; keine hat jemals einen derart großen Teil ihrer Ressourcen für Rüstung und Militär verschleudert.

Die »herausgelöste Ökonomie«

Versucht man die allgemeine soziale und ökonomische Logik dessen zu erfassen, was die absolutistischen Militärdespotien der Frühneuzeit gesellschaftlich auf den Weg gebracht haben, dann läßt sich diese Logik als selbstzweckhafte Verselbständigung des Geldes und damit auch der dazugehörigen abstrakten Tätigkeitsform »Arbeit« bestimmen. Der sprichwörtliche Geldhunger des Absolutismus hatte zwar noch einen spezifischen und materiellen (allerdings auch schon verselbständigten) Zweck, nämlich eben die neue Politische Ökonomie der Feuerwaffen und ihre Erfordernisse. Aber die einmal in die Welt gesetzte Logik des »Geldmachens« begann die beschränkten Zielsetzungen des Absolutismus zu übersteigen, der sich schon bald in der Rolle des Zauberlehrlings sah. Denn das »Plusmachen« in der Geldform beschränkte sich, nachdem es einmal entfesselt war, nicht mehr auf eine äußerlich (etwa in Form der monetären Besteuerung) an die bisherige Produktionsweise herangetragene Zumutung, sondern es wurde zum inneren Antrieb einer neuen Produktionsweise, die den gesamten Gesellschaftskörper erfaßte.

Schon die absolutistischen Regimes selbst waren dazu übergegangen, neben der monetären Besteuerung eigene Produktionsunternehmen außerhalb der traditionellen Gilden und

Zünfte zu gründen, deren Zweck nicht mehr Bedürfnisbefriedigung, sondern einzig und allein Geldbeschaffung war. Diese staatlichen Manufakturen und Plantagen produzierten erstmals ausschließlich für großräumige anonyme Märkte, die schließlich zur Voraussetzung der »freien« Konkurrenz werden sollten. Das Geld wurde so von einem bloß marginalen Medium zur allgemeinen Voraussetzung und gleichzeitig zum allgemeinen Zweck des gesamten gesellschaftlichen Lebens. Im Endresultat konnte kein Stück Brot mehr produziert werden, wenn es nicht der kapitalistischen Tätigkeitsform unterworfen wurde, das heißt der abstrakten Arbeit als selbstzweckhafter Verwandlung menschlicher Energie in Geld. Karl Marx war der erste, der diesen absurden ökonomischen Mechanismus und die darin eingeschlossene Verkehrung von Mittel und Zweck präzise analysiert hat. Das Geld war gewissermaßen zum (irrationalen) »Grundnahrungsmittel« geworden. Es war nun nicht mehr ein Medium, um einen Teil der Bedürfnisse zu vermitteln, sondern genau umgekehrt waren die Bedürfnisse nur noch ein Medium (und ihre Befriedigung ein bloßes Abfallprodukt), um die auf sich selbst rückgekoppelte »Verwertung« des Geldes zu vermitteln.

Damit hatte sich die Endlosbewegung einer Verwandlung von Arbeit in Geld über alle ursprünglichen Zwecke hinaus zu einem kybernetischen »System« geschlossen. Dieser hermetische Systemcharakter fand nach dem Absolutismus seinen neuen Repräsentanten in jenem »freien Unternehmertum«, das in aufsteigender Linie aus den frühmodernen Söldnerführern, den Steuerpächtern und den Verwaltern der absolutistischen Sträflingsmanufakturen und Sklavenplantagen hervorgegangen war. Man kann sich denken, welchen Begriff von »Freiheit« diese illustren Herrschaften in ihrer Ideologie des (ökonomischen) »Liberalismus« kreierten und gegen die absolutistischen Väter kehrten: nämlich für die einen die »Freiheit«, in diesem System »unternehmerisch« tätig zu sein zwecks genußloser Geldanhäufung, und für die anderen die »Freiheit«, sich den angeblichen »Naturgesetzen« dieses verselbständigten Systems von gesellschaftlicher Zwangsarbeit, Geldverwertung und anonymen Märkten bedingungslos zu unterwerfen.

Die absolutistischen Regimes waren für die Fortentwicklung des Systems dysfunktional geworden, weil ihre dynastische Regierungsform den herausgebildeten versachlichten Strukturen nicht mehr angemessen war. Was blieb, war jene losgelassene Logik, deren Archetypus die Kanone gewesen war: das »Werkzeug«, das seinen Schöpfer zu beherrschen beginnt. Damit hat sich überhaupt erst eine vom übrigen Leben getrennte Sphäre der sogenannten Ökonomie oder »Volkswirtschaft« im modernen Sinne herausgebildet.

Diesen besonderen Aspekt hat vor allem der Sozial- und Wirtschaftshistoriker Karl Polanyi analysiert. In seinem schon klassischen Werk »The Great Transformation« beschäftigt er sich im Unterschied zu Marx weniger mit der inneren Selbstzwecklogik der »Verwertung des Werts« und ihren Gesetzmäßigkeiten als vielmehr mit der Tatsache, daß sich dabei die Ökonomie, die im ursprünglichen antiken Sinne gleichbedeutend mit Hauswirtschaft für den Bedarf gewesen war, in jene unheimlich verselbständigte Sphäre verwandelt hat, die in keine übergreifende soziale Gesellschaftsordnung mehr eingebunden ist. Mit Blick auf dieses unerhört Neue, das von den liberalen Ideologen zur »menschlichen Natur« umgedeutet worden ist, sagt Polanyi: »Sicherlich kann keine Gesellschaft ohne irgendein System auskommen, das die Erzeugung und Verteilung von Gütern sicherstellt. Daraus folgt aber nicht, daß es separate wirtschaftliche Institutionen geben muß; normalerweise ist die Wirtschaftsordnung bloß eine Funktion der Gesellschaftsordnung, in der sie eingeschlossen ist ... Die Gesellschaft des 19. Jahrhunderts, in der die wirtschaftliche Tätigkeit herausgelöst und einem spezifischen ökonomischen Trieb zugeschrieben wurde, war in der Tat eine bemerkenswerte Abweichung ... Eine solche institutionelle Schablone konnte nicht funktionieren, außer, die Gesellschaft wurde ihren Erfordernissen irgendwie untergeordnet. Eine Marktwirtschaft kann nur in einer Marktgesellschaft existieren ... Im

Zuge dieser Entwicklung war die menschliche Gesellschaft zu einem Beiwerk des Wirtschaftssystems herabgesunken« (Polanyi 1995/1944, S. 106ff.).

Während in allen anderen »integrierten Gesellschaften«, wie Polanyi sie nennt, die wirtschaftliche Tätigkeit einem kulturellen Zusammenhang untergeordnet blieb, wie immer dieser zu beurteilen sein mag, stellt der Kapitalismus das Verhältnis von Gesellschaft und Wirtschaft auf den Kopf. Die Gesellschaftsordnung ist nur noch eine Funktion der Wirtschaftsordnung, die allen sozialen Bereichen und Bedürfnissen gegenüber autonom geworden ist. In dieser Verkehrung ist nicht nur das schiere Gegenteil von Selbständigkeit und Selbstverantwortung begründet, nämlich die vollständige Auslieferung an den Selbstzweck des Geldes, sondern auch die Maßlosigkeit eines unaufhörlichen Vermehrungsdranges, da es ja keinerlei Rückkoppelung auf Bedürfnisse, geistige Reflexion und kulturelle Bestimmungen mehr gibt, sondern einzig die Rückkoppelung des verselbständigten ökonomischen Mediums auf sich selbst. Das begann aber nicht erst mit dem »herausgelösten« Kapitalismus des 19. Jahrhunderts, sondern schon mit der »herausgelösten« Feuerwaffen-Ökonomie der frühneuzeitlichen Regimes; auch wenn es die kapitalistische Industrialisierung seit Ende des 18. Jahrhunderts war, die dann den vollen Durchbruch dieser Logik brachte.

Arbeit im modernen Sinne ist somit die spezifische Tätigkeitsform der »herausgelösten Ökonomie«. Wie es bei der als soziale Abstraktion »Arbeit« bestimmten Tätigkeit des antiken Sklaven gleichgültig war, was er tat, weil es eben immer die Verausgabung von »Knechtsenergie« war, so ist nun der Inhalt der gesamten gesellschaftlichen Reproduktion gleich-gültig geworden, weil es sich immer um dieselbe Verwandlung abstrakter menschlicher Energie in Geld handelt. Indem sich nahezu alle Tätigkeit auf die entfremdete, »herausgelöste« Selbstzwecksphäre der Ökonomie konzentriert, hat sich die einstmals sozial eingegrenzte Abstraktion »Arbeit« als Knechtstätigkeit zur gesellschaftlich-allgemeinen Tätigkeitsform gemausert. Letzten

Endes heißt das, daß es überhaupt nur noch Knechtstätigkeiten gibt, auch wenn der »Herr« kein persönlicher mehr ist, sondern der anonyme Systemzusammenhang.

Die Arbeit ist selber an die Stelle Gottes getreten, und insofern sind jetzt alle Menschen »Knechte Gottes«, die sich nur noch durch ihre funktionelle Stellung in der Hierarchie einer allgemeinen »Leidenstätigkeit« unterscheiden, die keinen Sinn hat als sich selbst. Auch das Management ist Teil der Arbeit und nimmt dieses irdische Kreuz auf sich, um gerade darin seine masochistische Macht zu finden – nunmehr gänzlich säkularisiert, selbst noch von den protestantischen Motiven abgelöst und sich seiner Ursprünge nicht mehr bewußt. Der homerische Held Odysseus hätte die heutigen sogenannten Herrschenden als armselige Knechte verachtet, weil sie sich selbst unter das Joch der Arbeit beugen und sich damit in die Form der Unmündigkeit begeben, die zur gesellschaftlich-allgemeinen geworden ist. Arbeit als Verhaltensstörung der Moderne hat zu einer Gesellschaft der allgemeinen Unzurechnungsfähigkeit geführt.

Es ist merkwürdig, wie der Marxismus ungewollt zum Komplizen dieser Unzurechnungsfähigkeit (und insofern selbst zu einem Trendsetter kapitalistischer Entwicklung) wurde, indem er im späteren 19. Jahrhundert als Dissidenz des Liberalismus dessen positiven Arbeitsbegriff übernommen hat. Während Marx als ein für das positivistische Bewußtsein »dunkler« Theoretiker zusammen mit seiner radikalen Kritik der verselbständigten ökonomischen Formen (die er bekanntlich als »Fetischismus« bezeichnete) an die Kritik der Arbeit wenigstens herankam, ohne sie allerdings konsequent zu vollenden, blieb der Arbeiterbewegungsmarxismus auf der fälschlich als überhistorisch bestimmten abstrakten Arbeitskategorie sitzen. Daran zeigt sich, daß die uns bekannte Arbeiterbewegung nicht etwa der Beginn einer höheren Reflexionsstufe von Gesellschaftskritik war, sondern eher das Resultat einer historischen Niederlage der alten sozialrebellischen Bewegungen gegen die Arbeit seit dem 16. Jahrhundert. In Verkennung des wirklichen Zusammenhangs machten die »Parteien der Arbeit« den vergeblichen Versuch, den Kapitalismus mit seinem eigenen Tätigkeitsbegriff zu kritisieren.

»Betriebswirtschaft« als abstrakte Raumzeit

In der »herausgelösten Ökonomie« gewinnt zusammen mit der abstrakten Tätigkeitsform »Arbeit« auch die darin eingeschlossene Zeit eine höchst eigentümliche, geradezu gespenstische Qualität. Die Zeit der Produktion wird von allen Bedürfnissen und selbstgesetzten Zwecken der Produzenten abgetrennt; sie wird selbst zur auszubeutenden Ressource. Zeit ist bekanntlich Geld, und deswegen hat die Zeit für den Kapitalismus immer schon eine entscheidende Rolle gespielt. Aber unter seiner verselbständigten Zwecksetzung wird auch die Zeit abstrakt – mit höchst unangenehmen Folgen für die Menschen, die dieser Zeit für den größten Teil ihres Lebens ausgeliefert sind.

Die entscheidende und bis heute gültige philosophische Reflexion des modernen Zeitbegriffs findet sich bei Immanuel Kant (1724–1804). Kant hat entdeckt, daß Raum und Zeit keine inhaltlichen Begriffe des menschlichen Denkens sind, sondern die apriorischen Formen unseres Wahrnehmungs- und Denkvermögens. Wir können die Welt nur in den Formen von Raum und Zeit erkennen, die unserer Vernunft eingeschrieben sind, und zwar vor jeder Erkenntnis. Aber Kant bestimmt diese Formen von Raum und Zeit völlig abstrakt und unhistorisch, als für alle Epochen, Gesellschaftsformen und Kulturen gleichermaßen gültig. Zeit ist für ihn »das Zeitliche überhaupt«, ohne jede bestimmte Qualität. Dementsprechend nennt er Raum und Zeit »reine Formen der Anschauung«. Zeit ist also für Kant eine abstrakte, inhaltslose und immer gleichförmige Fließzeit, deren Einheiten alle identisch sind: »Verschiedene Zeiten sind nur Teile eben derselben Zeit« (Kant 1979/1781, S. 104).

Die kulturhistorische Forschung hat längst herausgefunden, daß diese unhistorische Bestimmung des Erlebens und der

Wahrnehmung von Zeit nicht haltbar ist. So wurde vor allem erkannt, daß die vormodernen agrarischen Kulturen nicht in einer gleichförmigen linearen Zeit dachten, sondern eher in einer zyklischen Zeit; gewissermaßen in wiederkehrenden Zeitrhythmen, geformt nach jahreszeitlichen (agrarischen) und kosmischen Zyklen. Mag also die Zeit eine dem menschlichen Er-kenntnisvermögen apriorisch eingeschriebene Form der Wahrnehmung sein, so unterliegt diese Form doch einem kulturellen und historischen Wandel. Die jüngsten Forschungen über verschiedene Zeitkulturen haben diese Erkenntnis bestätigt. In allen Kulturen außerhalb der kapitalistischen Moderne »vergeht« die Zeit nicht nur anders, sondern es gibt sogar ganz verschiedene, parallel verlaufende Formen der Zeit; je nachdem, auf welchen Gegenstand oder Lebensbereich die Wahrnehmung der Zeit bezogen ist: »Jedes Ding hat seine eigene Zeit«.

Indem die verselbständigte Ökonomie des Kapitals die Abstraktionen von Geld und Arbeit in den auf sich selbst rückgekoppelten Selbstzweck verwandelte, verkehrte sie überhaupt das Verhältnis von Abstraktum und Konkretum. Die Abstraktion (z.B. Arbeit oder Zeit) ist jetzt nicht mehr Ausdruck einer konkreten und sinnlichen Welt, sondern umgekehrt gelten alle konkreten Zusammenhänge und sinnlichen Gegenstände nur noch als Ausdruck der kapitalistischen Abstraktion, die in der verdinglichten Gestalt des Geldes die Gesellschaft beherrscht. Das Maß der Arbeit und damit des Geldes aber ist die Zeit. Allerdings ist auch diese Zeit nicht mehr die konkrete und daher je nach ihrem Bezug qualitativ verschiedene Zeit, sondern dem Selbstzweck der Kapitalakkumulation entsprechend genau jene abstrakte, gleichförmige und lineare Fließzeit, wie sie Kant bereits blind voraussetzte. Jetzt hat kein Ding mehr seine eigene Zeit, den jeweiligen Bedürfnissen und kulturellen Zusammenhängen entsprechend, sondern alle Dinge haben dieselbe Zeit, die mit immer derselben Geschwindigkeit in immer dieselbe Richtung fließt.

Diese Diktatur der abstrakten Zeit, exekutiert durch den

Mechanismus der anonymen Konkurrenz, schuf sich den dazugehörigen abstrakten Raum, nämlich den vom übrigen Leben abgetrennten Funktionsraum des Kapitals, der seiner eigenen betriebswirtschaftlichen Rationalität gehorcht. Es entstand so gewissermaßen eine leblose, kulturell entqualifizierte kapitalistische Raumzeit, die den sozialen Körper aufzufressen begann. Die in diese Raumzeit eingesperrte abstrakte Tätigkeitsform »Arbeit« mußte von allen dysfunktionalen Lebenselementen gereinigt werden, um die lineare Fließzeit nicht zu stören: Arbeit und Wohnung, Arbeit und persönliches Leben, Arbeit und Kultur usw. fielen systematisch auseinander. Erst auf diese Weise entstanden auch die moderne Trennung und der Dualismus von Arbeitszeit und Freizeit. Es fällt uns normalerweise gar nicht mehr auf – aber implizit ist damit gesagt, daß die Arbeitszeit eine unfreie Zeit ist, eine (ursprünglich sogar gewaltsam) erzwungene Zeit für einen den Individuen äußerlichen Selbstzweck, bestimmt von der Diktatur der abstrakten, gleichförmigen Zeiteinheiten kapitalistischer Produktion.

Das Licht der Aufklärung

Die abstrakte betriebswirtschaftliche Raumzeit ist zwangsläufig von jener Maßlosigkeit bestimmt, wie sie den rastlosen kapitalistischen Drang zur Geldanhäufung kennzeichnet. Damit gewinnt ein meistens verkanntes Motiv der bürgerlichen Aufklärung eine ebenso merkwürdige wie destruktive Bedeutung. Bekanntlich schwelgt die Geschichte der Modernisierung in Metaphern des Lichts. Die strahlende Sonne der Vernunft soll die Finsternis des Aberglaubens durchdringen und die Unordnung der Welt sichtbar machen, um die Gesellschaft endlich nach rationalen Kriterien zu gestalten. Aber diese vermeintliche Vernunft ist in Wahrheit der gesellschaftliche Irrationalismus der »herausgelösten Ökonomie«. In diesem Kontext ist das »Licht der Aufklärung« aber keineswegs bloß ein Symbol im Reich des Gedankens, sondern es hat eine harte sozialökonomische Bedeutung.

Gerade in dieser Hinsicht ist es fatal, daß der Marxismus und die historische Arbeiterbewegung sich als die wahren Erben der Aufklärung und ihrer gesellschaftlichen Metaphorik des Lichts verstanden haben. In der »Internationale«, der Hymne des Marxismus, heißt es über die wunderbare sozialistische Zukunft: »Dann scheint die Sonn' ohn' Unterlaß«. Ein deutscher Karikaturist hat diese Zeile wörtlich genommen und zeigt im »Reich der Freiheit« schwitzende Menschen, die zur glühenden Sonne hinaufstarren und stöhnen: »Drei Jahre scheint sie jetzt schon und geht nicht mehr unter«.

Das ist nicht bloß ein Witz. In gewisser Weise hat die Modernisierung tatsächlich »die Nacht zum Tag gemacht«. In England, das bekanntlich Schrittmacher der Industrialisierung war, wurde die Gasbeleuchtung schon im frühen 19. Jahrhundert eingeführt und verbreitete sich bald über ganz Europa. Ende des 19. Jahrhunderts löste das elektrische Licht die Gaslampen ab. Natürlich könnte man sagen, daß darin eine Erweiterung der menschlichen Möglichkeiten liegt, wenn die künstliche Beleuchtung für selbstbestimmte Zwecke verwendet und also je nach Bedürfnis und freier Übereinkunft benutzt oder nicht benutzt würde. Aber genau darum geht es der kapitalistischen Totalisierung des Lichts nicht. Die »Ausschaltung« der Nacht ist eine flächendeckende und permanente geworden, obwohl längst medizinisch nachgewiesen wurde, daß dadurch physische und psychische Schäden entstehen. Warum diese gewaltige planetarische Beleuchtung, die heute den letzten Winkel erfaßt hat?

Der maßlose Drang der kapitalistischen Produktionsweise kann im Prinzip keine Zeit dulden, die »dunkel« bleibt. Denn die Zeit des Dunkels ist auch die Zeit der Ruhe, der Passivität, der Kontemplation. Der Kapitalismus verlangt dagegen die Ausdehnung seiner Aktivität bis an die äußersten physikalischen und biologischen Grenzen. Zeitlich sind diese Grenzen bestimmt durch die Drehung der Erde um sich selbst, also durch die vollen 24 Stunden des astronomischen Tages, der eine helle (der Sonne zugewandte) und eine dunkle (von der

Sonne abgewandte) Seite hat. Die Tendenz des Kapitalismus ist es, die aktive Sonnenseite total zu machen und den gesamten astronomischen Tag zu besetzen. Die Nachtseite stört diesen Drang. Die Produktion, Zirkulation und Distribution der Waren soll also »rund um die Uhr« laufen.

Dieser Vorgang ist analog zur Veränderung der Raummaße. Das metrische System wurde vom Regime der Französischen Revolution 1795 eingeführt und verbreitete sich ähnlich schnell wie die Gasbeleuchtung. In Deutschland fand der Übergang zu diesem System allerdings erst 1872 statt. Die am menschlichen Körper orientierten Raummaße (Fuß, Elle usw.) wurden vom abstrakten Maß des Meters abgelöst, der dem vierzigmillionsten Teil des Erdumfangs entsprechen soll. Diese abstrakte Vereinheitlichung des Raummaßes entsprach dem mechanistischen Weltbild der Newtonschen Physik, das wiederum Vorbild wurde für die mechanistische Ökonomie der modernen Marktwirtschaft, wie sie Adam Smith (1723–1790), der Begründer der theoretischen Nationalökonomie, analysiert und propagiert hatte. Das Bild des Weltalls und der Natur als einer einzigen großen Maschine befand sich in Übereinstimmung mit der ökonomischen Weltmaschine des Kapitals, und eine gemeinsame Form der physikalischen und der ökonomischen Weltmaschine wurden die abstrakten Maße von Raum und Zeit – für das Weltall wie für die »herausgelöste« Warenproduktion.

Erst die astronomische Fließzeit machte es möglich, den Tag der abstrakten Arbeit in die Nacht hineinzuschieben und die Zeit der Ruhe aufzufressen. Nur so konnte die abstrakte Zeit von den konkreten Dingen und Verhältnissen abgelöst werden. Der Marxismus hat sich in seiner Fixiertheit auf die Aufklärungsvernunft wenig um diese Dinge gekümmert, und so blieb es konservativen Ideologen – wie zum Beispiel Ernst Jünger in seinem »Sanduhrbuch« – vorbehalten, die abstrakte Zeit der Moderne auf ihre Weise in einem Kontext aufzugreifen, der stets alles andere als emanzipatorisch war (vgl. Jünger 1954). Es ist aber gerade im Interesse der sozialen Emanzipation wichtig, das Problem der abstrakten, aus den wirklichen Lebenszusammenhängen »herausgelösten« Zeit zu thematisieren und mit anderen, uns gar nicht mehr bewußten Zeitformen zu vergleichen, um überhaupt einen Begriff der kapitalistischen Zeit-Zumutung zu gewinnen. Die meisten alten Zeitmesser, zum Beispiel Sand- oder Wasseruhren, zeigten nicht an, »wieviel Uhr es ist«, sondern sie waren auf konkrete Vorgänge geeicht, um deren »angemessene Zeit« zu zeigen. Man könnte sie vielleicht mit einer Eieruhr vergleichen, die durch einen summenden Ton angibt, wann ein Ei hart- oder weichgekocht ist. Die Quantität der Zeit ist hier nicht abstrakt, sondern auf eine bestimmte Qualität orientiert. Die astronomische Zeit der abstrakten Arbeit dagegen ist losgelöst von jeder Qualität. Sie erlaubt es zum Beispiel, unabhängig von der Jahreszeit und den körperlichen Rhythmen einen Arbeitsbeginn »um 6 Uhr« festzusetzen.

Deswegen ist die Epoche des Kapitalismus auch die Zeit der »Wecker«, der Uhren also, die mit einem schrillen Signalton die Menschen aus dem Schlaf reißen, um sie an die künstlich erleuchteten »Arbeitsplätze« zu treiben. Und war erst einmal der Arbeitsbeginn in die Nacht vorverlegt, dann konnte umgekehrt auch das Arbeitsende nach hinten in die Nacht hineingeschoben werden. Diese Veränderung hat auch eine ästhetische Seite. Wie die Umwelt durch die abstrakte betriebswirtschaftliche Rationalität gewissermaßen »entstofflicht« wird, indem die Materie und ihre Zusammenhänge sich den Kriterien der Rentabilität unterwerfen müssen, so wird sie durch dieselbe Rationalität auch entdimensioniert und entproportionalisiert. Wenn uns alte Gebäude manchmal irgendwie schöner und behaglicher vorkommen als moderne und wenn wir dann feststellen, daß sie zudem im Vergleich zu den heutigen »funktionalistischen« Gebäuden irgendwie unregelmäßig zu sein scheinen, dann ist das darauf zurückzuführen, daß ihre Maße Körpermaße und ihre Formen oft landschaftlich angepaßt sind. Die moderne Architektur dagegen verwendet astronomische Raummaße und »dekontextualisierte« Formen, »losgelöst« von der Umgebung.

Das gilt ebenso für die Zeit. Auch die moderne Architektur der Zeit ist entproportionalisiert und dekontextualisiert. Nicht nur der Raum ist häßlich geworden, sondern auch die Zeit.

Im 18. und frühen 19. Jahrhundert wurde die Einführung der abstrakten astronomischen Fließzeit in die Lebenstätigkeit noch als Folter empfunden. Lange Zeit wehrten sich die Menschen verzweifelt gegen die mit der Industrialisierung verbundene Nachtarbeit. Vor Sonnenaufgang und nach Sonnenuntergang zu arbeiten galt geradezu als unmoralisch. Wenn im Mittelalter Handwerker aus Termingründen einmal nachts arbeiten sollten, mußten sie üppig verpflegt und fürstlich entlohnt werden. Nachtarbeit war ein seltener Ausnahmefall. Es gehört zu den »großen« Leistungen des Kapitalismus, daß die Zeitfolter zum Normalmaß der menschlichen Tätigkeit wurde.

Daran hat sich seit dem Frühkapitalismus nichts geändert. Im Gegenteil, die sogenannte Schichtarbeit hat sich im 20. Jahrhundert immer mehr ausgedehnt. Durch einen Zwei- oder sogar Dreischichtbetrieb sollen die Maschinen möglichst durchgehend laufen, unterbrochen nur durch kurze Pausen für Einstellung, Wartung und Reinigung. Auch die Öffnungszeiten der Läden und Kaufhäuser sollen möglichst dicht an die 24-Stunden-Grenze herangeschoben werden, wie die Auseinandersetzung um die Ladenschlußzeit in der BRD zeigt. In vielen Ländern gibt es wie in den USA überhaupt keine gesetzlich festgelegte Ladenschlußzeit, und an zahlreichen Geschäften prangt tatsächlich das Schild: »24 Stunden durchgehend geöffnet«. Seit die mikroelektronische Kommunikationstechnologie den Fluß des Geldes globalisiert hat, geht auch der Finanztag der einen Erdhälfte nahtlos in den der anderen über. »Die Finanzmärkte schlafen nie«, so die Werbung einer japanischen Bank.

Das Licht der Aufklärungsvernunft ist die Beleuchtung der Nachtschicht. In demselben Maße, wie die Konkurrenz auf anonymen Märkten total wird, verwandelt sich der äußere, gesellschaftliche Imperativ auch in einen inneren Zwang des

Individuums. Der Schlaf wird ebenso zum Feind wie die Nacht, denn solange man schläft, verpaßt man Chancen und ist den Angriffen der anderen hilflos preisgegeben. Der Schlaf des marktwirtschaftlichen Menschen wird daher kurz und flach wie der eines Wildtieres, und zwar um so mehr, je »erfolgreicher« dieser Mensch sein will. Die fremdbestimmte Arbeitsqual der mechanischen Nachtschicht erscheint auf der Ebene des Managements als »freiwilliger« Verzicht auf Schlaf. Es gibt sogar schon Management-Seminare, auf denen Techniken der Schlafminimierung geübt werden können. Allen Ernstes behaupten heute Schulen des Self-Managements: »Der ideale Business-Mann schläft nie«, genau wie die Finanzmärkte!

Die Unterwerfung der Menschen unter die abstrakte Arbeit und ihr astronomisches Zeitmaß ist aber nicht möglich ohne eine ebenso totale Kontrolle. Allseitige Kontrolle wiederum erfordert ebenso allseitige Beobachtung, und Beobachtung ist nur im Licht möglich: ungefähr so, wie die Polizei beim Verhör eine blendende Lampe auf das Gesicht des Delinquenten richtet. Nicht umsonst hat das Wort »Aufklärung« im Deutschen eine militärische Nebenbedeutung, nämlich »Auskundschaften des Feindes«. Und eine Gesellschaft, in der jeder dem anderen und sich selbst zum Feind wird, weil alle dem gleichen säkularisierten Gott der Arbeit dienen müssen, wird mit logischer Notwendigkeit zu einem System der totalen Beobachtung und Selbstbeobachtung. Hier wird nicht frei diskutiert über Sinn und Zweck des eigenen Tuns, sondern gnadenlos »ausgeleuchtet«, um den Selbstzweck der »herausgelösten Ökonomie« zu exekutieren.

Die Enteignung der Zeit

Mit der Enteignung der Menschen von den Bedingungen ihrer eigenen Reproduktion ist also auch die systematische Enteignung der Zeit verbunden. Das gilt nicht nur in qualitativer, sondern auch in quantitativer Hinsicht, wie sich ja schon am Hinausschieben der Arbeitszeit in den astronomischen Tag ablesen läßt. Obwohl sie den größten Teil der aktiven täglichen Zeit verschlingt, ist die Arbeitszeit für die überwältigende Mehrheit der Produzenten keine eigene Lebenszeit, sondern tote und leere Zeit, die wie in einem Alptraum aus dem Leben herausgesaugt wird. Umgekehrt ist vom Standpunkt der kapitalistischen Raumzeit aus gesehen die Freizeit der Produzenten leere und eigentlich unnütze Zeit. Somit existiert im Kapitalismus eine starke objektive Tendenz, die Freizeit zu minimieren oder wenigstens streng zu rationieren. Nicht nur der »Betrieb« soll möglichst rund um die Uhr laufen, sondern auch die Auspressung der einzelnen Arbeitsindividuen möglichst nahe an diese absolute Grenze herangeschoben werden.

Wie Marx in den »Grundrissen« feststellte, resultiert daraus eine Paradoxie, die den bürgerlichen »Fortschritt« vollständig blamiert: »Die entwickeltste Maschinerie zwingt den Arbeiter daher jetzt länger zu arbeiten als der Wilde tut oder als er selbst mit den einfachsten, rohsten Werkzeugen tat« (Marx 1974/1857, S. 596). Dieses krasse Mißverhältnis rührt daher, daß die Produzenten ja nicht selbst entscheiden können, wofür sie die Steigerung der Produktivität einsetzen wollen. Wie alle anderen Entscheidungen ist ihnen auch diese von der kapitalistischen Funktionslogik abgenommen worden. In den alten Agrargesellschaften erzeugte das niedrige Niveau der Produktivkräfte zwar viele Bornierungen (zum Beispiel enge Traditionen und blutsverwandtschaftliche Gebundenheit) und manchmal Probleme in der Versorgung (zum Beispiel bei Mißernten). Aber das Ziel der Produktion, auch mit geringen Mitteln, war kein abstrakter Selbstzweck wie unter dem Zwangsverhältnis des modernen warenproduzierenden Systems, sondern Genuß und Muße. Dieser antike und mittelalterliche Begriff der Muße darf nicht mit dem modernen Begriff der Freizeit verwechselt werden. Denn die Muße war kein vom Prozeß der Tätigkeit für den Erwerb abgetrennter Rest, sondern ein ganz eigenständiges Moment des Lebens. Deshalb wurde eine Steigerung der Produktivität in der Regel eher für eine größere Muße verwendet als für mehr Produktion. Die betriebswirtschaftliche Rationalität der Kostensenkung dagegen verwandelt jeden technischen Fortschritt ausschließlich und zwanghaft in überproportionale zusätzliche Produktion und damit in zusätzliche Arbeit, niemals in zusätzliche Muße für die Produzenten.

Schon die rein äußerliche Quantität der Produktionszeit war daher trotz des niedrigeren technischen Niveaus in der Antike und im Mittelalter weitaus kleiner bemessen als im Kapitalismus. Aus den Klosterregeln des frühesten Mittelalters, die ja als Vorläufer der modernen Arbeitsdisziplinierung bereits Elemente der abstrakten Zeit enthielten, geht überraschenderweise hervor, daß für die Leidenspassion der Arbeit fast nie mehr als sechs oder sieben Stunden täglich vorgesehen waren – damals also hielten die Menschen offenbar bereits für eine fromme Kasteiung und Selbstüberwindung, was heute die Gewerkschaften nur in wenigen Branchen und Gewinnerländern des Weltmarkts als größte Errungenschaft der »Arbeitszeitverkürzung« feiern!

Die explosive Ausdehnung der »Arbeitszeit« kam eben erst mit der Arbeit selbst. Erstaunt müssen moderne »Freizeitforscher« feststellen: »Unter den primitiven Agrarvölkern und in der Antike machten die Ruhetage oft die Hälfte des Jahres aus ... (Auch) die Lohnarbeit leistenden Sklaven und Banausen waren nicht so intensiv in das Arbeitsleben eingespannt, wie man dies aus neuzeitlicher Sicht annehmen könnte ... In der Mitte des vierten Jahrhunderts zählte man in der römischen Republik nicht weniger als 175 Ruhetage ...« (Opaschowski 1997, S. 25f.). Erst in der glorreichen Moderne wurden die Festzeiten immer weiter minimiert, um die Raumzeit der Arbeit auszudehnen.

Aber noch aus einem anderen Grund lag die Jahresleistung der Produzenten, selbst wo sie herrschaftlich abgepreßt war, erheblich niedriger als im Kapitalismus. Denn in den agrarischen Gesellschaften des alten Europa gab es große saisonale Unterschiede im Umfang der Tätigkeit. In der warmen Jahreszeit (etwa bei der Ernte) fielen mehr Aufgaben an als im Winter, der für die bäuerliche Bevölkerung relativ geruhsam war und häufig für das Feiern privater Feste genutzt wurde, wie aus überliefertem Liedgut hervorgeht. Diese Begrenzung des jährlichen Leistungsquantums durch den Wechsel der Jahreszeiten fiel natürlich ebenfalls ersatzlos weg, als der Leistungszwang mit der astronomischen Fließzeit des betriebswirtschaftlichen Funktionsraumes systematisch entgrenzt wurde.

Nicht zuletzt war in den vorkapitalistischen Gesellschaften das, was für uns formal wie ein »Arbeitstag« aussieht, keineswegs durchgängig von angespannter Tätigkeit unter der Kontrolle einer objektivierten ökonomischen Macht gekennzeichnet. Es gab zum Beispiel (aus moderner Sicht) extrem lange Pausen, wie sie das betriebswirtschaftliche Regime niemals zulassen könnte; vor allem stundenlange Mittagspausen mit geselligem Essen – eine Sitte, die sich in den mediterranen und überhaupt südlichen Ländern noch längere Zeit als im Norden erhalten hat, bis sie durch die kapitalistische Industrialisierung auch dort dem Takt der abstrakten Fließzeit weichen mußte.

Die vorkapitalistische produktive Tätigkeit war auch wenig verdichtet – also von heute aus gesehen sehr langsam und wenig intensiv. Bei einer selbstbestimmten Tätigkeit ohne den Druck der Konkurrenz ist dieser gemäßigte Zeittakt des Produzierens offenbar die »natürliche« Art, wie Menschen sich in ihrer aktiven Tätigkeit verhalten. Wir kennen diese Erfahrung gar nicht mehr. Denn unter dem stummen Zwang der Konkurrenz auf anonymen Märkten wurde die »herausgelöste« Zeit der Arbeit immer mehr verdichtet: Die Raffinesse in der Absaugung von Lebensenergie steigerte sich mit Hilfe der »Rationalisierung der Zeit«, die bis heute anhält. Im Laufe des 20. Jahrhunderts hat sich diese neurotische Logik des »Zeitsparens« zur offenen Paranoia gesteigert. Um dem an sich schon verrückten kapitalistischen Selbstzweck trotz absoluter Begrenzung des astronomischen Tages permanent mehr Leistung zuführen zu können, soll immer mehr Raum in die identischen Einheiten der abstrakten astronomischen Fließzeit »hineingepackt« werden.

Dieser absurde Drang möchte gewaltsam auch noch den astronomischen Tag sprengen – der kapitalistischen Logik der Arbeit ist nichts unmöglich, was die Produzenten des Kapitals noch mehr durch die Zeit hetzen könnte. So bastelt man in Japan anscheinend allen Ernstes am 28-Stunden-Tag, wie die Presse berichtet: »Mehr Zeit hat sich schon so mancher gewünscht ... noch immer hat der Tag nur 24 Stunden, und für alles, was es zu tun gibt, reichen diese nicht aus. Doch wieso eigentlich 24 Stunden? Weil die Erdrotation 24 Stunden dauert, lautet die gängige Antwort. Danach bestimmt sich der Rhythmus von Tag und Nacht. Aber wie relevant ist das denn wirklich für unser heutiges Leben? ... Wäre eine dem menschlichen Lebensrhythmus gut angepaßte Uhr nicht eine solche, die unserem Herzschlag folgt? Pro Stunde ergibt sich ein Überschuß von 600 Sekunden, an einem 24-Stunden-Tag 14.400 Sekunden. Das sind genau vier Stunden. Ist also, kurz gesagt, der 28-Stunden-Tag nicht das unserer Gattung angemessene Maß der Zeit? ... Noch bis ins 19. Jahrhundert hatten viele Uhren nur einen Stundenzeiger ... In Japan gab es noch in den siebziger Jahren des vorigen Jahrhunderts kein Wort für Sekunde. Heute aber ist man daran gewöhnt, den Sekundenzeiger vorrücken zu sehen, wenn es Zeit für die Fernsehnachrichten ist ... So räsoniert jedenfalls Sports Train, eine japanische Firma, die kürzlich ›Montu‹ ... auf den Markt brachte, die erste 28-Stunden-Tag-Uhr ... Die Arbeitgeber würden ... auch noch einen guten Schnitt machen, würden sie mit 28-Stunden-Tagen doch einen ganzen Tag pro Woche einsparen. In der Tat sieht ›Montu‹ die Sechstagewoche vor ...« (Coulmas 1999).

Es ist verständlich, daß sich in den Erfahrungen des 20. Jahrhunderts zusammen mit der alten Arbeiterbewegung auch die sozialistische Utopie der Arbeit allmählich verflüchtigt hat. Auch wenn kaum jemand einen kritischen Begriff davon hat, so wissen doch heute alle instinktiv, daß dem Kapitalismus mit einer Verklärung seiner eigenen Tätigkeitsform nicht beizukommen ist. Daraus wird ebenso instinktiv der Schluß gezogen, daß keine Kapitalismuskritik mehr möglich sei. Während der allgemeine Arbeitszwang weiterbesteht, sind die sozialen Bewegungen insgesamt erschlafft. Die kapitalistischen Menschen versuchen sich zunehmend in eine individualisierte Utopie der Freizeit zu flüchten. Aber auch dort wartet schon grinsend derselbe Kapitalismus, der die zur Arbeitszeit bloß komplementäre Freizeit längst kolonisiert hat. Denn weil die Arbeit a priori ein Verhältnis der Entmündigung ist, mußte es auch die Freizeit werden.

Die Freizeit ist keine befreite Zeit, sondern ein sekundärer Funktionsraum des Kapitals. Es handelt sich nicht um freie Muße, sondern um eine selber für den permanenten (und höchst angestrengten) Konsum von Waren funktionalisierte Zeit. Auf diese Weise bilden einerseits die Kultur- und Freizeitindustrie neue Sphären der Arbeit aus, andererseits wird auch die Freizeit als solche der Arbeitszeit angeglichen. Nicht nur dann, wenn er Geld »verdient«, sondern auch wenn er Geld ausgibt, ist der kapitalistische Mensch heute ein Arbeiter. Dieser Sachverhalt spiegelt nur die allgemeine Tendenz, daß die »herausgelöste Ökonomie« im Verlauf der kapitalistischen Entwicklung die abgespaltenen und zersplitterten Lebensbereiche allmählich mit ihrer eigenen Logik durchdringt und sie gewissermaßen »einkassiert«: Das Leben wird wieder ein Ganzes, aber eben ein zur Gänze kapitalistisch integriertes.

Die Widersprüchlichkeit dieser absurden Produktions- und Lebensweise, die sich in der Vergangenheit auch als subjektiver Widerspruch, als Einspruch gegen die Zumutungen geltend machte, hat sich ebenfalls fast ganz verobjektiviert und erscheint nur noch als die Realität der Arbeitslosigkeit. Diese allerdings steigt im globalen Maßstab dramatisch an. Nur im negativen Sinne wird so der untragbare Widerspruch noch sichtbar. Arbeitslosigkeit im Kapitalismus ist aber nicht einmal mehr Freizeit, sondern nur noch Armutszeit. Die Arbeitslosen werden nicht in frei disponible Zeit entlassen, sondern in die Überflüssigkeit ihrer Person. Nicht das Prinzip der Arbeit wird ungültig, sondern die Existenz der Arbeitslosen. Die Fortsetzung der Arbeit bekommt eine andere Qualität: Die Arbeit der Arbeitslosen besteht darin, jammervoll nach neuer Arbeit suchen zu müssen, gehetzt und gedemütigt von der bürokratischen Arbeits- und Armutsverwaltung.

Nachdem die Utopie der Freizeit ebenso blamabel gescheitert ist wie die Utopie der Arbeit, könnte der erlösende Einspruch jetzt nur noch darin bestehen, das gesamte Bezugssystem zu verwerfen und sich aus dem Gefängnis der kapitalistischen Kategorien zu befreien. Ein Zurück in die vormoderne Agrargesellschaft ist weder möglich noch wünschenswert. Die historische Analyse kann nur den Sinn haben, das groteske Mißverhältnis aufzudecken, daß die ganze ungeheure Entwicklung der Produktivkräfte in der Moderne nur dazu gedient hat, die freie Muße nahezu vollständig zu vernichten. Dem Kapitalismus kann nur noch der Prozeß gemacht werden, wenn der Arbeit selbst der Prozeß gemacht wird. Um die Befangenheit der untergegangenen Arbeiterbewegung im positiven kapitalistischen Arbeitsbegriff zu überwinden, ist durchaus noch einmal bei Marx nachzuschlagen – allerdings bei jenem »dunklen« Marx, den die Arbeitsmarxisten immer verlegen überblättert haben: »Die ›Arbeit‹ ist ihrem Wesen nach die unfreie, unmenschliche, ungesellschaftliche, vom Privateigentum bedingte und das Privateigentum schaffende Tätigkeit. Die Aufhebung des Privateigentums wird also erst zu einer Wirklichkeit, wenn sie als Aufhebung der ›Arbeit‹ gefaßt wird« (Marx 1845).

Literatur

Coulmas, Florian (1999), Montu bis Satsun, in: Wirtschaftswoche 10/1999, Düsseldorf

Engels, Friedrich (1946, zuerst 1896), Anteil der Arbeit an der Menschwerdung des Affen, Berlin

Jünger, Ernst (1954), Das Sanduhrbuch, Frankfurt/Main

Kant, Immanuel (1979, zuerst 1781), Kritik der reinen Vernunft, Leipzig

Marx, Karl (1974, geschrieben 1857), Grundrisse der Kritik der politischen Ökonomie, Berlin

Opaschowski, Horst W. (1997), Einführung in die Freizeitwissenschaft, Opladen
Parker, Geoffrey (1990), Die militärische Revolution, Frankfurt/Main, New York
Polanyi, Karl (1995, zuerst 1944), The Great Transformation, Frankfurt/Main
Sombart, Werner (1913), Krieg und Kapitalismus, Berlin
Zinn, Karl Georg (1989), Kanonen und Pest, Opladen

Götz Eisenberg

»Wer nicht arbeitet, soll auch nicht essen«

Zur Sub- und inneren Kolonialgeschichte der Arbeitsgesellschaft

»Denn das Leben und die Zeit des Menschen sind nicht von Natur aus Arbeit, sie sind Lust, Unstetigkeit, Fest, Ruhe, Bedürfnisse, Zufälle, Begierden, Gewalttätigkeiten, Räubereien etc. Und diese ganze explosive, augenblickhafte und diskontinuierliche Energie muß das Kapital in kontinuierliche und fortlaufend auf dem Markt angebotene Arbeitskraft transformieren.«
Michel Foucault

»Mensch sein heißt Kämpfer, Arbeiter sein; köstlich wird unser Leben erst dann, wenn es Mühe und Arbeit gewesen ist«, heißt es in Emil Kraeplins Schrift »Zur Hygiene der Arbeit«, die 1896 erschien. 1883 schrieb August Bebel in »Die Frau und der Sozialismus«, einem der meistgelesenen Bücher der deutschen Arbeiterbewegung: »Der Sozialismus stimmt mit der Bibel darin überein, wenn diese sagt: Wer nicht arbeitet, soll auch nicht essen«, und Sartre stieß Ende der vierziger Jahre in Warschau auf Plakate, auf denen »Die Tuberkulose hemmt die Produktion« stand. »Die Arbeit bekommt immer mehr alles gute Gewissen auf ihre Seite: der Hang zur Freude nennt sich bereits Bedürfnis der Erholung und fängt an, sich vor sich selber zu schämen«, stellt Friedrich Nietzsche in »Die fröhliche Wissenschaft« fest und erinnert daran, daß diese nahezu einhellige Wertschätzung der Arbeit neueren Datums und anderen Kulturen durchaus fremd ist.

Sie ist, genauer gesagt, bürgerlicher Herkunft. Mit dem Bürgertum steigt eine Klasse zur Herrschaft auf, die sich über Arbeit definiert und sich durch eine um Leistung zentrierte, methodische Lebensführung von der Aristokratie abgrenzt. Der soziale Narzißmus des Bürgertums beruft sich darauf, sauberer, anständiger, gebildeter und vor allem nützlicher, weniger korrupt und ausschweifend zu sein als der parasitäre und schmarotzende Adel. Sein Aufstieg ist mit einem enormen Zuwachs an Triebkontrolle, Selbstbeherrschung und kalkulierender Voraussicht verbunden. Die zwischen den Extremen schwankenden Affektlagen werden auf eine mittlere Linie gedämpft. Man hält an sich, nimmt sich zusammen und bemüht sich um Distinktion. Die aufsteigenden bürgerlichen Schichten praktizieren die Tugenden der Sparsamkeit, Askese und der Arbeitsamkeit nicht nur, weil Protestantismus oder Utilitarismus es ihnen nahelegen. Der Bürger beschneidet seine Bedürfnisse und unterwirft sich der »innerweltlichen Askese« (Weber), weil die Konkurrenz ihn bei Strafe des Untergangs zwingt, zu investieren und die Gewinne nicht unproduktiv zu verschwenden. Der Teil des Profits, der dem Konsum entzogen und reinvestiert wird, entspricht dem »verfemten Teil« (Bataille) des Bürgers.

Die Selbstdisziplin, die sich das Bürgertum auferlegt, schlägt um in und vollendet sich als Fremddisziplinierung. Aus der Härte gegen sich selbst leitet man das Recht, ja beinahe die Pflicht ab, unnachgiebig gegen die unproduktiven und lasterhaften Unterschichten vorzugehen: Die Unterschichten sind im Bürger anwesend in Gestalt seines Körpers und seiner Begierden. Denn die ihre Gelüste befriedigenden und faulenzenden Unterschichten verkörpern das, was der Bürger so mühsam und verbissen in sich niederhält. Der Puritaner und Arbeitsfanatiker Thomas Carlyle hat diesen Zusammenhang gesehen und den arbeitenden Menschen zu einem regelrechten Kreuzzug gegen den »Erzfeind Selbstsucht und Müßiggang« aufgerufen: »Was unmethodisch und wüste ist, wirst Du methodisch und urbar machen. Überall, wo Du Unordnung findest, da ist Dein ewiger Feind. Greif ihn rasch an und bezwinge ihn; mach Ordnung daraus, die nicht dem Chaos, sondern der Intelligenz, der Gottheit und Dir untertan ist. ... Arbeit ist die Mission des Menschen auf dieser Erde. Es kämpft sich ein Tag herauf, es wird ein Tag kommen, an dem der, welcher keine Arbeit hat, es nicht für geraten halten wird, sich in unserem Bereich des Sonnensystems zu zeigen, sondern sich anderwärts umsehen mag, ob irgendwo ein fauler Planet sei. ... Nicht ›Waffen und der Mann‹, ›Das Werkzeug und der Mann‹ sollte heute unser Epos heißen. Was ist unser Werkzeug ... anderes als Waffen, mit welchen wir die Unvernunft drinnen oder draußen bekämpfen ...«

Der »faule Planet« wurde später in Auschwitz eingerichtet und trug über dem Eingangstor die Inschrift: »Arbeit macht frei«. Arbeit ist Krieg von Anfang an, ein Vernichtungsfeldzug gegen das »Unkraut« drinnen und draußen.

Das Umschlagen der Selbstdisziplin in Fremddisziplinierung verflocht sich mit dem Zwang, die Imperative der neuen bürgerlichen Produktionsweise durchzusetzen, und gab dem epochalen Projekt der inneren Kolonialisierung seine grausame Dynamik und Durchschlagskraft.

Der industrielle Kapitalismus braucht die Menschen als variables Kapital, als lebendiges Arbeitsvermögen. Es steckt nur zunächst in untauglichen Körpern und ist in traditionelle Lebensformen und Gewohnheiten eingebunden. Der deshalb eingeleitete Feldzug gegen die plebejischen Unterschichten ist, wie Marx schrieb, »in die Annalen der Menschheit eingeschrieben mit Zügen von Blut und Feuer«.

Es begann im 16. und 17. Jahrhundert damit, daß man gegen die Massen von Bettlern vorging, die der Zerfall der ständisch-feudalen Ordnung hervorgebracht hatte. Die traditionelle mittelalterliche Fürsorgesittlichkeit und Caritas geriet in Verruf: Die Leichtigkeit, mit der man ein Almosen erlangen könne, verleite zum Müßiggang und demoralisiere die Menschen. Man erließ Verordnungen gegen das Betteln und die Landstreicherei. Wer bei einer Razzia aufgegriffen wurde, wurde ausgepeitscht, kahl geschoren und über die Grenze abgeschoben. Im Wiederholungsfall drohten Brandmarkung (das Einbrennen eines Buchstabens in die Schulter), Folter, Verkauf auf die Galeere, Verstümmelung oder Hinrichtung. Hans-Ulrich Wehler schreibt in seiner »Deutschen Gesellschaftsgeschichte: »In dem kleinen bayrischen Rentamt Burghausen, das alles andere als ein zentraler Ort und kein Mittelpunkt des Gaunerunwesens war, wurden allein in der Spanne zwischen 1748 und 1776 1100 solcher Personen hingerichtet« (Wehler 1987, S. 176). Unterm Absolutismus ergänzte man diese Ausschlußmaßnahmen um Internierungspraktiken. Seit dem 17. Jahrhundert richtete man auch in Deutschland Zucht- und Arbeitshäuser ein, in die man die Vagantenbevölkerung einsperrte, um sie zur Arbeit anzuhalten und moralisch aufzurüsten. Während man spinnen, Holz raspeln oder Körbe flechten mußte, bekam man aus der Bibel oder frommen Traktaten vorgelesen. Die merkantilistische Wirtschaftspolitik des Absolutismus sah in einer fleißigen Arbeitsbevölkerung dic beste Garantie für die Mehrung des nationalen Wohlstands und die Sicherung und Erweiterung der Einnahmequellen des Monarchen. Also brachte man die Manufaktur ins Zucht- und Arbeitshaus oder vermietete die Insassen an deren Leiter. Weil die Faulheit und der Müßiggang zur Sünde und zur absoluten Form der Revolte geworden waren, zwang man die Menschen mit aller Gewalt zur Arbeit. Im Amsterdamer Arbeitshaus sperrte man hartnäkkige Faulenzer in einen Raum, der langsam voll Wasser lief. Der Inhaftierte konnte sich dann entscheiden: Entweder er ertrank, oder er begann kontinuierlich zu pumpen, das heißt zu arbeiten. Weitere Strafen waren: Kostschmälerung, Arrest, Fesselung, körperliche Züchtigungen mit Rute, Stock, Tauende oder Peitsche.

Mit physischer Gewalt zwang man die Menschen, ihre schädlichen Neigungen aufzugeben und Arbeit als Lebensinhalt zu akzeptieren (vgl. Marzahn o. J.; Geremek 1988; Foucault 1969; Rühle 1971; Sachsse/Tennstedt, 1986). Der Sozialdisziplinierung waren nicht nur die Insassen der Zucht- und Arbeitshäuser unterworfen, sondern tendenziell die ganze Bevölkerung, sofern deren Lebensweise und Arbeitsrhythmus quer lagen zu den Anforderungen der kapitalistischen Produktion. Diese benötigt die Menschen als Lohnarbeiter, deren Arbeitskraft der Unternehmer kauft, um sie möglichst produktiv zu nutzen. Kapital ist Herrschaft der toten Arbeit über die lebendige. Kommando über Zeit, Muskel, Hirn und Bewegung von Menschen, die als variables Kapital in seinen Verwertungsprozeß eingehen, wobei die Höhe der Profitrate davon abhängt, wie intensiv die vom Kapital gekaufte Arbeitszeit genutzt wird und wie geschickt man die lebendige Arbeit mit der Maschinerie kombiniert, die ihr den Rhythmus diktiert.

Die Imperative und Verhaltenszumutungen der Lohnarbeit, unabhängig von biologischen und klimatischen Rhythmen Tag für Tag dieselben monotonen Handgriffe zu wiederholen, pünktlich in der Fabrik zu erscheinen und sie nicht vor Feierabend zu verlassen, waren den vorindustriellen Menschen fremd. Ihr Leben folgte einem anderen Rhythmus und kannte die strikte Trennung von Arbeit und Leben noch nicht. Solange man überwiegend für den eigenen Bedarf produzierte, also Gebrauchswerte herstellte, herrschte ein aufgabenorientierter Arbeitsrhythmus und eine entsprechende Zeiteinteilung. Kontakt- und Geselligkeitsbedürfnisse mischten sich in die Arbeitsvollzüge ein und unterbrachen sie, der Arbeitstag verkürzte oder verlängerte sich je nach der zu erledigenden Aufgabe, zahllose Feste und Feiertage lockerten das Arbeitsjahr auf und sorgten für periodische Enthemmungen und Entregelung. Solange die Menschen für den Eigenbedarf produzierten, konnten sie ihren Arbeitsrhythmus weitgehend selbst bestimmen, und es herrschte »ein Wechsel von höchster Arbeitsintensität und Müßiggang« (E. P. Tompson). Ein und derselbe Mensch ging im Laufe eines Tages ganz verschiedenen Tätigkeiten nach, deren Gesamtheit er wahrscheinlich trotz aller punktueller Mühsal und Plage nicht einmal als »Arbeit« empfand: Es war einfach seine Lebensweise.

Solange die menschlichen Tätigkeiten noch nicht der ökonomischen Rationalität unterliegen, schreibt Gorz, »fallen sie mit Zeit, Bewegung und Rhythmus des Lebens zusammen« (Gorz 1989, S. 156). Die Gebrauchswertproduktion kennt die Kategorie des »Genug«. Mehr zu produzieren, als man zur Befriedigung der eigenen Bedürfnisse benötigt, gilt als sinnlos und darüber hinaus als unmoralisch. Produktion und Tausch, wo er, wie im städtischen Zunfthandwerk, bereits vorkam, waren eingebunden in tradierte Vorstellungen vom richtigen Leben.

Aus der Perspektive des industriellen Kapitals waren das alles Borniertheiten, die es zu sprengen, von denen es sich im Namen schrankenloser Akkumulation zu emanzipieren galt. Während der ganzen Frühphase der Industrialisierung rissen die Klagen von Unternehmern über den »traditionalistischen Schlendrian«, über die Unbeständigkeit und die müßiggängerischen Neigungen der Menschen nicht ab. »Der Müßiggang ist in der Stadt wie auf dem flachen Lande so groß«, heißt es in einem Schreiben an den französischen Finanzminister Colbert, »daß es keine Kleinigkeit sein wird, die Leute zu geregelter Arbeit zu bewegen« (zitiert nach Rühle 1971, S. 59f.). Auch wenn man sie endlich in das Joch der Manufaktur oder Fabrik eingespannt hatte, konnte man keineswegs sicher sein, daß sie dort auch blieben und täglich wiederkamen. »In der Phase der ursprünglichen Akkumulation«, schreibt Hans-Jürgen Krahl, »kam es durchaus vor, daß Lohnarbeiter zu arbeiten aufhörten, wenn sie ausreichend verdient hatten, und den Rest des Tages oder der Woche versoffen, verspielten oder verhurten« (Krahl 1971, S. 76).

Den aus handwerklichen oder agrarischen Lebenszusammenhängen stammenden Menschen war die neue Arbeits- und Zeitdisziplin so zuwider, daß viele Fabrikanten sich außerstande sahen, Leute zu finden. Und wenn sie welche fanden, waren die Abwesenheitsquoten hoch; oft kündigten die Arbeiter nach wenigen Wochen bereits wieder oder verschwanden einfach. Die Unternehmer klagten über den nomadenhaften Wandertrieb der Arbeiter. »Einige Gruppen verweigerten sich der neuen Fabrikdisziplin en masse. Die Bauern der schottischen Highlands konnten nicht leicht dazu gebracht werden, den neuen Zeitrahmen zu akzeptieren. Ein Beobachter bemerkte: ›Ein Highlander sitzt nie zufrieden am Webstuhl; es ist, als spannte man einen Hirsch vor den Pflug!‹« (Rifkin

1988, S. 119). Die ersten Unternehmer verzweifelten daran, daß die Arbeiter keinerlei »Erwerbssinn« hatten und noch über einen Begriff vom »Genug« verfügten. Geld war, wie Freud bemerkte, nicht nur kein Kinderwunsch, es reizte auch den noch in Kategorien der moralischen Ökonomie denkenden Menschen nicht über ein gewisses Maß hinaus. Er dachte gar nicht daran, so Werner Sombart, »Geld und möglichst viel Geld zu verdienen. Er will nicht erwerben um des Erwerbens willen, sondern will gerade so viel erwerben, um davon in gewohnter Weise leben zu können. Er will nicht einmal immer besser leben. Hat er im Lohnverhältnis diesen Betrag erreicht, so denkt er nicht daran, weiter zu arbeiten, sondern er hört einfach zu arbeiten auf: das ist die Erfahrung, die alle Unternehmer, zu ihrem nicht geringen Leidwesen, bei der Beschäftigung unerzogener Arbeiter gemacht haben, die sie heute noch machen in allen Gegenden, in denen der Geist des Kapitalismus die Masse noch nicht erfaßt hat« (Sombart 1928, S. 426). Auch durch eine Erhöhung des Akkordlohns konnte man die Arbeiter nicht zu größerem Arbeitseifer anspornen. Die erste Arbeitergeneration hatte ziemlich starre Ansichten darüber, wann ein angemessener Lebensstandard erreicht war, und man zog ab einem bestimmten Punkt die Freizeit der Steigerung des Einkommens vor. Je höher der Lohn war, um so weniger mußte man leisten, um diesen Punkt zu erreichen (vgl. Landes 1973, S. 67; Weber 1969, S. 49f.).

Um dieser Form von Absentismus Herr zu werden, senkte man die Löhne auf ein absolutes Minimum, in der Hoffnung, daß das nackte Elend die Arbeiter in die Fabriken treiben würde. Damit nicht genug: In der Manufaktur oder Fabrik wachte ein strenges Fabrikreglement darüber, daß die Arbeiter auch wirklich arbeiteten und die vom Unternehmer gekaufte Zeit nicht reine Zeit war, sondern die einer produktiven Arbeitskraft. Man errichtete eine regelrechte »Diktatur der Pünktlichkeit« und eine »Mikrojustiz der Zeit« (Foucault). Zu spät Kommende wurden bestraft, es gab Geldbußen und Lohnabzüge für Bummelei und unerlaubtes Sichentfernen vom Arbeitsplatz, man führte die Fabriksirene ein, die Arbeitsbeginn, Pausen und Feierabend anzeigte. In englischen Industriestädten schrillte morgens um fünf Uhr eine Dampfpfeife, um die Leute aus dem Schlaf zu reißen. Mancherorts stellten die Unternehmer »Wachklopfer« an, die von Wohnung zu Wohnung gingen und mit Stangen an die Fenster der Arbeiterquartiere klopften. Einige dieser Wachklopfer zogen gar an Schnüren, die aus den Fenstern hingen und am Zeh des Arbeiters befestigt waren (vgl. Rifkin 1988, S. 120).

In Deutschland erhielten die Fabrikherren und Manufakturbesitzer mitunter vom jeweiligen Landesherren die niedere Gerichtsbarkeit, womit die Arbeiter dem Gesinde auf einem Gutshof gleichgestellt waren. H.-U. Wehler berichtet, daß es in süddeutschen Betrieben eine Art »Schandsäule« gab, an die Arbeiter angekettet wurden, die gegen irgendwelche Regeln verstoßen hatten. Als wirkungsvollste Methode, die neue Zeitdisziplin und einen regelmäßigen Arbeitsrhythmus durchzusetzen, erwies sich schließlich die Einführung der Maschinerie, die dem Arbeiter das Tempo diktierte und alle lebensweltlichen Beimischungen aus dem Arbeitsprozeß herauspreßte.

Außerhalb der Fabrik führte man einen hartnäckigen Kampf gegen die Tradition des »blauen Montags«, an der die Arbeiter auch unter gewandelten Bedingungen zunächst festhielten, und gegen die große Zahl von Festen und Feiertagen, Kirchweihen und Jahrmärkten. Nach den Kriterien der ökonomischen Vernunft erschien das nicht nur als unerträgliche Vergeudung von Zeit und Geld, man fürchtete auch die alkoholischen Exzesse und die plebejische Widerspenstigkeit vieler dieser Feste, die Entladung, Enthemmung und die explosionsartige Verausgabung von Energien, die man gerade stauen und in kontinuierlich verausgabte Arbeitskraft transformieren wollte (vgl. Lafargue 1978, S. 23).

Auf Dauer konnte man sich allerdings auf Systeme und Einrichtungen des puren äußeren Zwangs nicht verlassen. Man mußte dafür sorgen, daß die Zwänge nach innen wanderten und sich dort als »innere Selbstzwangapparaturen« (Elias) festsetzten. Wie schafft man es, daß Menschen arbeiten wollen und sich das Produkt ihrer Arbeit wegnehmen lassen? Wie erzeugt man gefügige und nützliche Körper, wie akklimatisiert man die Menschen wirkungsvoll an die Regelmäßigkeit und die lineare Zeit des Kapitals?

A. Ure gelangte nach den Erfahrungen mit der ersten Arbeitergeneration zu dem Schluß, daß mit Arbeitern, die der Pubertät entwachsen seien und aus dem Handwerk oder der Landwirtschaft stammten, für industrielle Zwecke nichts anzufangen sei (vgl. Sombart 1928, S. 425f.). William Temple machte 1770 den Vorschlag, arme Kinder bereits im Alter von vier Jahren in die Arbeitshäuser zu schicken, wo sie Fabrikarbeit leisten und Schulunterricht erhalten sollten. »Es ist sehr nützlich, daß sie auf irgendwelche Art ständig beschäftigt werden, wenigstens 12 Stunden am Tag, ob sie damit nun ihren Unterhalt verdienen oder nicht; denn wir hoffen, daß sich auf diese Weise die heranwachsende Generation so sehr an ständige Beschäftigung gewöhnen wird, daß sie diese zuletzt als angenehm und unterhaltend empfindet...« (zit. nach Thompson 1980, S. 53).

Es begann die grauenhafte Periode der Kinderarbeit. Kinder waren billig zu haben, anstelliger und leichter an den Rhythmus der Fabrikproduktion zu gewöhnen. Kinder ab fünf Jahren hatten bis zu 16 Stunden täglich in schlecht beleuchteten und belüfteten Räumen schwere Arbeiten zu verrichten. Parallel dazu begann man, Kinder in die Schule zu schicken. Und was lernten sie dort? In erster Linie Sekundärtugenden und Arbeitshaltungen. Der Rhythmus der schulischen Sozialisation entsprach dem der Produktion. Man unterteilte die Zeit in kleine Abschnitte, brachte den Kindern bei, auf Glockenzeichen zu reagieren, man zwang sie, pünktlich zu sein und stillzusitzen, man korrigierte ihre Körperhaltung und ihre Gesten, man disziplinierte ihr ganzes Verhalten und bestrafte jede noch so geringfügige Abweichung und Nachlässigkeit mit körperlichen Züchtigungen und Demütigungen. Man kolonialisierte die Köpfe, indem man sie mit funktionalem Wissen vollstopfte, und die Körper, indem man sie desexualisierte und zum

Arbeitsinstrument herrichtete, und man verpaßte den Zöglingen eine Seele, die als innere Ergänzung des äußeren Zwangs wirkte.

Die industrielle Rationalität mischte sich schließlich sogar in die Aufzucht und Pflege des Neugeborenen und des Kleinkindes ein. Normen der Distanz erhoben sich zwischen Mutter und Kind: Man ging nicht mehr hin, wenn das Baby schrie, man legte es weg, nahm es auf und ernährte es nach dem Rhythmus der Uhr und nicht nach dem der kindlichen Bedürfnisse, man dressierte es, seine Exkremente pünktlich auszuscheiden, und man sorgte dafür, daß es sich vor seinen Körperflüssigkeiten ekelte. Die heiligen Grundsätze der »schwarzen Pädagogik« (Rutschky), unter deren Anweisungsstrukturen Erziehung nun mehr und mehr geriet, lauten: Man beginne sofort nach der Geburt damit, den Eigensinn des Kindes zu brechen, die anarchischen Formen seiner Lust einzudämmen und den unreglementierten Trieb zu bändigen.

Klaus Theweleit hat darauf hingewiesen, daß auf diese Weise empfangene und erzogene Menschen »nicht zu Ende geboren« werden. Da, wo sich unter günstigeren Umständen ein Ich hätte entwickeln können, haben diese Menschen einen unter Schmerzen angeprügelten Körperpanzer, eine Art Berstschutz, der verhindert, daß sie fragmentieren und auseinanderbrechen. Das prekäre Ich des Nicht-zu-Ende-Geborenen bedarf der äußeren Stützung, eines Korsetts, das die Schwächen der Ich-Struktur kompensiert. Die landläufige Form dieses Korsetts ist die Arbeit, die zum wichtigsten Ich-Erhaltungsvorgang wird. Arbeit hält ihn bei der Stange und sichert ihm das reduzierte Überleben, und zwar nicht nur, weil sie seine materielle Reproduktion über den Lohn garantiert, sondern weil das Arbeiten sein Ich vor dem Fragmentieren und Zusammenbrechen bewahrt, vor dem Hereinbrechen verschlingender Symbiosen (vgl. Theweleit 1978, S. 244ff.).

Das Zusammenspiel all dieser Prozesse führt dazu, daß Arbeit schließlich zur zweiten Natur des Menschen wird. Die physische und manifeste Gewalt aus der Aufstiegsphase der kapitalistischen Produktionsweise kann sich in dem Maße zurückziehen, wie die Menschen sich selbst Zwang antun. Die Mauern, hinter die man sie einst sperrte, sind jetzt im Inneren aufgerichtet. Es ist ein weitverbreitetes Mißverständnis, diesen Zustand mit Freiheit zu verwechseln und aus der Tatsache, daß die Ketten abgeschafft sind, mit denen man ehemals die Galeerensträflinge an die Ruderbank fesselte, zu schließen, die Galeerensträflinge selbst seien abgeschafft worden.

Die Imperative der kapitalistischen Produktion und der ökonomischen Vernunft sind als eine Art trojanisches Pferd in die Menschen eingedrungen und haben den Status von Quasi-Instinkten und bedingten Reflexen angenommen. Lebensgeschichtlich frühe Rhythmisierungen der kindlichen Bedürfnisse, die Dressur der Körper und der Motorik lassen Arbeit zu einer ungreifbaren und zugleich prägnanten Determinierung werden. Als Folge dieses epochalen psychischen Umrüstungsprozesses bildet sich eine zweite innere Natur des Menschen heraus, ein Fundus von tief eingewurzelten Automatismen, (Wiederholungs-)Zwängen und Abwehrmechanismen. Die Rigidität und Zwanghaftigkeit des Arbeits- und Alltagsverhaltens resultiert also nicht oder nicht in erster Linie aus dem Einfluß eines moralischen Diskurses: Einem solchen Zugriff könnte der Mensch sich relativ leicht entziehen. Wenn das Überich wie ein Reflex funktionieren soll, benötigt es als Unterbau und Komplizen einen kolonialisierten Körper, der von sich aus gewisse gefährliche Impulse wie den Wunsch nach einem Mehr an Glück und Zeit zum Leben abwehrt.

Am Anfang flohen die Menschen vor den Verhaltenszumutungen der Lohnarbeit und der Zeitdisziplin und zogen es mitunter vor, bettelnd durch die Lande zu ziehen. Auf dem Höhepunkt des gigantischen Dressur- und Umrüstungsprozesses waren Arbeiter von der psychischen Dekompensation und psychosomatischen Erkrankungen bedroht, wenn sie arbeitslos wurden. Wie die Studie von Marie Jahoda und anderen über »Die Arbeitslosen von Marienthal« aus den frühen 30er Jahren zeigt, wird Arbeitslosigkeit erlebt wie ein sozialer Tod. Seiner

Identitätsprothesen und des Metronoms beraubt, das bislang den Rhythmus des Lebens vorgab, fallen die Arbeitslosen aus ihren Sicherheiten ins Nichts der Desorientierung, Verzweiflung und Resignation. Getrimmt auf extreme Zeitregulierung wissen sie mit dem plötzlichen Reichtum an freier Zeit nichts anzufangen und verhalten sich wie ein jahrelang im Käfig gehaltener Tiger, der, nachdem man ihm die Freiheit zurückgegeben hat, weiter seine Gitterstäbe abschreitet und sich nach seinem Käfig und seinen Sicherheiten zurücksehnt. In einer Gesellschaft, in der sich die Vergesellschaftung für die meisten Menschen über Lohnarbeit herstellt und Sozialisation im wesentlichen Arbeitshaltungen vermittelt, büßt, wer seine Arbeit verliert, eben mehr ein als nur seine Einkommensquelle: seinen Ort, seine soziale Existenz, seine Kontakte und Beziehungen, und er wird seines wichtigsten Ich-Erhaltungsmechanismus beraubt, der äußeren Stützen seines geschwächten Ichs. Das, was man den Pensionierungstod nennt, ist wohl der krasseste Ausdruck der Unterordnung des Lebens unter die entfremdete und entfremdende Arbeit.

Gegen Ende des 19. Jahrhunderts machte in den Metropolen des Kapitals kaum noch jemand der Arbeitsgesellschaft das Realitätsmonopol streitig. Psychiater wie Emil Kraepelin und Karl Wilmanns faßten Müßiggang und Landstreicherei jetzt in Termini einer medizinisch-psychiatrischen Pathologie: Wer nicht arbeiten will, sondern sich »gleichgültig mit den Händen in den Taschen herumdrückt, ist geistesgestört und ein Fall fürs Irrenhaus und eben nicht mehr in erster Linie für Gefängnis, Zucht- und Arbeitshaus« (vgl. Wilmanns 1906). Die Arbeiterbewegung hatte ihren anfänglichen Widerstand gegen die Verhaltenszumutungen der kapitalistischen Industrialisierung aufgegeben und versuchte, das Bürgertum gewissermaßen auf der Überich-Seite zu überholen. Der deutsche sozialdemokratische Arbeiter um 1900 herum war stolz auf seine anständige Lebensführung, achtete streng auf seine Reputation, erzog seine Kinder zur Wehrhaftigkeit und sah verächtlich auf Obdachlose, Faulenzer und Bummelanten herab, mit denen er nichts zu tun haben wollte. Diejenigen, die man so lange der Unzuverlässigkeit und der Faulenzerei geziehen hatte, hatten sich inzwischen das bürgerliche Wertsystem zu eigen gemacht und wendeten es gegen die Bourgeoisie, die aus der Sicht der Arbeiter zu einer Klasse der Schmarotzer und Couponabschneider verkommen war. Erst in der sozialistischen Gesellschaft würden die Werte der Arbeit und der Produktion zur vollen Entfaltung kommen. Dem organisierten Sozialdemokraten war der Kapitalismus nur noch zu unordentlich und anarchisch-ungeplant, und die Zukunftsgesellschaft stellte er sich als ein gigantisches Arbeitshaus mit Arbeitspflicht für jeden vor. Etwas von der Gewalt, die nötig war, um Menschen in Lohnarbeiter zu verwandeln, ist noch in der idiosynkratischen Wut des arbeitenden Menschen auf den spürbar, der es wirklich oder vermeintlich leichter hat, der nicht so hart arbeitet wie man selbst. So nimmt es eigentlich auch nicht wunder, daß die Kolonialpolitik des Kaiserreichs auf keinen nennenswerten Widerstand seitens der Arbeiterbewegung stieß und von August Bebel im Reichstag 1906 als »Kulturtat« grundsätzlich begrüßt wurde: »Kommen die Vertreter kultivierter und zivilisierter Völkerschaften ... zu fremden Völkern als Befreier, als Freunde und Bildner, als Helfer in der Not, um ihnen die Errungenschaften der Kultur und Zivilisation zu überbringen, um sie zu Kulturmenschen zu erziehen, geschieht das in dieser edlen Absicht und in der richtigen Weise, dann sind wir Sozialdemokraten die ersten, die eine solche Kolonisation als große Kulturmission zu unterstützen bereit sind« (zit. nach: Die deutsche Arbeiterbewegung 1976, S. 344f.).

Weiter unten an der Basis wird man es weniger vornehm ausgedrückt und gedacht haben: »Wird Zeit, daß dem faulen Neger die Hammelbeine langgezogen werden. Warum soll's denen besser gehen als uns?«

Das ursprünglich bürgerliche Ressentiment gegen die Faulheit schlug bei denen, gegen die es sich richtete, in das Hohelied des Schweißes und der harten Arbeit um, und noch der sozialistische Gegenentwurf hatte etwas von dem Ressentiment des Beschädigten, der gleiches Unrecht für alle fordert.

Literatur

Bataille, Georges (1975): Das theoretische Werk, Bd. 1, München
Bebel, August (1974): Die Frau und der Sozialismus, Berlin (DDR)
Carlyle, Thomas (o. J.): Arbeiten und nicht verzweifeln, Düsseldorf und Leipzig
Die Deutsche Arbeiterbewegung 1848–1919 in Augenzeugenberichten (1976), München
Elias, Norbert (1969): Über den Prozeß der Zivilisation, 2. Bd., Bern
Foucault, Michel (1969): Wahnsinn und Gesellschaft, Frankfurt/M.
Geremek, Bronislaw (1988): Geschichte der Armut, Zürich
Gorz, André (1989): Kritik der ökonomischen Vernunft, Berlin
Jahoda, Marie et al. (1975): Die Arbeitslosen von Marienthal, Frankfurt/M.
Krahl, Hans-Jürgen (1971): Konstitution und Klassenkampf, Frankfurt/M.
Kraepelin, Emil (1896): Zur Hygiene der Arbeit, Jena
Lafargue, Paul (1978): Das Recht auf Faulheit, o. O.
Landes, David S. (1973): Der entfesselte Prometheus, Köln
Marx, Karl (1969): Das Kapital, Bd. 1, Berlin (DDR)
Marzahn, Christian (o. J.): Das Zucht- und Arbeitshaus, Bremen
Nietzsche, Friedrich (1982): Die fröhliche Wissenschaft, Frankfurt/M.
Nietzsche, Friedrich (1983): Morgenröte, Frankfurt/M.
Rifkin, Jeremy (1988): Uhrwerk Universum, München
Rühle, Otto (1971): Illustrierte Kultur- und Sittengeschichte des Proletariats, Bd. 1, Frankfurt/M.
Rutschky, Katharina (1977): Schwarze Pädagogik, Frankfurt/M.-Berlin-Wien
Sachsse, Christoph/ Tennstedt, Florian (1986): Soziale Sicherheit und soziale Disziplinierung, Frankfurt/M.
Sombart, Werner (1928): Das Wirtschaftsleben im Zeitalter des Hochkapitalismus, 1. Halbband, München/Leipzig
Theweleit, Klaus (1978): Männerphantasien, Bd. 2, Frankfurt/M.
Thompson, E. P. (1980): Zeit, Arbeitsdisziplin und Industriekapitalismus, in: Plebejische Kultur und moralische Ökonomie, Frankfurt/M.-Berlin-Wien
Weber, Max: Die protestantische Ethik, Bd. 1, München und Hamburg 1969
Wehler, Hans-Ulrich (1987): Deutsche Gesellschaftsgeschichte, Bd. 1, München
Wilmanns, Karl (1906): Zur Psychopathologie des Landstreichers, Leipzig

Franz Schandl

Vom Verwesen der Arbeit

»Fleißig, sagt man, wären diese Menschen wie Unsummen Bienen. Ergo summ. Sie würden immer, sagt man, schuften, schinden, hetzen. Vorher könnten sie nicht ruh'n. In der Arbeit liegt, sagt man summa summarum ihr Lebenszweck. Man sagt auch, daß man sagt, man sagte, daß sie werken wie besessen, nicht gemütlich wären, weil man sagt, es gäbe ständig etwas zu tun. Hesiod sagt: Arbeit schändet nicht. Und Benn sagt: Arbeit heißt Steigerung zur geistigen Form. Das Arbeiten ist meinem Gefühl nach dem Menschen so gut ein Bedürfnis als Essen und Schlafen, sagt Humboldt. Man sagt auch, daß man sagt, man sagte, daß sie werken wie besessen, nicht gemütlich wären, weil man sagt, es gäbe ständig etwas zu tun. Wer nicht arbeitet, soll auch nicht essen, sagt man. Ora et labora. Arbeit macht frei. Arbeit, sagt man, macht erst das Leben süß« (Franzobel 1995, S. 27).

Alle reden von Arbeit. Aber reden alle, wovon sie wissen? Grundgelegt ist diesem Gerede ein ontologischer Arbeitsbegriff, der versucht, alles, was nur irgendwie in den Bereich einer Tätigkeit fällt, für sich zu vereinnahmen. Die Behauptung: »Arbeit ist ein Zentralbegriff des Menschseins, so wie Freiheit oder Tod oder Liebe« (Schwarz 1997, S. 19) ist naheliegend, aber falsch.

Der Terminus Arbeit versucht sich nun, nach seiner Etablierung, immer stärker räumlich, aber auch zeitlich auszudehnen. Die ausufernde Begrifflichkeit ist allerdings zum Irrläufer geworden. Einmal in die Welt gesetzt, soll die Welt mit ihr identisch werden. Der kolonialistische Überfall der Gegenwart auf die Vergangenheit und die Zukunft erscheint als natürliche Betrachtungsweise. Was dem vormodernen Menschen Gott, ist für das moderne Individuum die Arbeit. Ihm gilt es, sich zu opfern und zu überantworten.

Selbst in interessanten Publikationen, wie in dem von Ina Paul-Horn herausgegebenen Sammelband »Transformation der Arbeit«, schreibt dieselbe: »Arbeit heißt eine Tätigkeit, in der sich gegenwärtiges Handeln planvoll auf einen zukünftigen Zweck ausrichtet« (Berger/Paul-Horn 1997, S. 133). Wenn das Arbeit heißt, was kann ein erweiterter Tätigkeits- oder Werkbegriff dann noch außerhalb dieser umfassen? Wohl nichts mehr. Die Assoziation von Arbeit ist also völlig differenzlos in den Tätigkeitsbegriff gefallen. Da ist auch Radfahren Arbeit, denn das Treten der Pedale (= gegenwärtiges planvolles Handeln) erfüllt eine gewünschte Ortsveränderung (= zukünftiger Zweck). Man nennt das wohl jetzt *Bewegungsarbeit.* Wenn ich angeregt diskutiere (= gegenwärtiges planvolles Handeln), um einen Streit aus der Welt zu schaffen (= zukünftiger Zweck), dann ist das Arbeit, *Beziehungsarbeit* nennt sich das heute.

Außerdem, was sind Tätigkeiten, die nicht auf einen zukünftigen Zweck ausgerichtet sind? Heißt das dann, daß der Rest der Tätigkeit, der Nichtarbeit ist, auf zwecklose Tätigkeiten aus ist? Ferner: Was ist der Inhalt des angeführten Zweckes? Das bürgerliche Individuum sieht vor lauter Arbeit keine Differenz mehr. Ihm ist wahrlich alles gleich. Arbeit ist Arbeit ist Arbeit. Was Arbeit ist, ist damit aber keineswegs gesagt. Je mehr man überall Arbeit sieht, desto weniger kennt man sich aus.

Kabarettistisches Stelldichein

Von der Trauerarbeit bis zur Beziehungsarbeit, von der Pflegearbeit bis zur Erziehungsarbeit, alles hat Arbeit zu sein und sein zu wollen. Daß die Trauer vielleicht Trauer, die Erziehung Erziehung ist, scheint vergessen. Je prekärer es für die Arbeit wird, desto mehr treibt sie ideologische Spielchen, ja sie nistet sich in der gesamten Sprache ein und brütet einen Schwachsinn nach dem anderen aus. Wie ein Virus bewegt sie sich durch die geläufige Terminologie, und alle scheinen befallen, quargeln das Unverdauliche nach, als sei es selbstverständlich. Die aggressive Ausbreitung und die Vehemenz ihrer unterschiedlichen Propagandisten läßt aufhorchen. Je weniger die Arbeit reell trägt, desto mehr blüht sie ideell auf.

Der Kabarettist Werner Schneyder brachte das unlängst auf den Punkt. Die Persiflage wider Willen liest sich so: »Der Mensch hat nicht ein ›Recht auf Arbeit‹, er hat ein ›Recht auf Geld‹, also auf Gewinnbeteiligung, Bruttosozialproduktanteil. Das Wort ›Arbeitslosenunterstützung‹ ist eine ideologische Frechheit. Es müßte heißen: ›Freizeitgestaltungshonorar‹. ... Es gibt unzählige Möglichkeiten, durchaus auch gesellschaftlich wichtige, Freizeit als Arbeitszeit zu begreifen. Beginnen wir beim menschlichen Körper. Dessen Pflege – Frisur, Rasur, Kosmetik – ist Arbeit, Dienst an der Mitmenschheit, weil deren Ausblicke durch Anblicke verschönert werden. Gleiches gilt für Hosen bügeln, Schuhe putzen, Flecken entfernen. Pflege der Blumenbeete, des Rasens, der Hausfassade erfordert Arbeit, ist Arbeit. Lesen mit dem Ziel der Information oder Erkenntnis ist Arbeit. Das Erlernen von Musikinstrumenten, um nicht nur sich, sondern auch der Mitmenschheit Freude zu machen, ist Arbeit. Das nach Ende der Ausbildung mögliche Freudemachen mit Musik ist Arbeit. Das Gespräch, die Diskussion zur Meinungsfindung ist Arbeit« (Schneyder 1998, S. 306).

Wir vervollständigen: Zähne putzen ist Arbeit. Und Socken wechseln. Und Schlauchboot fahren. Warum sollte es nicht alimentiert werden? Und Besuche machen? Fragt sich jetzt nur: Zahlt der Besuchte oder der Besucher, der Nationalstaat oder die Europäische Union? Und was, wenn jene sich in einem Lokal treffen, dann teilen sie sich wohl die Bewegungsarbeit. Und warum nicht auch küssen und streicheln und bumsen? Denn das ist Vergnügungsarbeit. Oder hat da irgendwo die Arbeit aufgehört? Etwa beim Schlafen? Nein, das ist jetzt Schlafarbeit. Alles, was ist, ist Arbeit. *Dasein soll Arbeit sein*, so lautet das erste Universalgebot im überkonfessionellen okzidentalen Gebetbuch.

Ein Grundirrtum der Jetztzeit ist, daß wir unser Tun nur als Arbeit begreifen können. Diese Maßlosigkeit subsumiert alle Tätigkeiten unter dem Dach der Arbeit. Die Kategorie ist irre geworden, sie überfällt unschuldige Hauptwörter. Wie ein Krebsgeschwür wuchert sie vor sich hin. Vom Kanzler bis zum Künstler: alle blöken von Arbeit. Selbst viele Kritiker figurieren als die willfährigen Überträger all dieser Unsinnigkeiten.

Arbeit als Abstraktion

Was haben Brötchen backen, Straßen kehren, Gefangene beaufsichtigen, Kranke pflegen, Obst verkaufen, Kühe melken, Artikel schreiben, Geld transportieren und Bomben werfen gemeinsam? Daß sie eben als entlohnte Arbeit anerkannt sind, daß es Geld für sie gibt. Alle können in Euro ausgedrückt werden. Können sie es nicht, dann sind sie trotz aller Mühe und Anstrengung keine Arbeit gewesen, weil sie eben vom Wesen der Verwertung nicht erfaßt worden sind. Vom Wert her betrachtet, kann dieselbe Tätigkeit Arbeit sein oder eben auch nicht. Das ist abhängig davon, in welcher Konstellation sie sich gesellschaftlich entfaltet. Der spezifische Charakter der Tätigkeit ist von einer außermonetarischen Sinnlichkeit jedenfalls nicht zu erfassen. Gegen den gesunden Menschenverstand gilt es festzuhalten: Arbeit ist auf den Markt bezogene Tätigkeit zum Zwecke der Verwertung. Arbeit muß sich für den Markt qualifizieren und quantifizieren.

Die so dechiffrierte Arbeit ist keine ontologische Größe, sondern eine historisch begrenzte Notwendigkeit. Wenn hier also von Arbeit gesprochen wird, dann ist darunter Erwerbsarbeit zu verstehen. Im Deutschen ist die äußerst sinnvolle Differenzierung zwischen *Arbeit(en)* und *Werk(en)* im Laufe der letzten Jahrhunderte weitgehend verlorengegangen. Der Umgang mit der Kategorie »Arbeit« ist daher äußerst problematisch, weil es anders als zum Beispiel im Englischen keine Unterscheidung zwischen »work« und »labour« gibt.

Zu tun gibt es wahrlich genug. Was ausgeht, ist die Lohnarbeit. Warum glauben wir nun akkurat, daß sie uns erhalten bleiben soll? Die einfache Antwort darauf ist, daß unser Auskommen am Einkommen hängt. Daß somit Arbeit als existentielle Notwendigkeit auftritt. Wir uns ein Leben ohne sie gar nicht vorstellen können, nein: dürfen. Alles, was heute über die Marktwirtschaft hinausdenkt, wird als Halluzination diskreditiert, da mag es den bürgerlichen Individuen noch so dreckig gehen. Ein positiv gewendeter Abschied von Arbeit, Geld und Wert erscheint als ein völlig utopisches Hirngespinst. Doch in negativer Form veranstaltet er sich mit all seinen zerstörerischen Auswirkungen gerade eben jetzt an den Betroffenen.

Zu *essen* ist ein unbedingtes Bedürfnis, *Geld zu haben* lediglich ein sozial bestimmtes. Nichtsdestoweniger ist für die modernen Subjekte Arbeit oder Geld das, was für den mittelalterlichen Menschen Gott gewesen ist: der Überfetisch. »Arbeit existiert notwendig« könnte man gegenwärtig frei nach Spinoza sagen. Dito Geld. Doch dieses abendländische Prinzip von *ora et labora* ist schwer erschüttert, und zwar in all seinen Varianten, vom Protestantismus bis zum Sozialismus. Da nützen Kreuzzüge ebensowenig wie Beschäftigungsoffensiven.

Kapital liebt Arbeit

Arbeit ist kein physiologischer Terminus, sondern eine gesellschaftliche Realkategorie. Ihr Aufstieg verläuft parallel zu Aufklärung und Kapitalismus. Alles, was uns heute so vertraut ist – Demokratie, Recht, Sozialstaat, Politik, Nation, Vertrag, Ware, Markt etc. –, gehört demselben historischen Kontinuum an, kann von diesem nicht abgelöst werden, obwohl gerade das immer wieder geschieht. Deren Durchsetzungs- wie Verfallsgeschichte ist ein und dieselbe, auch wenn es Ungleichzeitigkeiten in ihren Ausformungen und Entwicklungen geben mag.

Warum sowohl Bourgeois als auch Proletarier sich mit der Arbeit identifizieren, ist vorgegeben: weil sie als die jeweiligen konstanten und variablen »Kapitalteile« (Marx 1969a, S. 223–

224)[1] nichts anderes sind als dynamische Daseinsweisen der Arbeit. Sie identifizieren sich richtigerweise mit sich selbst, ihrer objektiven Bestimmung. Die Arbeit, das bin ich, bekennen die stets falsch bezeichneten, weil umgekehrt zu bezeichnenden, Arbeitgeber und Arbeitnehmer. Kapital liebt Arbeit, weil es Arbeit ist. Tote Arbeit, die sich lebendige aneignet und sich somit verwertet. Ohne Arbeit kein Kapital. Das Kapitalverhältnis ist nichts anderes als die Akkumulationsmaschine der Arbeit. Kapital und Arbeit bilden also keinen antagonistischen Gegensatz, sondern sind vielmehr der Verwertungsblock der Kapitalakkumulation. Wer gegen das Kapital ist, muß gegen die Arbeit sein.

Abrichtung zur Arbeit war eines der erklärten Ziele der abendländischen Modernisierung. Selbstbestimmung und Arbeitszwang können durchaus als komplementäre Größen betrachtet werden. Auch wenn etwa bei Kant die Kategorie der Arbeit noch keineswegs zu den zentralen gehörte, sondern bloß in ihrer embryonalen Begriffsform erscheint, so war das ganze Programm der Arbeit in seinem Denken angelegt. Bezeichnenderweise im Kapitel »Vom Gefühl der Lust und Unlust« seiner Anthropologie (Kant 1977, S. 549-579) doziert er in belehrendem, ja abgefeimtem Ton: »Junger Mensch! (ich wiederhole es) gewinne die Arbeit lieb; versage dir Vergnügen, nicht um ihnen zu entsagen, sondern so viel als möglich, immer nur im Prospekt zu behalten« (ebenda, S. 559). Arbeit ist säkularisierte Religion: die Verheißung auf ein Jenseits der Arbeit sollte sich im wahrsten Sinn erst dort, im Jenseits erfüllen. Hier und heute jedoch, im Diesseits, hatte gearbeitet zu werden.

Arbeit ist demnach die nicht verwirklichte, aber stets in Aussicht gestellte Verwirklichung der Lust durch Liebe der Unlust. Disziplinierung meint, das leiden zu wollen, was einen leiden

1 Die Bezeichnung *Kapitalteil* ist deswegen deutlicher als Kapital, weil sie die konstitutive Immanenz des Kapitalteils zum Kapitalverhältnis besser zutage fördert, es also weniger leicht ist zu behaupten, dem Arbeiter sei seine Kapitalfunktion von außen aufgedrängt, anstatt, daß sie ihn ausmacht.

läßt. Und das ist auch, was die lebensverschwendende Arbeit versprechen sollte: Wer viel leistet, kann sich viel leisten! Es ist ein Imperativ, der den Mitgliedern der modernen Gesellschaft abverlangt wird. »Zuerst die Arbeit, dann das Vergnügen« so übersetzte der Volksmund den Kantschen Leitspruch in die Alltagssprache. Aus dem kategorischen Imperativ ist ein obligatorischer Indikativ geworden, der als apriorische Selbstverständlichkeit gar nicht mehr als Befehl auftreten muß.

Erwerb. Beschäftigung. Job. Stelle. Dienst. Arbeit ist die freie Knechtschaft. Daß wir etwas *verdienen* müssen, verheißt, daß wir zu *dienen* haben. In der Erwerbsarbeit sind wir die Diener der Verwertung. Ob jemand dies oder jenes verdient und vor allem wieviel jemand verdient, ist einerseits zu einer vorrangigen Frage der Alltagsgespräche geworden, andererseits aber auch zu einem gut gehüteten privaten Geschäftsgeheimnis. Das auf Gerechtigkeit getrimmte bürgerliche Subjekt fragt daher geradezu pflichtgemäß und penctrant, ob eins auch wirklich verdient, was es bekommt, auch wenn es selbst immer mehr bekommen will, als ihm laut ihm zustünde. Niemanden geht an, was alle wissen möchten. In dieser kollektiven Schizophrenie wächst und gedeiht die allseitige Verdächtigung.

Entäußerung als Entwesung

Arbeiten zu müssen ist ein Kennzeichen von Knechtung, sagte Hegel ganz unzweideutig seinen Nürnberger Gymnasiasten, und manche haben es sich bis heute gemerkt: »Der Knecht hat ein fremdes Selbst in ihm und ist dessen äußerlicher Wille; der Herr vermittelt sich durch diesen seinen äußerlichen Willen mit den Dingen. Als der fürsichseiende Wille verhält er sich gegen diese als verzehrende Begierde; der Knecht aber als nicht fürsichseiender Wille verhält sich dagegen als arbeitend und formierend« (Hegel 1986a, S. 81). Arbeit bedeutet einem Ding gleich werden, sich zu *verdingen* (ebenda, S. 82).

Arbeiter sein meint Enteignung seiner selbst: »Durch die Veräußerung meiner *ganzen* durch die Arbeit konkreten Zeit und der Totalität meiner Produktion würde ich das Substantielle derselben, meine *allgemeine* Tätigkeit und Wirklichkeit, meine Persönlichkeit zum Eigentum eines anderen machen« (Hegel 1986b, S. 144–145). Die Phrase vom »sein eigener Herr sein« ist so falsch nicht. Sein eigener Herr ist man demnach nur, wenn man nicht unter fremdem Kommando arbeitet. Aber auch wenn man nun eigener Herr ist, heißt das, daß man sich selbst kommandieren muß, um dem Markt zu entsprechen. In der Marktwirtschaft ist man sein eigener Herr nur, wenn man auch sein eigener Knecht ist. Herr und Knecht sind also nur bedingt brauchbare Figuren, weil sie allzu schnell die Selbstbestimmung der Bestimmer unterstellen und dabei die Bestimmung der Bestimmer vergessen.

»Aber diese Welt ist geistiges Wesen, sie ist an sich die Durchdringung des Seins und der Individualität; dies ihr Dasein ist das *Werk* des Selbstbewußtseins; aber ebenso eine unmittelbar vorhandene, ihm fremde Wirklichkeit, welche eigentümliches Sein hat und worin es sich nicht erkennt. Sie ist das äußerliche Wesen und der freie Inhalt des Rechts; aber diese äußerliche Wirklichkeit, welche der Herr der Welt des Rechts in sich befaßt, ist nicht nur dieses zufällig für das Selbst vorhandene elementarische Wesen, sondern sie ist seine, aber nicht positive Arbeit – vielmehr seine negative. Sie erhält ihr Dasein durch die *eigene* Entäußerung und Entwesung des Selbstbewußtseins, welche ihm in der Verwüstung, die in der Welt des Rechts herrscht, die äußerliche Gewalt der losgebundenen Elemente anzutun scheint. Diese für sich sind nur das reine Verwüsten und die Auflösung ihrer selbst; diese Auflösung aber, dies ihr negatives Wesen, ist eben das Selbst; sie ist ihr Subjekt, ihr Tun und Werden« (Hegel 1986c, S. 360). »Diese ihre Entfremdung ist das *reine Bewußtsein* oder das *Wesen*« (ebenda, S. 361).

Das Subjekt, das sich durch die Unterwerfung unter die Arbeit definiert, ist Objekt einer äußeren übermächtigen Drangsalierung. Es wird nur, weil es sich nicht positiv selbst setzen kann, sondern negativ durch die Arbeit gesetzt wird. Entäußerung der Arbeit bedeutet *Entwesung* des Menschen. Selbstbestimmung bedeutet Fremdbestimmung, und zwar nicht erkannte, aber anerkannte. Das Wesen des Kapitals hat die permanente Entwesung der Menschen zur Bedingung. Deren Wohlergehen, deren Gesundheit, deren freundschaftliches Miteinander ist nicht primäres Mittel oder Ziel, sondern bestenfalls erkämpfbarer Zusatz. Das bürgerliche Individuum, das ist wahrlich »ein erniedrigtes, ein geknechtetes, ein verlassenes, ein verächtliches Wesen« (Marx 1970, S. 385).

Marxsche Ambivalenzen

Marx' Haltung zur Arbeit war durchaus ambivalent, wenngleich zugegeben werden muß, daß er (vor allem im »Kapital«) selbst zur Ontologisierung neigte, indem er jene als überhistorische Bedingung charakterisierte. »Die Arbeit ist zunächst ein Prozeß zwischen Mensch und Natur, ein Prozeß, worin der Mensch seinen Stoffwechsel mit der Natur durch seine eigne Tat vermittelt, regelt und kontrolliert. Er tritt dem Naturstoff selbst als eine Naturmacht gegenüber« (Marx 1969a, S. 192). Der Arbeitsprozeß gilt ihm demnach als »allgemeine Bedingung des Stoffwechsels zwischen Mensch und Natur, ewige Naturbedingung des menschlichen Lebens und daher unabhängig von jeder Form dieses Lebens, vielmehr allen seinen Gesellschaftsformen gleich gemeinsam« (ebenda, S. 198).

Den vieldeutigen Aspekten seiner Metakategorie »Arbeit« versuchte Marx dahingehend gerecht zu werden, daß er der Kategorie ziemlich oft Attribute beigibt, hervorgehoben sei die Differenzierung in *konkrete* und *abstrakte* Arbeit. Engels geht in einer Fußnote zur 4. Ausgabe des »Kapital« sogar so weit zu betonen, daß die englische Sprache den Vorzug hätte, zwischen *work* und *labour* zu unterscheiden (ebenda, S. 61–63). Zum Problem der Kategorienbildung schreibt Marx in den »Grundrissen«: »Dies Beispiel der Arbeit zeigt schlagend, wie selbst die abstraktesten Kategorien trotz ihrer Gültigkeit – eben wegen ihrer Abstraktion – für alle Epochen doch in der Bestimmtheit dieser Abstraktion selbst ebensosehr das Produkt historischer Verhältnisse sind und ihre Vollgültigkeit nur für und innerhalb dieser Verhältnisse besitzen« (Marx 1983, S. 39).

Es gibt aber auch bemerkenswerte Stellen, die jedes ontologische Verständnis ausschließen. »Es ist eins der größten Mißverständnisse, von freier, gesellschaftlicher menschlicher Arbeit, von Arbeit ohne Privateigentum zu sprechen. Die ›Arbeit‹ ist ihrem Wesen nach die unfreie, unmenschliche, ungesellschaftliche, von Privateigentum bedingte und das Privateigentum schaffende Tätigkeit. Die Aufhebung des Privateigentums wird also erst zu einer Wirklichkeit, wenn sie als Aufhebung der Arbeit gefaßt wird« (Marx 1972, S. 24). Und auch in der vielzitierten »Deutschen Ideologie« schreiben Marx und Engels, daß die Proletarier, »um persönlich zur Geltung zu kommen, ihre eigne bisherige Existenzbedingung, die zugleich die der ganzen bisherigen Gesellschaft ist, die Arbeit, aufheben« (Marx/Engels 1969b S. 77), daß die »kommunistische Revolution sich gegen die bisherige *Art* der Tätigkeit richtet, die Arbeit beseitigt und die Herrschaft aller Klassen mit den Klassen selbst aufhebt ...« (ebenda, S. 69–70). Hier wird also ausdrücklich festgehalten: Jede Arbeit ist Tätigkeit, aber nicht jede Tätigkeit ist Arbeit!

Arbeiterbewegung als Arbeitsbewegung

Der Arbeiterbewegungsmarxismus ist in seiner Vorstellung von Arbeit eigentlich nie über das Engelssche Manuskript »Anteil der Arbeit an der Menschwerdung des Affen« (Engels 1969, S. 444–455) hinausgekommen. »Die Arbeit hoch«, so heißt tatsächlich der Refrain des bis heute noch gesungenen »Lied der Arbeit«. Formulierungen dieser Art waren üblich, ja es gab noch viel üblere. »Bewußte, planmäßige Organisation der sozialen Arbeit nennt sich der ersehnte Heiland der neueren Zeit« (Dietzgen 1930, S. 103), verkündete etwa Josef Dietzgen, in der zweiten Hälfte des 19. Jahrhunderts einer der bekanntesten sozialdemokratischen Propagandisten.

Und es gab ein bolschewistisches Pendant. Kein Geringerer als Anatoli W. Lunatscharski, der spätere Kommissar für Bildungswesen, schrieb 1908, es gehe um die Schaffung einer Religion »ohne Gott«, um die Etablierung einer »Religion der Arbeit« (Geschichte der Kommunistischen Partei der Sowjetunion, Bd. 2, S. 307). Auch Josef Stalin meinte dazumals, Aufgabe der Bolschewiki sei es, die Philosophie Marx' und Engels' »im Geiste von J. Dietzgen weiterzuentwickeln« (ebenda, S. 308).

Die Arbeit ist zur Religion der Arbeiterbewegung geworden. Die Arbeit, sie ist die Angebetete. »Hauptsache, du hast eine Arbeit«, ist heute noch ein geflügeltes Wort. In Zeiten wie diesen verstärkt sich das noch, für die allermeisten gilt es, irgendwo unterzukommen. Für einen sicheren Job, ja für eine Stelle überhaupt, ja selbst schon für die Taglöhnerei ist man bereit, unzählige Demütigungen hinzunehmen. Hauptsache Arbeit. Die Arbeiterbewegung wurde so zur Bewegung zum Kampf *für* die Arbeit. Das ist sie heute noch – zumindest was von ihr übrig geblieben ist.

Marasmus der Arbeit

Heute spricht man zu Recht von einer strukturellen Krise der Arbeit: »Das Postulat der Vollbeschäftigung wird also um so weniger erfüllbar sein, je höher der technologische Status einer Gesellschaft ist. Wenn gewisse mitteleuropäische Politiker vorgeben, den technologischen Stand ihrer Länder deshalb steigern zu wollen, weil sie dadurch Vollbeschäftigung gewährleisten können, dann sind sie entweder denkunfähig oder Volksbetrüger« (Anders 1980, S. 99). Was nicht unbedingt ein Widerspruch sein muß.

»Tatsächlich sind die ›Arbeitsplätze‹ heißenden Produkte so wichtig, daß Politiker, die nie welche erfinden oder organisieren, ebensogut gleich ihren Hut nehmen können. Die keine versprochen haben, gibt es keine. Freilich auch keine, die auf die Dialektik von heute, die Geläufigkeit von steigender Technik und sinkendem Bedarf an Arbeitern bzw. Arbeitsplätzen eine Antwort wüßten« (Anders 1989, S. 41). Konträr zur mehrheitlichen Stimmungslage gilt es festzuhalten: Arbeiterfeindlich ist der, der die Arbeiter als Arbeiter erhalten will, nicht der, der sie aus der Knechtung der Arbeit befreien will.

Die Arbeit leidet an Marasmus. Sie frißt ihre Arbeitskräfte auf und hat die Fähigkeit der generellen Regeneration verloren. Daß nicht einmal mehr in den führenden kapitalistischen Ländern die Arbeit vor dem sozialen Absturz bewahrt, davon zeugen auch tiefliegende Löhne. *Working poor* ist mehr als ein Schlagwort, es ist bittere Realität für viele Arbeitsplatzbesitzer. Das Arbeitslager gleicht einem globalen Lazarett und Leichenschauhaus. Entwesung geht in Verwesung über. Der österreichische Kanzler Viktor Klima ist somit nichts anderes mehr als – frei nach Hegel oder Nestroy – der örtliche Verweser der Arbeit.

Arbeitsbefreiung als Arbeitslosigkeit

Wir haben uns auf den Märkten in Konkurrenz aufeinander zu beziehen, nicht in Unterstützung und Solidarität unsere Bedürfnisse zu regeln. Wir sind nicht füreinander da, sondern haben einander zu bekriegen. War Konkurrenz einst ein notwendiges Mittel, die Menschen ideell und materiell der Beschränktheit der Scholle zu reißen, ein dynamisches Prinzip sondergleichen, so ist sie heute zu einem Selbstleger geworden. »Die Leitnorm des herrschenden Wirtschaftssystems heißt expansive Verdrängungskonkurrenz. Sie ermöglicht es, Sinnfragen und Abwägungen einem äußerst simplen Vorteilskalkül unterzuordnen: Was sich durchsetzen läßt, ist richtig; was in der Konkurrenz den Kürzeren zieht, hat damit sich als falsch erwiesen«, schreibt Erich Kitzmüller (Kitzmüller 1997, S. 174). Mangels Ausweitungsmöglichkeiten vernichtet die Konkurrenz sich selbst. Das heißt aber auch: Je besser es in Teilbereichen (Branchen, Regionen etc.) gelingt, wirklich in der Konkurrenz zu bestehen und somit auch Arbeitsplätze zu schaffen, desto mehr werden woanders abgeschafft. Standortsicherung ist eine eliminatorische Größe.

Arbeitslos sein bedeutet, als Arbeitskraft konkurrenzunfähig zu sein. Und das ist mit sozialer Degradierung verbunden. Zweifellos, die Arbeitslosigkeit ist ein Schrecken. Aber diesen Schrecken richtet die Arbeit an, nicht die Untätigkeit. Wenn Arbeitslosigkeit Elend schafft, dann ist sofort einzuwenden, daß die Arbeitslosigkeit eine subordinierte Komponente der Arbeit selbst ist, nicht deren Gegenteil, als die sie oberflächlich erscheint. Arbeitslosigkeit meint Entwertung, und dies in einer Gesellschaft, in der der Wert das vorherrschende Gesetz ist. Psychisch erleben die ausgestoßenen Personen einen wahren Entwertungsschock. Nicht zufällig stammen Wert und Würde, wie Marx schon betonte (Marx 1969c, S. 372), vom gleichen gotischen Begriff (*vairths*) ab.

Arbeitslosigkeit tritt auf als Schande, als Schwäche, als Unfähigkeit, als *Wertlosigkeit*. Und genauso muß sie auch in dieser Gesellschaft gedacht werden. Die Betroffenen sind gezeichnet. *Sozialfälle* nennt man sie. Ohne gesellschaftliche Alternativen geraten sie leicht in die unselige Versuchung, Sündenböcke zu suchen, die sie direkt für ihre Situation verantwortlich machen. Denn in diesen Bahnen haben sie fühlen gelernt. Die soziale Perspektivlosigkeit der sozial Deklassierten birgt rassistischen Sprengstoff.

Wenn entlassene »Kräfte« nicht wissen, was sie mit ihrer Zeit anfangen sollen, dann demonstriert sich an ihnen nur, wie sehr sie dem Kult der Arbeit verfallen sind. Ihr Leben haben sie tatsächlich mit der Arbeit identifiziert; ist diese weg, scheint das Leben leer und sinnlos geworden zu sein. Der absurde Satz »Arbeit macht das Leben aus« ist nicht nur dahingehend richtig, sondern auch in seiner zweiten Bedeutung: aus im Sinne von ausmachen = auslöschen.

Arbeit meint nicht Erfüllung des Lebens, sondern Mühsal der Existenz. *Arbeitszeit ist gestohlene Lebenszeit.* Daß Arbeitsplätze in einer Situation, wo sie sich als überflüssig erweisen, geradezu angebetet und erfleht werden, daß man sich nicht freuen kann, wo Freude angesagt wäre, ist eine Groteske sondergleichen. Eine marktwirtschaftliche, wohlgemerkt. Da gilt es eisern zu Nestroy zu halten und dagegen zu sein: »Nein, Arbeit verlang' ich keine mehr, denn das wär' überflüssig, und ich darf nur das Notwendige verlangen« (Nestroy 1975, S. 189).

Nicht Fatalismus ist angesagt. Es geht nicht darum, die kapitalistischen Verwüstungen hinzunehmen oder gar als Naturnotwendigkeit zu bejahen und zu propagieren. Die Arbeitslosen haben recht, wenn sie gegen ihre Arbeitslosigkeit protestieren. Aber sie dürfen dabei nicht stehen bleiben. Wer gegen die Arbeitslosigkeit kämpft, darf nicht für die Arbeit kämpfen, also für die Verursacherin derselben. Das ist natürlich nicht einfach zu vermitteln, wo doch jeder einzelne auf Arbeit angewiesen ist, will er gesellschaftlich bestehen. Naheliegender ist so der dem gesunden Menschenverstand entspringende Gedanke, aus der Notwendigkeit des Individuums auf die Notwendigkeit der Allgemeinheit zu schließen. Dies freilich ist ein Kurzschluß, ganz ähnlich übrigens dem, daß der vernünftige Gesamtwille sich aus den Einzelinteressen ableite. Gerade in der Überwindung solcher Kurzschlüsse besteht eine immense strategische Herausforderung. Es ist nicht zu leugnen, daß heute niemand weiß, wie all das zielstrebig zu bewerkstelligen sei. Vordringlich scheint vorerst einmal die Formulierung korrekter Fragestellungen.

Selbstentwirklichung

Arbeit ist Übel. Arbeit ist Leid. Arbeit richtet die Menschen psychisch und physisch zugrunde. Einst unabdingbar für das Fortkommen, wird sie heute immer unnotwendiger und unmöglicher. Arbeit ist *Selbstentwirklichung*. Sie wird getan, weil sie Lohn bringt. Nach dem Sinn der Beschäftigung soll erst gar nicht mehr gefragt werden. Wichtig ist, ob sie sich rentiert, ob sie Profite, Löhne, Arbeitsplätze abwirft. Die Leute haben gefälligst zu arbeiten. Bis zum letzten Schweißtropfen gilt es, sich daran zu klammern.

Arbeit macht nicht frei, sie ist die Unfreiheit par excellence, der aufgeherrschte Zwang zur Entmenschlichung, was heißt:

sich zu verdingen, zu verkaufen, zu verwerten. Nichts anderes sollen sie auch wollen. »Wir wollen arbeiten müssen«, singt der Arbeitergefangenenchor. Warum aber sollen wir wollen? Weil wir wollen müssen! Unser Wille ist Gesetz, weil er uns gesetzt ist. Wir sind so dimensioniert, wir lassen nicht von unserer Maske, die wir als Haut verstehen. Die Modalverben fallen nicht auseinander, sondern zu einem Zwang, den man gewöhnlich Freiheit nennt, zusammen. Arbeit ist der Aggressor der Moderne. Und er sitzt auch in den Individuen selbst.

Arbeit zeichnet den Menschen nicht aus, sie zeichnet ihn vielmehr. Die Fabriken, die Büros, die Verkaufshallen, die Baustellen: sie sind legale Institutionen zur Vernichtung menschlicher Substanz. Die Spuren der Arbeit, wir sehen sie täglich an den Gesichtern und an den Körpern. An nichts laborieren die Menschen mehr als an der ihnen zugemuteten und angetanen Arbeit.

Auch die verdummende Massenkulturindustrie hat ihre Bedingung nicht in sich selbst, sondern in den demotivierenden Alltagsprozessen der Menschen, vor allem in der Lohnarbeit. In deren Wesen haben geistige Beschränktheit und praktische Angepaßtheit ihre Wurzeln. Sie ist der Grund von Abgestumpftheit und Abgeklärtheit der bürgerlichen Individuen. »Der Betrieb ist der Ort, an dem der Typ des medial gewissenlosen Menschen hergestellt wird, der Geburtsort des Konformisten«, sagt Günther Anders (Anders 1956, S. 289–290). Arbeit stumpft ab. Arbeit macht dumm.

Arbeit ist Demütigung. Etwas, das über uns hereinbricht, eine Heimsuchung, derer wir uns erwehren müssen, so gut wir können. Die Alternative dazu ist ja nicht die Untätigkeit, sondern das individuelle und kollektive Bereiten eines sinnvollen Werkens und Wirkens in den unterschiedlichsten Bereichen. Aus der Nichtarbeit folgt keine Untätigkeit oder gar Nichtsnützigkeit. Im Gegenteil: Die Überwindung der Arbeit ist die Voraussetzung der Verallgemeinerung der Kreativität. Sie wird aus ihrem Dasein als Randexistenz befreit. Kommunismus kann ja überhaupt nichts anderes sein, als sich in aller Kreativität einander zu schenken.

Es war nicht die Arbeit, die die Menschen voranbrachte, sondern das mit Geist erfüllte Tätigwerden. Es war und ist die Kreativität, die sich in den verschiedensten Formen gesellschaftlich akzentuierte, die jeweils die obligaten Kreisläufe zu durchbrechen bewerkstelligte und so etwas wie (Vor-)Geschichte, Aufstieg und Fortschritt – auch wenn man stets nach deren Qualität fragen muß – ermöglichte.

Entwertung der Werte

Während man gemeinhin davon ausgeht, daß jede Arbeit (wieder) *etwas Wert werden* soll, gehen wir davon aus, daß Arbeit sich fortwährend *entwertet* und daß das eigentlich positiv ist. Negativ wird es nur, weil die konstruktive Entwicklung an einen destruktiven Gesamtzusammenhang gebunden ist und an ihm verunglückt. So wird eben aus der Arbeits*befreiung* eine Arbeits*losigkeit*. Es geht nicht um die Umwertung der Werte (womit der ganze Rattenschwanz von der Arbeit über die Demokratie bis zur Freiheit gemeint ist), sondern darum, daß die negative Entwertung positiv gewendet wird. Die Aufhebungsbewegung hat eine *Entwertungsbewegung* zu sein.

Der Kampf gegen die Realabstraktion Arbeit kann durchaus als Auftakt zu einer noch weitergehenden *Kampagne der Entwertung der Werte* interpretiert werden. Genau das steht an: das definitive »Würdelos-Machen« heiliger Begriffe und Prinzipien im öffentlichen Diskurs. Das reell Prekäre muß auch im Kopf prekär werden. Das Marode muß als marod benannt werden. Anstatt den Irrglauben zu stärken – so etwa die Propaganda-Agenturen, allen voran die Sozialdemokratie – , gilt es diesen stets zu problematisieren, zu unterlaufen und schließlich zu überwinden.

Transvolutionäre Blasphemie ist angesagt. Sie bedeutet, die Achtung der Arbeit in deren Ächtung zu überführen. Verächtlichmachen durch beharrliche Ideologiekritik ist ihr Mittel, Ächtung von Arbeit, Wert und Geld ihr Ziel. Ein Durchbruch oder gar eine Verallgemeinerung dieser Blasphemie ist jedoch nur möglich, wenn diese tatsächlich mit den gesellschaftlichen Entwicklungen korrespondiert. Ansonsten mag sie zwar richtig sein (was ja auch nicht wenig wäre), aber sie stünde dann aktuell auf verlorenem Posten.

Nicht Transformation der Arbeit steht an, sondern ihre Entformierung als gesellschaftliches Formprinzip. Sie geht nicht über, sie geht unter. Aufzupassen gilt es also, daß die Leute nicht mit ihr untergehen, sondern sich gegen sie emanzipieren, sich aus ihrem Joch zu befreien verstehen.

Kampagne gegen die Arbeit

Das Heldenlied der Arbeit steht vor seinem Abgesang. Ungeachtet dessen intoniert sich jenes noch einmal als politischer Leitkanon aller Gläubigen. Ob Katholiken oder Sozialisten, Protestanten oder Faschisten, Grüne oder Liberale, Wirtschaftstreibende oder Gewerkschafter, die Arbeit eint sie zu einer einzigartigen abendländischen Prozession. Die rituellen Sprechchöre, die nach Arbeit schreien, sind ja nicht zu überhören. Auch wenn ihnen zusehends etwas Gespenstisches anhaftet.

Was ansteht, ist das Gegenteil des Aufgeführten: nicht ein Bündnis *für* Arbeit, sondern eine Kampagne *gegen* die Arbeit. Eine, die die geistigen Beschränkungen der alten Arbeiterbewegung, aber auch der neuen Arbeitsloseninitiativen zu überwinden versteht. Soziale Perspektive und sozialer Kampf sind nicht mehr prinzipiell an einer affirmativen Bezugnahme auf Arbeit und Geld auszurichten. Dieser Tabubruch ist nötig, um den Paradigmenwechsel zu ermöglichen.

Der Feierabend der Arbeit ist potentiell vielversprechend, in seinen konkreten Verwirklichungen aber barbarisch, weil die Fortschritte als Arbeitslosigkeit, Obdachlosigkeit oder Perspektivlosigkeit über die Leute hereinbrechen. Neue Formen der Solidarität, und zwar abseits der obligaten Forderungen nach (mehr) Arbeit und Geld, sind deswegen vonnöten. Nicht das einmal Erreichte ist zu sichern oder gar zurückzuholen, sondern es geht darum, Zukunft zu entwerfen. Notwendig ist die direkte Anerkennung des Gegenübers in der Kommunikation. Das *Wer bist du?* hat über die Frage des *Was bist du?* zu obsiegen, so daß die Menschen sich als sie selbst, nicht als und über ihre bürgerliche Rolle definieren müssen. Somit sich der Charaktermaske entledigen. Arbeit ist bloß Anerkennung der Menschen auf einem Umweg gewesen.

Der rechts-linke Konsens von »Arbeit schaffen« muß negiert werden. Ganz ketzerisch ist zu fragen: Wer soll eigentlich wozu vollbeschäftigt werden? – Nicht um das »Recht auf Arbeit« ist zu kämpfen, sondern um einen selbstverständlichen »Anspruch auf Leben«. Und das meint nicht die bloße Existenz, sondern ganz profan dic Tcilhabe an der erzeugten Güter- und Leistungsfülle, die heute global hervorgebracht werden kann. Der Vorsatz »Wir wollen fleißig arbeiten« ist durch den Ansatz »Wir wollen gut leben« zu ersetzen. Selbstbewußtsein ist angesagt, nicht Bittstellerei. Mut statt Demut.

Dem Recht auf Arbeit ist aber kein Recht auf Faulheit entgegenzusetzen. Es gilt einen kreativen Müßiggang ins Auge zu fassen, ein produktives Tätigsein, das frei ist vom Zwang zur Verwertung. Langsamkeit und Effektivität schließen sich da nicht aus. Muße ist anstatt von Müssen zu etablieren. Das Bewußte hat das Bewußtlose abzulösen. Kreativität und Produktivität, Aktivität und Solidarität stehen im Mittelpunkt zukünftiger Praxis, ja selbst das scheinbar abgeschmackte Wort der *Werktätigkeit* könnte unversehens wieder zu Ehren kommen. Zweifellos: Getan werden wird. Gearbeitet werden muß deswegen noch lange nicht.

Ziel ist die Abnahme der gesellschaftlich gebundenen Zeit. Emanzipation heißt Kampf gegen den existentiellen Kampf und schließlich dessen Überwindung, zumindest was die materielle Seite anbetrifft. Es geht um den Schritt vom *Überleben* zum *Leben*. Um nichts weniger als um den Austritt aus der menschlichen Vorgeschichte: »Das Reich der Freiheit beginnt in der Tat erst da, wo das Arbeiten, das durch Not und äußere Zweckmäßigkeit bestimmt ist, aufhört; es liegt also der Natur der Sache nach jenseits der Sphäre der eigentlichen materiellen Produktion« (Marx/Engels 1969d, S. 828). Auf der Tagesordnung steht eine emanzipatorische Aneignung der Zeit. Damit die Zeitgenossen auch Zeitgenießer werden.

Literatur

Anders, Günther (1956): Die Antiquiertheit des Menschen, Band I: Über die Seele im Zeitalter der zweiten industriellen Revolution, München

Anders, Günther (1980): Die Antiquiertheit des Menschen, Band II: Über die Zerstörung des Lebens im Zeitalter der dritten industriellen Revolution, München

Anders, Günther (1989): Sprache und Endzeit [Manuskript des dritten Bandes der »Antiquiertheit«]; in: Forvm, Oktober/November 1989

Berger, Wilhelm/Paul-Horn, Ina (1997): Arbeit und Bedürfnisse. Thesen zu einem Interpretationsmodell, in: Paul-Horn, Ina (Hg.), 1997

Dietzgen, Josef (1930): Sämtliche Schriften, Bd. 1, 4. Auflage, Berlin

Engels, Friedrich (1969): Dialektik der Natur, MEW, Bd. 20, Berlin

Franzobel (1995): Die Krautflut. Erzählung, Frankfurt/Main

Hegel, Georg Wilhelm Friedrich (1986a): Bewußtseinslehre für die Mittelklasse; in: Werke, Bd. 4, Frankfurt/Main

Hegel, Georg Wilhelm Friedrich (1986b): Grundlinien der Philosophie des Rechts; in: Werke, Bd. 7, Frankfurt/Main

Hegel, Georg Wilhelm Friedrich (1986c): Phänomenologie des Geistes, Werke, Bd. 3, Frankfurt/Main

Kant, Immanuel (1977): Anthropologie in pragmatischer Absicht; in: Werkausgabe Bd. XII, Frankfurt/Main

Kitzmüller, Erich (1997): Von der Arbeitsgesellschaft zur Tätigkeitsgesellschaft; in: Paul-Horn, Ina (Hg.) 1997

Lunatscharski, A. (1908): Religion und Sozialismus, Teil I, Petersburg (russ.), zit. nach: Geschichte der Kommunistischen Partei der Sowjetunion, Bd. 2, Moskau o. J.

Marx, Karl (1969a): Das Kapital, Erster Band, MEW, Bd. 23, Berlin

Marx, Karl/Engels, Friedrich (1969b): Die deutsche Ideologie, MEW, Bd. 3, Berlin

Marx, Karl (1969c): [Randglossen zu Adolph Wagners »Lehrbuch der politischen Ökonomie«], MEW, Bd. 19, Berlin

Marx, Karl (1969d): Das Kapital, Dritter Band, MEW, Bd. 25, Berlin

Marx, Karl (1970): Zur Kritik der Hegelschen Rechtsphilosophie, MEW, Bd. 1, Berlin
Marx, Karl (1972): Über Friedrich List, Berlin
Marx, Karl (1983): Grundrisse der Kritik der politischen Ökonomie, MEW, Bd. 42, Berlin
Nestroy, Johann (1975): Das Notwendige und das Überflüssige. Posse mit Gesang in zwei Akten. Bearbeitet von Karl Kraus, II. Akt, 3. Szene; in: Karl Kraus, Nestroy und die Nachwelt, Frankfurt/Main
Paul-Horn, Ina (Hg.) (1997): Transformation der Arbeit. Prozeßwissenschaftliche Erforschung einer Grundkategorie, Wien
Schneyder, Werner (1998): Anmerkungen eines Solisten; in: Cap, Josef/ Fischer, Heinz (Hg.), Rote Markierungen für das 21. Jahrhundert, Wien
Schwarz, Gerhard (1997): Utopien der Arbeit; in: Paul-Horn, Ina (Hg.), 1997
Stalin, Josef o. J.: ZPA des IML, Fonds 558, Liste 1, Dok. 5262, Bl. 2, zit. nach: Geschichte der Kommunistischen Partei der Sowjetunion, Bd. 2, Moskau o. J.

Roswitha Scholz

Die Müßiggängerinnen schiebt beiseite!

Zum Verhältnis von Geschlecht und Arbeit im Feminismus

Frauenbewegung und Arbeit – ein gar nicht so schwieriges Verhältnis

Der feministische Diskurs war bis tief in die 80er Jahre hinein noch von einer Gesellschaftskritik getragen, die im Marxschen Denken ihre Wurzeln hatte. Dabei stand vor allem die (vergessene) Dimension der »Hausarbeit« im Zentrum der Diskussion. Demgegenüber kamen in den 90er Jahren postmodern-dekonstruktivistische Theorien hoch, die sich überhaupt nicht mehr um das Thema »Arbeit« kümmerten und das angeblich subversive Spiel mit den Geschlechtsidentitäten proklamierten, obwohl sich die »Krise der Arbeitsgesellschaft« und handfeste soziale Probleme zusehends stärker bemerkbar machten.

Der Zusammenhang zwischen Geschlechterverhältnis und Arbeit wurde in der feministischen Diskussion zwar niemals völlig vernachlässigt (es gab und gibt etliche feministische Soziologinnen, die sich dieses Gegenstands annehmen), jedoch wurden die damit einhergehenden gesellschaftstheoretischen Entwürfe in den 90er Jahren zugunsten kulturtheoretischer Ansätze in den Hintergrund gedrängt. In den letzten Jahren sind die Grenzen dieser postmodern-kulturalistischen Konzeptionen allerdings mehr und mehr deutlich geworden, und der Ruf wurde immer lauter, die soziale und materielle Dimension wieder stärker zu berücksichtigen (vgl. Knapp 1998). Ebenso gewann das Thema »Arbeit« im Kontext des feministischen Globalisierungsdiskurses Ende der 90er Jahre eine neue Bedeutung. Was sich in den 80er Jahren schon angedeutet hatte, wurde nun vollends offenbar: Unter dem Diktat der Weltmärkte und der damit einhergehenden Flexibilisierungstendenzen erodiert das (männliche) Normalarbeitsverhältnis, und die für Frauen typischen diskontinuierlichen Berufsbiographien werden nun auch zunehmend für Männer zum »Normalfall«, ohne daß sich aber deswegen die hierarchische Geschlechterordnung auflöst.

Bezeichnenderweise werden aber vor allem »feministische Perspektiven der Arbeitsgesellschaft« anstatt solche zur Kritik der Arbeitsgesellschaft gesucht (Stolz-Willig/Veil 1999). Auch im Feminismus läßt also die kritische Distanz zum Arbeitsbegriff und seinen Implikationen zu wünschen übrig. Zumindest für den feministischen Mainstream steht fest, daß auch Haushaltstätigkeit »Arbeit« (eben »Hausarbeit«) ist. Wenn Frauen – wie heute üblich – für Familie und Beruf gleichermaßen zuständig sind, leisten sie demzufolge in beiden Bereichen »Arbeit«; und die Gleichheitsperspektive setzt insofern (vereinfacht gesagt) voraus, daß das Wohl der Frauen von der gleichberechtigten Teilnahme am kapitalistischen Erwerbsleben abhängt.

Im folgenden möchte ich mich nun mit einschlägigen Positionen auseinandersetzen, die heute (noch) den Arbeitsdiskurs im Feminismus zentral bestimmen. Diese können gewissermaßen als Grundsatzpositionen aufgefaßt werden, die in der feministischen Diskussion zum Gegenstand »Arbeit«, wenngleich in mehreren Varianten, immer wieder auftauchen. Auf andere feministische Standpunkte, die in den 90er Jahren gleichermaßen anzutreffen sind und neoliberale Entwicklungen stützen – wie etwa die Bestrebungen, »vom Projekt zum Management« überzugehen, oder solche, die den kapitalistischen Globalisierungsprozeß gutheißen, weil dieser angeblich enorme Chancen für Frauen bietet (vgl. zu letzterem etwa Goldmann 1997) –, gehe ich nicht weiter ein. Derartige Positionen halte ich für völlig indiskutabel.

Meine Perspektive setzt sich sicherlich dem beliebten »realpolitischen« Vorwurf aus, in einer angeblich schlecht-abstrakten, radikal-systemoppositionellen Haltung zu verbleiben, bar aller vermeintlich realistischen Veränderungsmöglichkeiten. Dem ist allerdings entgegenzuhalten, daß feministische Realpolitik seit den 80er Jahren nicht allzuviel bewirkt hat. Gerade in der Ära der Globalisierung verkleinert sich der (sozial-)politische Spielraum unter dem Druck der Weltmärkte eben »real«. Die rot-grüne Regierung demonstriert längst in der »Realität«, wie elend es zum Beispiel um die Durchsetzung eines neuen (innerkapitalistischen) Gesellschafts- oder Geschlechtervertrags bestellt ist, der von vielen Feministinnen eingefordert wird. Diese Art von »Realitätssinn« insbesondere der (Oliv-)Grünen äußerte sich erst recht im Kosovokrieg, der die RealpolitikerInnen nicht bloß zu Krisenverwaltern, sondern auch zu Krisenverursachern gemacht hat.

Grundsätzlich halte ich es für eine Illusion zu glauben, daß ohne eine fundamentale Kritik der kapitalistischen Systemmechanismen die Krise der Arbeits-»Hausarbeits«-Gesellschaft auch nur im mindesten zu überwinden ist, sowohl was ihre ökologischen als auch was ihre sozialen und ökonomischen Dimensionen betrifft. Daß dennoch keineswegs jegliches Praxis-Engagement schon von vornherein als systemimmanent zu verdammen ist, sofern es sich nicht wie die »Realpolitik« in institutionell vorgegebenen Bahnen bewegt, soll ebenso im weiteren deutlich gemacht werden. Als erstes möchte ich jedoch die von mir vertretene Wert-Abspaltungsthese vorstellen, die die Folie für meine weitere Analyse abgibt.

Zur Kategorie der Wert-Abspaltung – ein dynamischer Begriff in kritischer Absicht

Mit diesem Begriff schließe ich mich einem Marx-Verständnis jenseits des Arbeitsmarxismus an, das für alle Aufsätze in diesem Band den Hintergrund bildet, gedenke dieses allerdings patriarchatskritisch zu modifizieren. Gemäß diesem Verständnis steht nicht erst der sogenannte Mehrwert, das heißt die Ausbeutung der Arbeit durch das Kapital im Zentrum der Kritik, sondern bereits die ökonomische Wertform selbst, das heißt der gesellschaftliche Charakter des warenproduzierenden Systems und damit die Tätigkeitsform der abstrakten Arbeit. Dies hat zur Folge, daß im Gegensatz zum Arbeiterbewegungsmarxismus nicht bloß die ungleiche Verteilung, sondern viel grundsätzlicher das System der selbstzweckhaften Arbeit an sich in Frage gestellt wird. Danach entsteht »Arbeit« als Abstraktum, als abstrakt-allgemeine Kategorie der Vergesellschaftung überhaupt erst im Kapitalismus, zusammen mit der Verallgemeinerung der Warenproduktion. Eine überhistorische Ontologie der Arbeit wird somit abgelehnt und als bürgerliche Ideologie entlarvt. In vormodernen Gesellschaften wurde nur für den Gebrauch produziert, es gab keinen allgemeinen und positiven Arbeitsbegriff. Demgegenüber zeichnet sich das warenproduzierende System der Moderne dadurch aus, daß die Produktionstätigkeit durch den tautologischen Bezug des Geldes auf sich selbst zu einem Selbstzweck wird, zur Produktion von ökonomischem Wert um seiner selbst willen (Kapitalakkumulation).

»Vergessen« wird dabei jedoch, daß im Kapitalismus auch Reproduktionstätigkeiten im Haushalt nötig sind und Kinder erzogen werden müssen, daß Pflegeaufgaben usw. anfallen, die nicht oder nicht ausschließlich über den Markt erledigt werden können und die vor allem Frauen zufallen – Tätigkeiten also, die jenseits des Bereichs der abstrakten Arbeit verrichtet werden müssen. Ebenso bleibt unberücksichtigt, daß damit verbunden auch bestimmte Gefühle, Eigenschaften und Haltungen in der modernen Entwicklung an »die Frau« delegiert beziehungsweise ihr zugeschrieben wurden: Schwäche, mindere Verstandeskraft, Sinnlichkeit, Passivität usw. Der Mann hingegen steht für Durchsetzungskraft, Intellekt, Charakterstärke usw. Mann-Sein wurde mit Kultur, Frau-Sein projektiv mit Natur gleichgesetzt.

Meines Erachtens ist das hierarchische Geschlechterverhältnis im warenproduzierenden Patriarchat wesentlich durch diese geschlechtsspezifische Abspaltung von Eigenschaften, Zuordnungen und eben auch Tätigkeiten an »die Frau« bestimmt, die nicht in der Wertform und damit auch nicht in der Abstraktion

»Arbeit« aufgehen. Dabei ficht die empirische Tatsache, daß Frauen noch nie ausschließlich Hausfrauen waren und auch aggressiv, intellektuell usw. sein können beziehungsweise sind, diese theoretische Kernbestimmung auf einem hohen Abstraktionsniveau nicht im mindesten an. Das heißt jedoch auch, daß die Individuen nicht in den gesellschaftlich-kulturellen Zuschreibungen einfach aufgehen, wie dies zum Beispiel Vertreterinnen der »neuen Weiblichkeit« wohl lieb wäre. Statt dessen muß von einer Dialektik zwischen Individuum und gesellschaftlich-kulturellen Strukturen ausgegangen werden: Keiner und keine geht in diesen Strukturen auf, andererseits kann sich ihnen aber auch niemand entziehen.

In diesem Sinne muß nun grundsätzlich eine Dialektik von Wert (abstrakter Arbeit) und geschlechtsspezifischer Abspaltung, die auch eine eigene Tätigkeitsform darstellt, in Rechnung gestellt werden. Die Abspaltung der als »weiblich« definierten Bereiche und Tätigkeiten darf also nicht einfach dem Wert und damit der Arbeit äußerlich hinzuaddiert werden. Ebensowenig ist sie aus dem Wert hierarchisch abzuleiten. Sie ist vielmehr gewissermaßen die dunkle Kehrseite der abstrakten Arbeit und des ökonomischen Werts. Damit ist die geschlechtliche Abspaltung von »Eigenschaften« und Tätigkeiten einerseits Bestandteil des Kapitalismus, andererseits befindet sie sich aber auch außerhalb der Kapitallogik. Um den Gesamtkomplex zu begreifen, müßte also nicht bloß das scheinbare Totalitätsprinzip von Wertform und Arbeit, sondern auch die übergreifende Form der Wert-Abspaltung, die sowohl die ökonomischen Formen als auch die abgespaltenen Bereiche erfaßt, als gesellschaftliche Grundform bestimmt werden. Das eigentliche und in sich widersprüchliche Ganze der modernen warenproduzierenden Gesellschaft wäre erst auf dieser komplexen Meta-Ebene theoretisch zu bestimmen.

Allerdings reicht das herkömmliche Marxsche Begriffsinstrumentarium auch noch in anderer Hinsicht nicht für die theoretische Erfassung des kapitalistischen Geschlechterverhältnisses aus. Denn außer der sozialökonomischen muß auch die sozialpsychologische und die kulturell-symbolische Ebene berücksichtigt werden. So läßt sich zum Beispiel über die Analyse religiöser oder philosophischer Diskurse zeigen, wie sich kollektive Vorstellungen herausbilden, was Männer und Frauen in der männlich dominierten Moderne »sind« und in welchen Zuschreibungen sich die Wert-Abspaltung äußert (vgl. Honegger 1991). Mit einem psychoanalytischen Instrumentarium läßt sich etwa erschließen, welche Konsequenzen es hat, daß die Kindererziehung in der modernen Entwicklung vor allem in Frauenhand liegt, nämlich daß im Gegensatz zum Mädchen beim Jungen eine Desidentifikation mit der Mutter stattfinden muß, um eine eigene Identität gewinnen zu können, was mit einer Abspaltung und Abwertung des Weiblichen einhergeht (vgl. z. B. Chodorow 1985). Somit konstituiert die Wert-Abspaltung als gesellschaftlich-kulturelles Grundmuster und soziopsychischer Mechanismus, verbunden mit der Aufteilung in abstrakte Arbeit und weibliche Reproduktionstätigkeiten, die Gesellschaft als Ganzes.

Im Sinne der theoretischen Bestimmung der Wert-Abspaltung müssen Frauen primär in der sogenannten Privatsphäre verortet werden. Das heißt freilich nicht, daß das Patriarchat dabei in den fein säuberlich aufgespaltenen Sphären der Privatheit und der (politischen wie ökonomischen) Öffentlichkeit »sitzt«. Vielmehr handelt es sich um die Kraft eines materiellen, ideellen und auch sozialpsychologischen Gesamtzusammenhangs, der gleichsam den »Äther der Gesellschaft« darstellt, um hier einer Formulierung Hegels eine andere Bedeutung zu geben. Das Wirken der Wert-Abspaltung geht so durch alle Bereiche, somit auch durch die verschiedenen Bereiche der Öffentlichkeit. Frauen waren schon immer auch auf irgendeine Weise in öffentlichen Sphären anzutreffen. Dennoch zeigt sich die Abspaltung auch hier, indem sie zum Beispiel im Erwerbsleben eine untergeordnete Stellung einnehmen, schlechter bezahlt werden usw.

Obwohl auf diese Weise die Wert-Abspaltung als kapitalistisch-patriarchales Grundmuster die sozialen Verhältnisse heute auf globaler Ebene prägt, heißt das nicht, daß die Geschlechterverhältnisse überall auf der Welt völlig uniform sind. Sie unterscheiden sich je nach gesellschaftlich-kulturellem Hintergrund bis hin zu traditionell geschlechtssymmetrisch verfaßten Gesellschaftsformationen, die bis heute die modernen Geschlechtervorstellungen nicht beziehungsweise nicht völlig übernommen haben (vgl. z. B. Weiss 1995). Ebensowenig wie also die Abstraktion der »Arbeit« eine ontologische Grundkategorie ist, kann von einem kultur-unspezifischen Geschlechterverhältnis der Abspaltung ausgegangen werden, das sich überall schon immer gleich dargestellt hätte.

In diesem Zusammenhang muß auch berücksichtigt werden, daß das Geschlechterverhältnis selbst innerhalb der abendländisch-modernen Entwicklung Veränderungen unterlag. Dabei ist festzuhalten, daß sowohl der moderne Arbeitsbegriff als auch der moderne Geschlechter-Dualismus durch und durch Produkt der spezifischen Entwicklung hin zum Kapitalismus seit dem 15. Jahrhundert sind und beides Hand in Hand geht. Erst im 18. Jahrhundert bildete sich das moderne »System der Zweigeschlechtlichkeit« (Hagemann-White) heraus; und zeitgleich verbreitete sich die allgemeine Apologie der abstrakten Arbeit, wie sie noch heute wirksam ist. Dementsprechend ist auch ein bereits klassisch gewordener Aufsatz, in dem dieser Zeitraum untersucht wird, betitelt: »Die Polarisierung der Geschlechtscharaktere – Eine Spiegelung der Dissoziation von Erwerbs- und Familienleben« (Hausen 1976).

Obwohl Frauen auch in vorbürgerlichen Zeiten oft als minderwertig galten, hatten sie über informelle Wege noch viele Möglichkeiten, Einfluß zu nehmen. Der Mann hatte in der vormodernen Gesellschaft eher eine symbolische Vorrangstellung, wie Heintz/Honegger (1981) feststellen. Frauen wurden noch nicht ausschließlich als Hausfrau und Mutter definiert, wie dies ab dem 18. Jahrhundert komplementär zu den Zuschreibungen für Männer der Fall war, die nun für die sich herausbildende öffentliche Aktivität (Wirtschaft, Politik usw.) des warenproduzierenden Patriarchats zuständig sein sollten. Der weibliche Beitrag zur materiellen Reproduktion wurde dagegen in agrarischen Gesellschaften ähnlich wichtig erachtet wie der des Mannes (Heintz/Honegger 1981).

War das moderne Geschlechterverhältnis zunächst auf das Bürgertum beschränkt, so breitete es sich mit der Verallgemeinerung der Kleinfamilie allmählich auf alle Schichten aus, mit einem letzten Schub in den fordistischen 50er Jahren dieses Jahrhunderts. Die Wert-Abspaltung ist somit keine starre Struktur, wie sie bei manchen soziologischen Strukturmodellen anzutreffen ist, sondern ein historischer Prozeß. Sie ist also nicht als statisch und als immer dieselbe zu begreifen. In der Postmoderne, der postfordistischen Ära, zeigt sie wiederum ein neues Gesicht.

Nun gelten Frauen im Zusammenhang mit Individualisierungsprozessen (Ulrich Beck) als »doppelt vergesellschaftet« (Regina Becker-Schmidt), das heißt, sie sind für Familie und Beruf gleichermaßen zuständig, auch in biographischer Versetzung. Die klassische Rolle des Mannes als Familienernährer löst sich durch das Prekärwerden von Beschäftigungsverhältnissen und zusammen mit der Erosion von traditionellen Familienverhältnissen auf. All dies ändert jedoch nichts daran, daß Frauen nach wie vor für Kindererziehung, Haushaltstätigkeiten usw. zuständig sind und, obwohl sie mit den Männern von der Bildung her längst gleichgezogen haben, weiterhin weniger verdienen und in Führungspositionen nur selten anzutreffen sind.

An die Stelle der traditionellen Kleinfamilie sind keine verbindlichen Lebensformen mit emanzipativem Anspruch getreten. Im Gegensatz zu den 60er und 70er Jahren existiert hierzu auch schon lange keine breite soziale Bewegung mehr. Vielmehr schreitet die gesellschaftliche Atomisierung und Individualisierung vor dem Hintergrund ungesicherter Existenzformen sowohl in sozialer wie in materieller Hinsicht und in jeweils geschlechtsspezifischer Ausprägung immer weiter voran. Feministische Analysen zu den Globalisierungsprozessen seit den 80er Jahre legen sogar die (dort nicht gezogenene) Schlußfolgerung nahe, daß wir es in der Postmoderne weniger mit dem Ende des Patriarchats zu tun haben, wie manche behaupten, sondern – bei einer noch weiteren Verschlechterung der ökonomischen Situation – mit seiner Verwilderung (vgl. Schultz 1994, S. 173ff.; Wichterich 1998).

Ich möchte nun vor dem Hintergrund der hier kurz skizzierten Wert-Abspaltungs-These einige prominente feministische Ansätze auf ihr Verhältnis zum modernen Arbeitsbegriff, zum modernen Arbeitsverständnis hin kritisch untersuchen. Dabei kann ich, weil dies den Rahmen sprengen würde, der damit zusammenhängenden kulturell-symbolischen und sozialpsychologischen Dimension leider nicht systematisch nachgehen, obwohl dies gleichermaßen wichtig wäre.

Arbeit macht das Leben süß: Die Arbeitsmetaphysik bei Frigga Haug

Frigga Haug meint, daß Leistungsfähigkeit, »effektive« Zeitverausgabung, Naturbeherrschung und Steigerung der Produktivkräfte, alles Dinge, die aufs engste mit dem asymmetrischen Geschlechterverhältnis zusammenhängen, die kapitalistischen Systemregeln ausmachen und die Entwicklung der bürgerlichen Gesellschaft bestimmen. Dies gilt sowohl für die einzelnen wie für das patriarchal-kapitalistische Zivilisationsmodell als Ganzes (soweit keine anderen Angaben gemacht werden, beziehen sich die Seitenangaben im folgenden auf Haug 1996). Dabei stellt folgender Zusammenhang den Kernpunkt ihres Ansatzes dar: »Was geschieht mit all den Arbeiten, die keinen Profit bringen, weil sie zu zeitintensiv sind ohne die Möglichkeit zur Rationalisierung, weil der Bedarf nach ihnen zwar dem Überleben der Menschheit und der Erde dient, aber paradoxerweise gerade darum als eigennützig, individuell, luxuriös eingespart werden könnte? Bereiche ... die aber gerade nicht bezahlt werden sollen, um dem Makel des Tauschs zu entgehen, wie die Liebe, die Fürsorge, die Befriedigung von Bedürfnissen all derer, die keine Gegenleistung erbringen können (Alte, Kranke, Behinderte, Kinder)? Diese Tätigkeiten werden von der gesellschaftlichen Gesamtarbeit abgespalten, ausgelagert und an eine Menschengruppe verwiesen, die sich dafür eignet: die Frauen« (Haug 1990, S. 91). Das trifft zwar durchaus zu, meines Erachtens müßte es allerdings heißen: die sich angeblich (aufgrund einer gesellschaftlich-historischen Zuschreibung) dafür eignet, denn es kann ja keinesfalls von einer »naturgegebenen« Eignung der Frauen für private Reproduktionstätigkeiten ausgegangen werden. Dabei plädiert Haug dafür, die Form der »Hausarbeit« zu anderen existierenden Arbeitsformen ins Verhältnis zu setzen.

Einerseits ist hier ausdrücklich – allerdings auf einem gewissermaßen altmarxistischen Fundament mit einem unproblematischen Arbeitsbegriff – der Wert-Abspaltungsgedanke formuliert. Andererseits aber, und das macht den Unterschied zu einer weitergehenden Wert-Abspaltungstheorie aus, wird eben dieser unreflektierte, scheinbar selbstverständliche Begriff der Arbeit von vornherein auf diese »abgespaltenen« Bereiche und Tätigkeiten übertragen. Haug geht es entsprechend um eine Formanalyse der »Hausarbeit« im Vergleich zur Lohnarbeit – als Arbeit eben! Dagegen ist einzuwenden, daß die »Hausarbeit« zwar einerseits durchaus das Produkt der gesellschaftlichen Arbeitsteilung im Kapitalismus ist, paradoxerweise wird hier in der »Teilung« aber andererseits etwas abgetrennt, das grundsätzlich betrachtet eigentlich nicht als »Arbeit« aufgefaßt werden kann.

Dieses paradoxe Verhältnis macht aber die andere Qualität von »Hausarbeit« überhaupt aus. Gerade der Reproduktions- und Privatbereich und die Tätigkeiten von Frauen darin haben einen grundsätzlich anderen Charakter als der Erwerbsbereich, ja sie müssen davon qualitativ verschieden sein, ansonsten wäre es ja sinnlos, diesen Bereich überhaupt abzuspalten. Die darin enthaltenen Tätigkeiten können somit nicht einfach unter den Arbeitsbegriff subsumiert werden. Leuchtet es im Alltagsverständnis noch irgendwie ein, daß etwa das Kehren der Küche als Arbeit bezeichnet wird, so wird es beim Reden mit dem Ehemann über dessen Berufsprobleme schon schwieriger, ganz zu schweigen von der sexuellen Zuwendung. In die Tätigkeiten im Reproduktionsbereich gehen eben auch Emotionen, Haltungen usw. ein, die mit den Begriffen »Arbeit« oder auch »Produktion« einfach nicht abgedeckt werden können.

Dies nicht zu sehen oder davon abzusehen, wie überhaupt bei Haug eine Arbeits- und Produktionsmetaphysik festgestellt werden kann, ist ein gravierender Mangel, der das Konzept als Ganzes durchzieht. »Arbeit« ist für Haug generell eine ahistorische Kategorie, ein zentrales Gattungsmerkmal, wobei sie nicht erkennt, daß sowohl die Arbeit als auch der abgespaltene Bereich mitsamt den dazugehörigen Geschlechtervorstellungen ein spezifisch historisches Produkt der warenproduzierenden Moderne ist. Umgekehrt ist allerdings auch jedwede Idealisierungstendenz im Hinblick auf die Andersheit der abgespaltenen Bereiche und Tätigkeiten unangebracht. Deshalb muß betont werden, daß Haushaltstätigkeit, Kindererziehung, Pflege usw. natürlich durchaus Mühe und Anstrengung sind, wenngleich in anderer Weise als die Erwerbsarbeit – in der Isolationssituation von Frauen in der Kleinfamilie genauso wie in postmodernen »Patchwork-Verhältnissen« (Heiner Keupp).

Die »Hausarbeit« ist nach Haug in den gegebenen Verhältnissen der Lohnarbeit untergeordnet, sie umfaßt persönliche Dienstleistungen, Abhängigkeiten etc. Die Hausfrau ist auf den Lohn des Mannes angewiesen; sie kann sich selbst nicht ernähren, und es gibt für sie keinen direkten Zusammenhang zwischen »Arbeit« und »Lohn«. Insofern ist »Hausarbeit« laut Haug in einer von Lohnarbeit dominierten Gesellschaft ein »Anachronismus« (S. 227). Damit wird völlig übersehen, daß diese Form von Tätigkeiten strukturell gerade zum Kapitalismus gehören. Ein Ziel von Haug ist es deshalb, die Hausfrauen mit in die Erwerbsarbeit einzubeziehen, wobei sie gleichzeitig für eine radikale Arbeitszeitverkürzung im Erwerbsbereich plädiert, damit dann – und hier wird wieder die durch und durch arbeitsontologische Sicht deutlich – für die »kulturelle Reproduktionsarbeit« und die »Politikarbeit« genügend Zeit bleibt (S. 141)!

Obwohl sie die beiden Bereiche unter ihrem positiven Arbeitsbegriff zwangsvereinigt, vermag Haug dennoch für die verschiedene Qualität von Lohnarbeit und »weiblichen« Reproduktionstätigkeiten auch aus arbeits- und wertkritischer Sicht wertvolle begriffliche Bestimmungen zu liefern. Das gilt für die Unterscheidung zweier gegensätzlicher »Zeitlogiken«, die dabei wirksam sind. Gesamtgesellschaftlich existiert nämlich laut Haug zum einen eine »Zeitsparlogik«, die den Gesetzen des Marktes und des Profits gehorcht, und zum andern eine »Logik der Zeitverausgabung«, wie sie für den Bereich der »Hausarbeit« gilt. Genau besehen dementiert diese analytische Unterscheidung eigentlich auch die Unterordnung der Haushalts- und Zuwendungstätigkeiten unter die Abstraktion »Arbeit«. Kulturell zeigt sich diese Struktur zum Beispiel in der konservativen Beweihräucherung von Mutterschaft und auch – so Haug wieder aus ihrer arbeitspositivistischen Sicht – in der Auseinandersetzung darüber, was als »Arbeit« gelten soll (vgl. S. 139ff.).

Da Frauen nun sowohl für die privaten Reproduktionstätigkeiten zuständig sind als auch einer Erwerbstätigkeit nachgehen (beides kann nach Haug auf jeweils andere Weise »verlockend« sein), müssen ihnen beide Bereiche schmackhaft gemacht werden, zumal viele Frauen gar nicht die Wahl haben, entweder Nur-Hausfrau oder Vollerwerbstätige ohne Haushaltspflichten zu sein. Frauen sind folglich einer ambivalenten, widersprüchlichen Situation ausgesetzt, wie Haug feststellt. Einerseits handeln sie in einem sich als allgemeingültig darstellenden, wertemäßig und rechtlich abgesicherten kapitalistischen Legitimationssystem von Markt, Profit usw. Dieses gilt für sie, insofern sie eben auch Menschen sind (z. B. in der Erwerbssphäre); es gilt für sie anderseits jedoch nicht, soweit sie »als Frauen« agieren. Deshalb bedarf es besonderer Absicherungen, damit Frauen die herrschenden kapitalistischen Werte tatsächlich als »allgemeingültig« mißverstehen, obwohl sie an sich selbst den Widerspruch ganz unterschiedlicher Logiken erfahren. Dafür gibt es dann neben der spezifisch weiblichen Sozialisation diverse rechtliche Regelungen, gerade um die Bereiche abzudecken, die jenseits der angeblich allgemeingültigen Marktlogik angesiedelt sind, wie etwa Familienrecht, Eherecht usw. (S. 136).

Als Gegenvorstellung zum Bestehenden formuliert Haug, daß »die Maßstäbe aus den verschiedenen Bereichen in eine Anordnung zu bringen (sind), welche die Entwicklung menschlicher Gesellschaft erlaubt: ökonomisch, ökologisch, sozial« (S. 150). Ihrer Meinung nach hieße dies auch, daß die Hierarchisierung von Tätigkeiten aufhört, die nach unterschiedlichen Zeitlogiken verrichtet werden, und über die Verteilung der »Gesamtarbeit« neu verhandelt wird. In diesem Zusammenhang plädiert sie für einen neuen »Geschlechtervertrag« auf politischer Ebene, bei dem auch die Quotenregelung einen wichtigen Platz einnimmt. Institutionell sind solche Vorstellungen einem Verständnis verhaftet, für das die sogenannte Politik eine ebenso unproblematisierte Kategorie bleibt wie die Arbeit; beides gehört ja auch zusammen.

Dabei läßt Haug jedoch wie viele Linke und Feministinnen völlig außer acht, daß die Politik unter den Bedingungen der Globalisierung einen tiefgreifenden Funktionswandel erfahren hat. Das Handeln im Rahmen der bürgerlichen politischen Institutionen gerät nun in einem bis dahin unbekannten Maße unter den Einfluß der Weltmärkte, was das Agieren und politische »Aushandeln« wie in keynesianisch-fordistischen Zeiten nicht mehr zuläßt. Haug hält emanzipatorische Projekte, die auf reformerische Staatseingriffe zielen, anscheinend selbst heute noch für möglich. Ich halte dieses Vorgehen aber auch deshalb für prinzipiell problematisch, weil das Konzept eines Gesellschafts- /Geschlechtervertrags auf der Ebene der bürgerlichen politischen Institutionen implizit auch den Nationalstaat als Handlungsrahmen voraussetzt, was unter den Bedingungen der globalen Überlebenskonkurrenz ungewollt nationalistischen Tendenzen zuarbeiten könnte.

Leider im Prinzip sozialdemokratisch und marktgläubig fordert Haug so, daß »die strukturell mit Frauenunterdrükkung zusammenhängende Vorherrschaft des Gewinnerhöhungsmotivs (mit den Effekten von Rationalisierung und Arbeitsplatzeinsparung) beschränkt werden (muß) zugunsten von Lebensqualitätszielen« (S. 144). Dagegen meine ich, daß es mit einer bloßen »Beschränkung« im Sinne traditioneller Reformpolitik weniger denn je getan ist. In der Krise von Arbeit und Politik kann es nicht mehr darum gehen, durch eine Modifikation der kapitalistischen Kategorien andere zivilisatorische Elemente sozusagen auf dem politischen Dienstweg einzuschmuggeln. Vielmehr ist ein qualitativ völlig anderes Zivilisationsmodell gefragt, das sowohl die Arbeit (Erwerbsarbeit für Geld) als auch die abgespaltenen weiblichen Tätigkeiten im Reproduktionsbereich samt den jeweils starr festgelegten Zeitstrukturen überhaupt aufhebt. Das »Gewinnerhöhungsmotiv« kann man entweder anerkennen oder abschaffen, aber nicht »beschränken«! Solange diese Abschaffung nicht ins Auge gefaßt wird, ist es eine Illusion, sich gesellschaftsweit eine grundsätzliche Orientierung auf Lebensqualität im Haugschen Verständnis zu erhoffen.

Nun ist es nicht bloß ein Problem, daß Haug sich von eher keynesianischen Vorgehensweisen eine Lösung für die gegensätzlichen Tätigkeitsformen und Zeitlogiken erhofft, sondern sie behandelt auch im Prinzip das warenproduzierende Patriarchat als immer gleiches mit starr festgelegten Strukturen. Und nur innerhalb dieser Strukturen können für sie Veränderungen stattfinden. Sie bringt zum Beispiel die Transformation von Arbeitsbedingungen durch die Mikroelektronik oder die Möglichkeiten von Arbeitszeitverkürzung ins Spiel, ohne dabei ernsthaft ein neues Gesicht des warenproduzierenden Patriarchats in der Postmoderne in Rechnung zu stellen (vgl. S. 140f.).

In diesem Zusammenhang benennt Haug zwar durchaus die »doppelte Vergesellschaftung« von Frauen durch die Tätigkeit sowohl in der Erwerbsarbeit als auch im abgespaltenen Haushalts- und Zuwendungsbereich. Diese »doppelte Vergesellschaftung« von Frauen wirkt bei ihr jedoch ein wenig angeklebt, gewissermaßen »dahergeflogen«. Irgendwie paßt das

Problem offenbar nicht richtig in ihr Konzept. Da sie nicht mit der historischen Dynamik der Wert-Abspaltungsform rechnet, sieht sie auch nicht, daß die »doppelte Vergesellschaftung« für Frauen in der Postmoderne etwas Neues bedeutet. Frauen sind nun nicht mehr bloß formal »doppelt vergesellschaftet«, wie sie es schon früher waren, sondern sie sind es heute auch dem offiziellen Leitbild nach und in ihrem eigenen Selbstverständnis. Dies aber macht eine neue Qualität aus.

Die eierlegende Wollmilchsau – zur »doppelten Vergesellschaftung« von Frauen

Im Unterschied zu Frigga Haug trägt Regina Becker-Schmidt der neuen Qualität in der »doppelten Vergesellschaftung« von Frauen ernsthaft Rechnung. Sie nimmt eine grundsätzliche Ambivalenz an, die aus den strukturellen Widersprüchen der gesellschaftlichen Situation von Frauen resultiert. »Frauen haben ein komplexes Arbeitsvermögen erworben, das sie für zwei ›Arbeitsplätze‹ qualifiziert: den häuslichen und den außerhäuslichen. Wollen sie Erfahrungen in beiden Praxisfeldern machen, drohen ihnen die qualitativen und quantitativen Probleme der Doppelbelastung ... Beide Formen der Herrschaft verschärfen die Problemlagen: das Fortleben patriarchaler Strukturen in der Familie ... erschwert die Partizipation von Frauen an der außerhäuslichen Arbeitswelt und an anderen Formen der Öffentlichkeit. Und die Wertehierarchie des Berufssystems, das Menschen nach ökonomischen Kategoriengesichtspunkten und nicht nach Lebensbedürfnissen kalkuliert, nimmt von der Existenz eines familialen Arbeitsplatzes ... keine Notiz« (Becker-Schmidt 1987, S. 23f.).

Es ist offensichtlich, daß auch Becker-Schmidt den Arbeitsbegriff auf die weiblichen Tätigkeiten in der Privatsphäre überträgt. Klingt hier allerdings noch eine Kritik der schizophrenen Situation an, in der sich Frauen dabei befinden, so wird in neueren psychoanalytischen Überlegungen von Becker-Schmidt deutlich, daß sie eine »Höherbewertung« von Frauen gegenüber Männern vornimmt, wenn sie gleichsam auf eine subjektive Dimension der »doppelten Vergesellschaftung« verweist: »Durch identifikatorische Umpolungen und Umbesetzungen von mütterlichen und väterlichen Introjektionen halten Mädchen in ihrer Ich-Bildung eher an geschlechtsübergreifenden Suchbewegungen fest als Jungen. Auch wenn es ihnen in ihrem Lebenslauf nicht gelingt, alle Potentiale zu realisieren, weil sie z.B. aus bestimmten, Männern vorbehaltenen Bereichen herausgehalten werden ... (und auch) wenn Frauen sich den männlichen Vorstellungen von der weiblichen Rolle in der Familie fügen, so liegt in ihrer Nachgiebigkeit doch so etwas wie ›Gehorsam unter Protest‹ (Ferenczi). Sie lassen sich nicht ans Haus binden ... Das innovative Potential, gesellschaftlich eigensinnige Optionen in einem Lebensentwurf zu realisieren und so sozial voneinander Getrenntes – Privates und Öffentliches – im Sinne einer Integrationsleistung zusammenzuführen, liegt auf seiten der weiblichen Genusgruppe« (Becker-Schmidt 1995, S. 240).

Treffen wir in der Geistesgeschichte des modernen warenproduzierenden Patriarchats, etwa in manchen lebensphilosophischen Entwürfen, die Konstruktion der Frau als »volleres Individuum« im Gegensatz zum Mann an, weil sie als dem Erwerbsprozeß fernstehende Hausfrau und Mutter (und angeblich überhaupt von ihrer ganzen Wesensart her) nicht zur Vereinseitigung neige und deshalb bei ihr zum Beispiel Verstand und Gefühl besser als beim bornierten Mann integriert seien, so haben wir hier die seitenverkehrte postmoderne Version dieser patriarchalen Sichtweise vor uns: Die Frau ist nicht als Hausfrau und Mutter »voller«, weil sie dem Erwerbsleben entzogen ist, sondern gerade umgekehrt als »doppelt vergesellschaftete« Person. Und so verwundert es nicht, daß es bei Becker-Schmidt »ebenso um die Einforderung gleicher sozialer und politischer Partizipationsrechte (geht) wie um die Berücksichtigung der Verschiedenheiten, die es aus geschichtlich-kulturellen Gründen zwischen weiblichen und männlichen Lebenszusammenhängen gibt« (Becker-Schmidt/Dölling 1994, S. 129).

Dabei tut Becker-Schmidt so, als wäre auch heute noch bloß das pure Hausfrauendasein konservativ besetzt und als müßten sich Frauen allein dagegen zur Wehr setzen. Sie übersieht einfach, daß die heute dominierende Form des Konservatismus gar nicht zur Norm der Ehefrau, Hausfrau und Mutter zurückwill, sondern durchaus selber mit dem Bild der »doppelt vergesellschafteten« Frau operiert, wie etwa die Äußerungen von Wolfgang Schäuble, Rita Süssmuth und Claudia Nolte zeigen. Mit der Annahme einer besonderen Widerständigkeit und Innovationsfähigkeit von Frauen, die gerade aus der »doppelten Vergesellschaftung« positiv resultieren soll, affirmiert Becker-Schmidt im Grunde die postmoderne Frau als an zwei »Arbeitsplätzen« zugleich und übergreifend tätige »eierlegende Wollmilchsau« und zementiert so die postmodern-patriarchalen Verhältnisse.

Das bedeutet letzten Endes, daß Becker-Schmidt nicht zu einer radikalen Kritik der gesellschaftlichen Wert-Abspaltungsform kommt, weder der Haushalts- und Zuwendungstätigkeit noch der kapitalistischen Erwerbsarbeit in der jeweiligen Bornierung. Auch für sie ist Arbeit ein universeller, überhistorischer Begriff, den sie wie Haug auch auf die »weiblichen« Reproduktionstätigkeiten überträgt. Indem sie auf dieser Folie die »doppelte Vergesellschaftung« von Frauen beschreibt, betreibt sie deren Idealisierung, obwohl sie die daraus resultierende Be- und Überlastung kritisiert.

Dabei sehen weder Becker-Schmidt noch Haug, daß »die Frau, die alles will« (Familie und Erwerbsarbeit), heute längst fester Bestandteil der Werbung ist. Diskursanalysen von zeitgenössischen Filmen, Romanen, Werbung usw. würden wohl ergeben, daß Frauen längst nicht mehr bloß als Hausfrau und Mutter gesehen werden, also auch in der symbolischen Ordnung Veränderungen stattgefunden haben. Ebensowenig tragen beide Autorinnen der Tatsache Rechnung, daß der Markt seine Grenzen nicht kennt und seit den 60er Jahren gerade seine eigene Existenzgrundlage untergräbt, indem er zunehmend Frauen ins Erwerbsleben integriert und aus ihrer traditionellen Rolle freisetzt, bedingt durch Rationalisierungsprozesse im Haushalt, Möglichkeiten zur Empfängnisverhütung usw. (vgl. etwa Beck/Beck-Gernsheim 1990). Weil die Frau aber eben keine »eierlegende Wollmilchsau« sein kann, wird ein Teil der abgespaltenen Tätigkeiten prekär, mit entsprechenden Folgen für die Marktvergesellschaftung, deren »stummer« Hintergrund so in Frage gestellt wird. Sowohl Haug als auch Becker-Schmidt ignorieren die damit einhergehenden Individualisierungstendenzen, die sich wiederum je nach Geschlecht anders zeigen, wie feministische Forscherinnen festgestellt haben (so z.B. Schultz 1994, S. 173ff.).

Becker-Schmidt verfehlt, wenn auch in anderer Weise als Haug, die Meta-Ebene der Wert-Abspaltungsform als gesellschaftliche Basisstruktur. Damit nimmt sie die »doppelte Vergesellschaftung« von Frauen nur in »soziologistischer« Verkürzung, das heißt ohne kategoriale Kritik wahr, bloß als soziale Erscheinung. Veränderungen werden so nicht in ihrer Vermittlung über die historische Dynamik der Wert-Abspaltungsform als Gesamtkomplex analysiert, sondern nur in ihrer oberflächlichen Unmittelbarkeit. Es ist aber das gesellschaftliche Formprinzip der widersprüchlichen Grundstruktur von Arbeit und Markt einerseits und abgespaltenen Bereichen andererseits, das sich wandelt. Die grundsätzlich »gespaltene« Logik ist nach wie vor existent und äußert sich zum Beispiel in der schlechteren Entlohnung von Frauen gegenüber Männern, in der nach wie vor primären Zuständigkeit von Frauen für Haushalt, Kindererziehung usw., während sich gleichzeitig Veränderungen vollziehen wie die »doppelte Vergesellschaftung« im Zusammenhang mit einer höheren Schulbildung von Frauen und einer Auch-Erwerbstätigkeit von Müttern usw. Es ist überaus wichtig, dabei die Spannung zwischen Wesen (der grundsätzlichen Wert-Abspaltungsform) und Erscheinung (der »doppelten« Vergesellschaftung) auszuhalten, statt sich bloß auf die Erscheinung zu kaprizieren.

Auf diese Weise entgeht Becker-Schmidt auch, daß sich inzwischen eine prekäre postmoderne Form der »doppelten Vergesellschaftung« herausgebildet hat. Schien es in den 80er Jahren noch so, als könne es mit der Emanzipation von Frauen nur noch vorangehen, so wird in den 90er Jahren eine ganz andere Entwicklung sichtbar, die trotzdem kein Zurück zu den alten Verhältnissen darstellt. Mit zunehmender Verschlechterung der ökonomischen Lage steht nämlich zu befürchten, daß sich die Geschlechterverhältnisse für einen wachsenden Teil der Bevölkerung in eine Richtung bewegen, wie wir sie aus den Ghettos der USA oder den Slums in Drittweltländern kennen. Die traditionellen Familienverhältnisse lösen sich weithin auf. Frauen sind aber jetzt sowohl für »Geld als auch (Über-)leben« zuständig. Sie werden zunehmend in den Markt integriert, ohne dabei eine Chance zur eigenen Existenzsicherung zu haben. Sie ziehen die Kinder mit Hilfe von weiblichen Verwandten oder Nachbarinnen auf. Die Männer kommen und gehen, hangeln sich von Job zu Job und von Frau zu Frau, die sie womöglich noch miternährt (freilich kann es auch umgekehrt sein), ohne daß die hierarchische Geschlechterordnung aufgehoben wäre (vgl. Schultz 1994, S. 173ff.). Allen spektakulären Kindesentführungen von Vätern zum Trotz läßt im allgemeinen das Verantwortungsgefühl der Männer für die Kinder nach, wenn die Beziehungen lockerer werden. So gab es in den letzten Jahren wiederholt Pressemeldungen, daß die Zahlungsmoral von geschiedenen Vätern und von Vätern nichtehelicher Kinder zunehmend sinkt.

Weil keine sozialen Bewegungen mit emanzipativem Anspruch existieren, kommt es eben auch nicht zu einer wirklichen Aufhebung der traditionellen Geschlechterverhältnisse und somit auch nicht der geschlechtlichen Funktionsteilung. Statt dessen löst sich die Wert-Abspaltung gewissermaßen bloß aus den starren institutionellen Halterungen der Moderne. Statt zu einer Überwindung kommt es zu einer zunehmenden »Verwilderung« des Patriarchats. Diese Verwilderung zeigt sich auch darin, daß die Schere zwischen (wenigen) Reichen und (vielen) Armen auch unter Frauen weiter aufgeht und es zu Formen von »Edel-Individualisierung« und »Verelendungs-Individualisierung« kommt. Die Edelvarianten werden zum Beispiel an gutsituierten Berufsfrauen sichtbar, die es geschafft haben, etwa im High-Tech-Sektor oder in der Finanzbranche Karriere zu machen, auch wenn hier Männer, die keine Reproduktionsverantwortung haben und deshalb flexibler sein können, nach wie vor bevorzugt werden (vgl. Wichterich 1998, S. 71), und/oder auch darin, daß (karrierebewußte) privilegierte Frauen für die Reproduktionstätigkeiten schlecht bezahlte Migrantinnen oder Frauen aus Osteuropa anstellen.

Keine Kuh für Hillary!

Zum Schluß möchte ich noch auf verschiedene Subsistenz- oder »Eigenarbeits«-Visionen eingehen, die in der feministischen Diskussion als Lösungsansätze für die gegenwärtigen Krisenerscheinungen der Arbeitsgesellschaft gehandelt werden. Das bekannteste Konzept dieser Richtung ist hierzulande wohl der Subsistenzansatz von Maria Mies, Veronika Bennholdt-Thomsen u. a. Deren neueste grundsätzliche Veröffentlichung trägt den aufschlußreichen Titel: »Eine Kuh für Hillary. Die Subsistenzperspektive«, wobei diese Perspektive der Karrierefrau und Präsidentengattin Hillary Clinton angetragen wird (Bennholdt-Thomsen/Mies 1997).

In dieser Konzeption wird vor allem mit der Konzentration auf kleinbäuerliche Landwirtschaft pauschal jegliche industrielle Produktion und High-Tech-Entwicklung abgelehnt. Denn darauf beruht nach Mies u. Co. die Unterdrückung von Frauen, von Natur und von anderen »Völkern«. Diese Vorstellungen werden weithin als radikalstes »Ausstiegskonzept« aus Markt und Staat gehandelt. Meines Erachtens zu Unrecht, denn sieht man von der hochproblematischen und undifferenzierten Technologiefeindlichkeit ab, geht es der »Subsistenzperspektive« gar nicht um den Ausstieg aus der Marktrationalität, sondern lediglich um die Installierung beziehungsweise Stärkung von lokalen Binnenmärkten. An der Arbeits- und (ökonomischen) Wertkategorie, die das warenproduzierende Patriarchat wesentlich kennzeichnet, soll also auch in diesem Entwurf nicht grundsätzlich gerüttelt werden. Und damit natürlich auch nicht an der übergreifenden Basisform der Wert-Abspaltung. Die Aufspaltung von Leben und gesellschaftlicher Reproduktion in abstrakte Arbeit und weibliche Reproduktionstätigkeiten wird nicht grundsätzlich in Frage gestellt, vielmehr soll nun die »weibliche« Subsistenzproduktion zum sozialen Zentrum werden. Dabei erfährt die lokal bornierte subsistenzwerkelnde Handels-Handwerks-Hausfrau in der vermeintlichen Opposition gegen Weltmarktzusammenhänge eine positive Bewertung (vgl. Bennholdt-Thomsen/Mies 1997, S. 120ff.).

Etwas anders gelagert sind die in der feministischen Debatte mittlerweile ebenfalls oft erwähnten Vorschläge von Carola Möller, die für ein »gemeinwesenorientiertes Wirtschaften« plädiert, das nicht auf den heutigen Markt und seine Gesetzmäßigkeiten ausgerichtet sein soll (vgl. z.B. Möller 1998). Diese Vorstellungen basieren auf dem Begriff der »Eigenarbeit« mit dem Ziel der Selbstversorgung im lokalen Umfeld. Die »Gesamtarbeit« soll auf diese Weise neu gestaltet werden. Bei Möller findet sich ebenfalls keine Kritik der Arbeitskategorie selbst. Sie bezieht sich auf die Analysen von Frigga Haug, zieht daraus jedoch andere Konsequenzen und intendiert eine Aufhebung der geschlechtsspezifischen »Arbeitsteilung«, womit wiederum versucht wird, mangels eines entsprechenden Begriffs und mangels kategorialer Kritik die Wert-Abspaltung innerhalb der Wert-Abspaltung selbst aufzuheben.

So sollen auch bei Möller bislang als »weiblich« konnotierte Reproduktionstätigkeiten als Arbeit firmieren »dürfen«. Die ganze Welt soll sich gewissermaßen in eine Ansammlung lokaler Arbeitshäuser verwandeln. Vollends hilflos wird es, wenn Möller ihre Selbstversorgungszusammenhänge paradoxerweise durch den »gerechten Tausch«, möglichst ohne Geld, charakterisiert sehen will: »Der Tausch ›Leistung gegen Geld‹ wird minimiert, der Tausch ›Leistung gegen Leistung‹ dagegen bevorzugt, wobei Maßstab für den Tausch die Zeit (ist). Eine Stunde Arbeit wird gegen die Stunde einer anderen Person eingetauscht« (Möller 1998, S. 483f.). Das sind die bürgerlichen Tauschgerechtigkeitsphantasien des 19. Jahrhunderts, die um so gnadenloser die direkte Leistungsverrechnung von Arbeitseinheiten einfordern.

Grundsätzlich problematisch finde ich bei Mies, Möller u. a. auch die unreflektierte Small-is-beautiful-Haltung: Übergreifende Ebenen und Zusammenhänge führen bei ihnen bloß ein Schattendasein, erscheinen in der Negativ-Analyse von (Welt-) gesellschaftlichkeit. Tendenziell werden so auch zivilisatorische Errungenschaften in Frage gestellt, hinter die zurückzufallen grundfalsch wäre, auch wenn sie auf einer patriarchalen Basis entstanden sind (etwa die medizinische Versorgung oder die High-Tech-Nutzung in der Produktion, um sich das Leben zu erleichtern). Gleichzeitig wird bei solchen Utopien unter dem Vorzeichen des lokalen Wirtschaftens jedoch weiterhin die unaufhebbare Existenz der bezahlten Arbeit und des (über-)regionalen Marktes vorausgesetzt. Auch insofern bleiben die patriarchal-kapitalistischen Grundprinzipien unangetastet.

Deshalb eignen sich solche Entwürfe vorzüglich als legitimatorische Interimskonzepte in einer Phase, die durch den Übergang von der negativen Vergesellschaftung des klassischen Kapitalismus zur Verwilderung des warenproduzierenden Patriarchats gekennzeichnet ist. Sie machen nämlich aus der Not eine Tugend. Wie die vermeintlichen Wende-Regierungen von Rot-Olivgrün und New Labour auf ihre Weise das neoliberale Projekt bloß fortsetzen, so könnte das in anderer Gestalt auch bei der Perspektive der »Eigenarbeit« der Fall sein. Es drängt sich der Verdacht auf, daß etwa das Miessche Subsistenzprogramm eine Form der sozialen Intervention darstellen könnte, die eine kleinbürgerliche Variante des Neoliberialismus mit dem verbindet, was bereits heute in vielen Weltgegenden, die die Marktwirtschaft als verbrannte Erde zurückgelassen hat, nolens volens Wirklichkeit ist: der bloßen Subsistenzperspektive, um überhaupt überleben zu können, die nun – in Miesscher Manier – noch zum Emanzipationsprojekt umgebogen wird. Insofern: Bloß keine Kuh für Hillary!

Damit nicht genug. Indem nämlich derartige Vorstellungen die kleinbürgerlich-»produktiv« werkelnde Subsistenzwirtschaft dem »Großkapital« (das heute wieder vor allem mit dem unproduktiven Finanzkapital identifiziert wird) positiv entgegensetzen möchten, befördern sie ungewollt gefährliche alte Sichtweisen, die im Gegensatz zu früher zwar in einem postmodern-globalisierten Kontext auftauchen, aber nichtsdestoweniger noch immer strukturell antisemitisch sind. »Der Spekulant« ist in den Neunzigern wieder Buhmann Nummer eins; und gerade in diesem Zusammenhang feiert die Ideologie der »ehrlichen Arbeit« wieder fröhliche Urständ' (vgl. Scholz, 1995).

Die Befürchtung, daß aus der Not eine Tugend gemacht wird und dabei die ideologischen Reminiszenzen der Arbeitsgesellschaft hochkommen, betrifft übrigens auch die (nicht nur bei Carola Möller) gegenwärtig grassierenden Tauschideologien, wie sie die aus der Krise geborenen Tauschringe begleiten und eine Propaganda entfalten, die ähnlich wie die Nazis im Zins die Wurzel allen Übels sieht (Silvio Gesell). Das gilt ebenso für andere Ideologeme der »Eigenarbeit«, etwa das prominent gewordene »New-Work«-Konzept von Frithjof Bergmann, das ein Nebeneinander von Erwerbsarbeit und informeller »Arbeit« vorsieht. Dabei soll sogar noch die kreativ-individuell frei gewählte Tätigkeit als »produktive Arbeit« firmieren. Beide Positionen finden auch im feministischen Diskurs breite Beachtung.

Weil heute Just-in-time-Orientierung vorherrschend ist, alles »rational« (im Sinne der betriebswirtschaftlichen Bornierung) durchorganisiert wird und dabei im Weltmaßstab die Erwerbsarbeit – die in der modernen Entwicklung das identitätsstiftende Nonplusultra zunächst einmal vor allem für Männer war – zunehmend knapper wird, müssen offenbar alle möglichen Tätigkeiten (keineswegs bloß in »oppositionellen« Kreisen) inflationär als »Arbeit« deklariert werden. Als könnte man damit die unaufhaltsame Krise der Arbeit bannen. Das geschieht auch im Hinblick auf die »weiblichen« Reproduktionstätigkeiten, sogar dann, wenn ein Bewußtsein darüber vorhanden ist, daß diese Tätigkeiten einer anderen Logik als derjenigen der Abstraktion »Arbeit« folgen. Auch die Frauenbewegung hat ihr Scherflein dazu beigetragen, daß das verinnerlichte abstrakte Arbeitsethos der Moderne absolut nicht sterben will und deshalb weiterer Nahrung bedarf.

Dennoch: Der Dritte Sektor ist nicht per se schon »Geziefer«

Nun wäre es zynisch, jeglichen Versuch, trotz allgemeiner Entsolidarisierung und trotz des Mangels an breiter sozialer Bewegung, etwas gegen die gegenwärtigen Verfallsverhältnisse zu unternehmen, als zwangsläufig schon immer bloß affirmativ zu denunzieren. Auch sollen nicht von vornherein jedwede Selbsthilfe-Initiative abgelehnt und Aktivitäten im Dritten Sektor von linksfeministisch-arbeitskritischer Seite her prinzipiell bloß als »Geziefer« abgetan werden, wie es bei etlichen linken Positionen schon festgestellt werden mußte (vgl. Hildebrand, 1996). Mir geht es darum, vorhandene arbeits-ontologische Ideologien zu kritisieren, ohne dabei das Kind mit dem Bade auszuschütten und undifferenziert praktische Projekte pauschal zu verdammen. Diese Haltung möchte ich anhand eines konkreten Projekts, der SSM (Sozialistische Selbsthilfe Mühlheim) in Köln, darstellen. In der SSM, die schon seit 1979 besteht, leben und arbeiten (ehemalige) Obdachlose, Behinderte, psychisch Kranke, »Normale« und Kinder zusammen. Menschen, die der kapitalistischen Logik zufolge gemeinhin als »Ausschuß« (des Produktionsprozesses) und als »Abschaum« gelten, werden bewußt aufgenommen. Der Lebensunterhalt wird durch Umzüge und den Handel mit Gebrauchtwaren bestritten. Jeder und jede bekommt dasselbe (spärliche) Gehalt. Es gibt keinen Chef (»Null-komma-nix«, 2/1997, S. 5ff.).

Unter anderem durch dieses Projekt mitinitiiert und mit ihm zusammenhängend existieren noch andere Selbsthilfegruppen und -aktivitäten von Sanierungsinitiativen in (ehemals) besetzten Häusern bis hin zu Unterstützungsaktionen für

Asylbewerber im Kirchenasyl. Dabei gelten, und das finde ich durchaus positiv, alle Tätigkeiten – auch Essenkochen, Kindererziehung usw. – als gleich relevant, also auch Reproduktionstätigkeiten, die normalerweise Frauen zugeschrieben werden. Problematisch ist aber, daß auch dieses Projekt ideologisch gewissermaßen unter der Fuchtel des Arbeitsbegriffs steht, das heißt, auch hier wird wieder einmal die durchaus mit emanzipatorischer Absicht versuchte nicht-hierarchische Integration verschiedener Bereiche unter die Abstraktion »Arbeit« subsumiert. Dabei müßte auch das Verhältnis von Anstrengung und Muße neu überdacht werden. Denn soweit ich sehe, soll auch beim SSM im arbeitsideologischen Sinne unentwegt »getan und gemacht« werden, auch wenn sympathischerweise eingeräumt und auch berücksichtigt wird, daß zum Beispiel Leute, die »mal auf Platte« waren, nicht zu einem Acht-Stunden-Arbeitstag fähig sind.

Die Kritik an der Arbeitsideologie verhindert jedoch nicht, in diesem Projekt zumindest rudimentäre Ansätze zu erkennen, die soziales Lernen in emanzipatorischer Absicht, wenn schon nicht jenseits, so doch abseits der Arbeitsgesellschaft ermöglichen könnten. Nimmt man die Diagnose der Verwilderung des Patriarchats auf vielerlei Ebenen nämlich ernst, die sich zukünftig wohl noch stärker als bisher schon in Tendenzen der Demoralisierung und sozialen Entwurzelung zeigen wird, dann kommt man nicht umhin festzustellen, daß es »pädagogischer« Konzeptionen (wenn auch ganz und gar nicht im Sinne der bürgerlichen Leistungsdressur) bedarf, um diesen Tendenzen zu wehren. Langfristig ist das allerdings nur möglich im Kontext komplexer, übergreifender Transformationsprozesse zu einer »anderen Gesellschaft« jenseits der Arbeit. Bemerkenswert finde ich in diesem Zusammenhang auch, daß in der SSM versucht wird, die Hierarchie zwischen Betreuern und Betreuten hinter sich zu lassen, also auch eine Auflösung der Pädagogik als Profession, als abgetrennter Bereich angestrebt wird.

So zynisch es wäre, in einer gesellschaftlichen Situation wie der heutigen bloß abstrakt auf dem Ziel einer fundamental »anderen Gesellschaft« zu bestehen, so wenig geht es ohne dieses Ziel, will man nicht den herrschenden Zuständen auf den Leim gehen. Das Problem scheint mir also darin zu bestehen, daß derartige Projekte nicht einer falschen Unmittelbarkeit anheimfallen dürften, sondern eine kritische Distanz gegenüber sich selbst bewahren müßten, was schließlich das Vermögen meint, über sich selbst hinauszugehen. Mit anderen Worten: Es müßte bei solchen Initiativen darum gehen, in zivilisatorischer Perspektive ihre subjektive und objektive Notwendigkeit und Berechtigung zu bestimmen. Insofern gelten die dargelegten inhaltlichen Einwände gegen Mies, Möller u.a. auch für die SSM, beruft diese sich doch reduktionistisch und weithin ohne diese zu problematisieren auf die meines Erachtens zu einfachen Konzepte von Frithjof Bergmann (zumindest gilt dies, was den Arbeitsbegriff anbelangt), auf die »lokale Ökonomie« und auf Selbstversorgungsvorstellungen. In der arbeitsideologischen Legitimation, in der verkürzten theoretischen Vorstellung, die das zumindest gedankliche Hinausgehen über sich selbst blockiert, lauert aber die Gefahr einer Vereinnahmung als willkommenes Krisenverwaltungsprojekt zur Entlastung des öffentlichen Budgets. In diesem Zusammenhang sehe ich den Wert eines Projekts wie der SSM primär im »pädagogischen« Bereich und eben nicht in seinem verkürzten Bestreben nach einer lokalen Selbstversorgungsökonomie.

Die Müßiggängerinnen schiebt beiseite?

Der Durchgang durch verschiedene feministische Konzeptionen hat ergeben, daß sowohl bei Frigga Haug als auch bei der These der »doppelten Vergesellschaftung« von Regina Becker-Schmidt sowie in diversen Subsistenz-/»Eigenarbeits«-Ideen gleichermaßen eine Metaphysik der Arbeit betrieben wird. Dabei sollen auch die »weiblichen« Reproduktionstätigkeiten in der abgespaltenen Sphäre der kapitalistischen Tätigkeitsform einverleibt werden. Offenbar versucht frau so ihre Existenz in der untergehenden Arbeitsgesellschaft zu legitimieren, ohne die besondere Qualität dieser Tätigkeiten in ihrer dialektischen Verschränktheit mit dem Erwerbsbereich souverän zu bestimmen und als solche ebenso einer grundsätzlichen Kritik zu unterziehen.

Nicht nur im theoretischen Diskurs kann man heute Positionen finden, die aus der Not der »doppelten Vergesellschaftung« eine Tugend machen. In Diskussionen habe ich schon mehrfach erfahren, daß Sichtweisen, wie sie etwa die ostdeutsche Philosophin Sabine Grunwald in bezug auf ihre DDR-Frauenexistenz einnimmt, häufig anzutreffen sind: »Mein Kind – und später meine beiden Kinder – hat meinen wissenschaftlichen Weg keineswegs nur als ›Störfaktor‹ beeinträchtigt, und meine wissenschaftliche Arbeit sehe ich heute nicht ausschließlich als das, was ich an Zeit und Gedanken – an Kraft – meinen Kindern vorenthalten habe. Die Verantwortung für meine Kinder hat meine Arbeitsdisziplin notwendig geformt. Die häufigen Krankheiten meines Sohnes setzten früh Findigkeit und Effizienz in der Literaturbeschaffung (für DDR-PhilosophiestudentInnen eine der entscheidenden Studienvoraussetzungen überhaupt) sowie ein eisernes Lese- und Arbeitspensum voraus. Genauso glaube ich fest, daß die spezifische Lebenserfahrung, die ein Leben mit Kindern mit sich bringt, meine Weltsicht wesentlich prägt und meinen philosophischen Arbeiten nicht nur hinderlich ist, sondern sie befruchtet, auch theoretischen Reflexionen vielfach den Weg von der abstrakten zu konkreteren Dimensionen weist« (Grunwald 1992, S. 88).

Was sind die Männer demgegenüber doch für Müßiggänger, Langweiler und Trödler! Das Argument der »doppelten Vergesellschaftung« wird hier allen Ernstes dazu benutzt, die Peitsche von Rationalität und Effizienz noch lauter knallen zu lassen! Und nebenbei bemerkt: Es ist nicht unbedingt ein Erkenntnisvorteil, auf sogenannte konkretere Ebenen zu kommen. So verlangt etwa die theoretische Bestimmung der Wert-Abspaltungsform, da sie auf einer Meta-Ebene angesiedelt ist, sogar ein höheres Abstraktionsniveau als eine bloß androzentrische Arbeits- und Wertkritik! Bei Grunwald klingt es hingegen so, als seien Frauen allein dadurch, daß sie mit Kindern umgehen, per se schon der »Wahrheit« näher.

Auf der Strecke bleiben bei derartigen Ansichten auch Entspannung und Muße, und zwar nicht »nur« bei den einzelnen im Hier und Heute, sondern auch als Bezugspunkt einer Gesellschaftskritik, die den gegebenen sozialen Verhältnissen mit ihrer permanenten Leistungshetze entgegengesetzt wäre. Emanzipatorisch wäre, die getrennten Sphären von Privatheit und Öffentlichkeit mitsamt den entsprechenden aufgespaltenen Zeitlogiken als solche aufzuheben. In dieser Perspektive würde es überhaupt nicht mehr darum gehen, bestimmte (Zeit-)Strukturen und Prinzipien sektoral festzulegen, sondern ausschlaggebend wäre allein die Orientierung am sinnlichen und sozialen Bedarf verschiedener Handlungslogiken und an einem angemessenen Verhältnis von Anstrengung und Muße quer durch alle Lebensbereiche. Dies setzt freilich die Abschaffung des betriebswirtschaftlichen Profitmotivs jenseits einer bloß staatskapitalistischen Orientierung voraus, das heißt auch jenseits des alten Arbeiterbewegungsmarxismus. Gerade weil der vollständige historische Bankrott dieses Paradigmas seit 1989 radikaler Kapitalismuskritik generell schlechte Karten beschert hat, ist eine Neuformulierung nötig, die einen entscheidenden Schritt weitergeht und die Arbeitskategorie selbst ebenso wie die abgespaltenen Tätigkeitsformen ins Zentrum der Kritik stellt.

Der feministische Diskurs ist dafür wenig hilfreich, solange er gar nicht auf die Idee kommt, die Orientierung auf »Familie und Beruf« in ihrer bornierten Vielseitigkeit als kapitalistisch-patriarchale Zwangsexistenz zu verwerfen. Im Gegenteil wird dieser Existenzweise manchmal geradezu ein »Pionier«-Charakter zugesprochen. Sie gilt gleichsam als gesamtgesellschaftliches Zukunftsmodell, auch für Männer. Wie es scheint, sind viele feministische Entwürfe bei der arbeitsfetischistischen Parole angelangt: Die Müßiggängerinnen schiebt beiseite! Auf dieses alte Motiv der staatssozialistischen Internationale hat sich offenbar der Feminismus in seltener Eintracht geeinigt, obwohl doch schon seit den 80er Jahren abstrakt-universalistisches

Denken ins Kreuzfeuer der Kritik geraten ist und auf (kulturellen) Differenzen zwischen Frauen und verschiedenartigen Geschlechterverhältnissen bestanden wird. Bei der abstrakten Arbeitskategorie gilt das offenbar nicht. Ein bissiges Pamphlet »Das Recht auf Faulheit auch für Frauen!« steht leider noch aus.

In den 90er Jahren erscheint es nicht wenigen durchaus plausibel, daß gemäß postmodernen Theoremen die Geschlechterdifferenz, ja sogar der Körper primär »Diskursprodukt« sind. Die universelle Abstraktion der »Arbeit« soll jedoch nach wie vor ihren überhistorisch-ontologischen Charakter behalten, gegen deren Historisierung und (kulturelle) Relativierung sträubt sich sogar der ansonsten schon bis zur Absurdität gediehene, ach so postmodern-dekonstruktivistische Verstand. Dabei wird in dekonstruktivistischen Positionen ethno-methodologischer Provenienz sogar noch von der Interaktions»arbeit« bei der »Herstellung(!) von (Zwei-)geschlechtlichkeit« schwadroniert (Gildemeister/Wetterer 1992).

Nun verfolgen nicht alle Genderforscherinnen, die sich als linksfeministisch verstehen, eine bloße Arbeits- und Fleiß-Perspektive. Dennoch muß auch bei ihnen noch die »Arbeit« in irgendeiner Weise gerettet werden. So plädiert etwa Ingrid Kurz-Scherf ähnlich wie Frigga Haug für eine Arbeitszeitverkürzung, die gleichzeitig das »Recht auf Arbeit«, allerdings im Unterschied zur Konzeption von Haug auch das »Recht auf Nichtarbeit« beinhalten soll. Eine radikale Kritik der Arbeitsgesellschaft und deren Verinnerlichung unterbleibt auch in Entwürfen wie diesem, der nicht über eine Art feministisch-gewerkschaftliche Perspektive hinauskommt – in einer Zeit, in der die gewerkschaftliche Arbeitszeitverkürzungspolitik sowieso vom Tisch ist. Kurz-Scherf frönt sogar dem Paradoxon einer »freiheitlichen Arbeitsgesellschaft, aus der Herrschaft und Unterdrückung verschwunden sind« (Kurz-Scherf 1994, S. 59). In diesem Zusammenhang zielt ihre Orientierung nur schlecht utopisch auf die »Vereinheitlichung der Arbeits- und Lebenschancen von Männern und Frauen«, auf die »Vereinbarkeit elementarer Lebensweisen (wie nur z. B. Familie und

Beruf)« und auf »die Ausweitung und Verbesserung der Partizipationschancen der Menschen an der Politik, der Kultur und sonstigen Sphären« (Kurz-Scherf 1994, S. 60f.). Bleibt noch anzumerken, daß natürlich auch Kurz-Scherf den Arbeitsbegriff auf die weiblichen Reproduktionstätigkeiten ausdehnt.

Ähnlich reduktionistisch argumentiert auch Anneliese Braun, die gegenüber dem Programm von Mies, Bennholdt-Thomsen u. a. den alten Gegensatz vom »Reich der Freiheit« und dem »Reich der Notwendigkeit« aufmacht, der ein arbeitsontologisches Fundament schon immer zur Voraussetzung hat, und die in diesem Zusammenhang »freiheitliche Spielräume« auch für Frauen geltend macht (Braun 1998, S. 497ff.). Dies geschieht wiederum im problematischen Kontext einer subsistenzwirtschaftlichen Argumentation (vgl. Braun 1998). Es geht mir in meiner Kritik keineswegs darum, »haarspalterisch« mit einer bloßen Begriffshuberei das (allerdings bloß vermeintlich unschuldige) Wort »Arbeit« aufzuspüren und niederzumachen. Vielmehr halte ich es für wichtig zu zeigen, wie selbst Ansätze, die sich eigentlich nicht strikt dem realen Druck des kapitalistischen Arbeitsprinzips unterwerfen wollen, denoch ideologisch davon abhängig bleiben und so die eigene emanzipatorische Intention durchkreuzen.

Insgesamt kann so nur festgehalten werden, daß fieberhaft Alternativen jenseits der Wert-Abspaltungsform und damit der Arbeits-Haus»arbeits«-Gesellschaft gesucht werden müßten. Es bedarf einer sozialen Bewegung, die der vorherrschenden Leistungsorientierung auf höherem Reflexionsniveau als in der Vergangenheit Paroli bietet und entsprechende Vorstellungen eines »guten Lebens« entwickelt. Solange es eine solche Bewegung nicht gibt, ist es aber (neben notwendigerweise beschränkten einzelnen Praxis-Projekten) wenigstens in der kritischen Reflexion möglich, über die gegebenen Verhältnisse der doppelten Zwangs-Arbeitsgesellschaft hinauszugehen; eine Möglichkeit, die der akademische feministische Betrieb in seinem Starren auf illusorische systemimmanente Perspektiven leider verschenkt.

Literatur

Beck, Ulrich/Beck-Gernsheim, Elisabeth (1990): Das ganz normale Chaos der Liebe, Frankfurt/Main

Becker-Schmidt, Regina (1987): Die doppelte Vergesellschaftung – die doppelte Unterdrückung: Besonderheiten der Frauenforschung in den Sozialwissenschaften. In: Unterkirchner, Lilo/Wagner, Ina (Hrsg.): Die andere Hälfte der Gesellschaft. Österreichischer Soziologentag, Wien

Becker-Schmidt, Regina (1995): Von Jungen, die keine Mädchen und von Mädchen, die gerne Jungen sein wollten. Geschlechtsspezifische Umwege auf der Suche nach Identität. In: Becker-Schmidt, Regina/ Knapp Gudrun-Axeli (Hrsg.): Das Geschlecht in den Sozialwissenschaften, Frankfurt/Main

Becker-Schmidt, Regina/Dölling, Irene (1994): Geschlechterverhältnis und Frauenpolitik. In: Negt, Oskar (Hrsg.): Die zweite Gesellschaftsreform. 27 Plädoyers, Göttingen

Bennholdt-Thomsen, Veronika/Mies, Maria (1997): Eine Kuh für Hillary. Die Subsistenzperspektive, München

Braun, Anneliese (1998): Überlebensstrategien zwischen Barfuß-Ökonomie und Frauenemanzipation. In: Das Argument. Zeitschrift für Philosophie und Sozialwissenschaften 226. Anders wirtschaften, anders leben, 487–503.

Chodorow, Nancy (1985): Das Erbe der Mütter. Psychoanalyse und Soziologie der Geschlechter, München

Gildemeister, Regine/Wetterer, Angelika (1992): Wie Geschlechter gemacht werden. Die soziale Konstruktion von Zweigeschlechtlichkeit und ihre Reifizierung in der Frauenforschung. In: Knapp, Gudrun-Axeli/Wetterer Angelika (Hrsg.): Traditionen Brüche. Entwicklungen feministischer Theorie, Freiburg i. Br.

Goldmann, Monika (1997): Weibliche Dienstleistungsarbeit und Globalisierung. In: Altvater, Elmar/Haug, Frigga/Negt, Oskar u.a.: Turbokapitalismus. Gesellschaft im Übergang ins 21. Jahrhundert, Hamburg

Grunwald, Sabine (1992): Großer Anlauf – und nun? In: Kulke, Christine/Kopp-Degethof, Heidi/Ramming, Ulrike (Hrsg.): Wider das schlichte Vergessen. Der deutsch-deutsche Einigungsprozeß: Frauen im Dialog, Berlin

Haug, Frigga (1990): Tagträume eines sozialistischen Feminismus. In: Gerhard, Ute u.a. (Hrsg.): Differenz und Gleichheit. Menschenrechte haben (k)ein Geschlecht, Frankfurt/Main

Haug, Frigga (1996): Frauen-Politiken, Berlin

Hausen, Karin (1966): Die Polarisierung der »Geschlechtscharaktere« –

Eine Spiegelung der Dissoziation von Erwerbs- und Familienleben. In: Conce, Werner (Hrsg.): Sozialgeschichte der Familie in der Neuzeit Europas, Stuttgart
Heintz, Bettina/Honegger, Claudia (1981): Zum Strukturwandel weiblicher Widerstandsformen im 19. Jahrhundert. In: Heintz, Bettina/Honegger, Claudia (Hrsg.): Listen der Ohnmacht. Zur Sozialgeschichte weiblicher Widerstandsformen, Frankfurt/Main
Hildebrand, Volker (1997): Der Dritte Sektor. Wege aus der Krise der Arbeitsgesellschaft. In: Krisis. beiträge zur kritik der warengesellschaft 19, 106–164
Honegger, Claudia (1991): Die Ordnung der Geschlechter. Die Wissenschaft vom Menschen und das Weib 1750–1850, Frankfurt/Main
Knapp, Gudrun-Axeli (1998): Postmoderne Theorie oder Theorie der Postmoderne? Anmerkungen aus feministischer Sicht. In: Knap, Gudrun-Axeli (Hrsg.): Kurskorrekturen. Feminismus zwischen Kritischer Theorie und Postmoderne, Frankfurt/Main
Kurz-Scherf, Ingrid (1994): Es gibt nur zwei Freiheiten – Plädoyer für eine konsequente Politik der Arbeitszeitverkürzung. In: Negt, Oskar (Hrsg.): Die zweite Gesellschaftsreform. 27 Plädoyers, Göttingen
Möller, Carola (1998): Die gesellschaftliche Gesamtarbeit neu gestalten. In: Das Argument. Zeitschrift für Philosophie und Sozialwissenschaften 226. Anders wirtschaften, anders leben, 469–487
Scholz, Roswitha (1995): Die Metamorphosen des teutonischen Yuppie. Wohlstandschauvinismus, 90er-Jahre-Linke und kasinokapitalistischer Antisemitismus. In: Krisis. beiträge zur kritik der warengesellschaft 16/17, 127–161
Schultz, Irmgard (1994): Der erregende Mythos vom Geld. Die neue Verbindung von Zeit, Geld und Geschlecht im Ökologiezeitalter, Frankfurt/Main
Stolz-Willig, Brigitte/Veil, Mechthild (Hrsg.) (1999): Es rettet uns kein höh'res Wesen ... Feministische Perspektiven der Arbeitsgesellschaft, Hamburg
Weiss, Florence (1995): Zur Kulturspezifik der Geschlechterdifferenz und des Geschlechterverhältnisses. Die Iatmul in Papua Neuguinea. In: Becker-Schmidt, Regina/Knapp, Gudrun-Axeli (Hrsg.): Das Geschlechterverhältnis als Gegenstand der Sozialwissenschaften, Frankfurt/Main
Wichterich, Christa (1998): Die globalisierte Frau. Berichte aus der Zukunft der Ungleichheit, Reinbek

Norbert Trenkle

Es rettet Euch kein Billiglohn!

Die Illusion vom Elends- und Dienstleistungskapitalismus

Seit die Krise der Arbeitsgesellschaft allmählich ins öffentliche Bewußtsein getreten ist (ungefähr seit Ende der 70er Jahre), hat der Neoliberalismus hartnäckig den Standpunkt vertreten, eine solche Krise gebe es überhaupt nicht. Vielmehr sei die Arbeitskraft einfach nur »zu teuer«. Wäre sie billiger und würde sie »flexibler« angeboten, so könnten überall auf der Welt und bis in alle Ewigkeit ausreichend »Arbeitsplätze« geschaffen werden. Dieser Standpunkt ist heute weitgehend zum common sense geworden. »In einer arbeitsteiligen Gesellschaft müssen die Menschen ihren Lebensunterhalt auf dem Markt verdienen. Und dort gleicht der Preis Angebot und Nachfrage aus. Bleibt die Ware liegen, stimmt der Preis nicht. Arbeitslosigkeit bedeutet nicht, daß die Arbeit ausgeht, sondern daß sie zu teuer wird«, schreibt etwa der Wirtschaftsjournalist Nikolaus Piper (Süddeutsche Zeitung, 6.8.1998), der hier nur für viele spricht.

Nach zwei Jahrzehnten neoliberaler Praxis sehen sich die Arbeits- und Markt-Ideologen in ihrem schlichten Weltbild durchaus bestätigt. Denn dort, wo die »Deregulierung« der Arbeitsmärkte konsequent durchgesetzt wurde, insbesondere in den USA, hat sie angeblich riesige Erfolge erzielt, wie auch Piper vermerkt: »In den Vereinigten Staaten wurden im letzten Vierteljahrhundert nicht nur 45 Millionen neuer Jobs geschaffen, die Arbeitszeit stieg gleichzeitig um durchschnittlich 0,1 Prozent, der Anteil der Erwerbstätigen an der Gesamtbevölkerung um 0,5 Prozent und das Pro-Kopf-Einkommen um 1,6 Prozent pro Jahr« (ebd.). Daß dieses glorreiche »Job-Wunder« trotz oft wiederholter Beschönigungen überwiegend schlecht bezahlte und ungesicherte »Flexi«-Jobs hervorgebracht hat, von denen ein Mensch mindestens zwei oder drei ausüben muß, um finanziell einigermaßen über die Runden zu kommen, ficht das neoliberale Credo natürlich nicht an. Auch mit der Empirie hat man es dabei nicht so genau genommen, denn die »Beschäftigungserfolge« werden gewohnheitsmäßig statistisch frisiert. Selbst bei großzügiger Interpretation sieht die »Job-Bilanz« keinesfalls so positiv aus, wie behauptet wird.

Ob Billigjobs oder nicht, ob viele oder vielleicht doch nicht ganz so viele – offiziell gilt die These als bestätigt, Arbeitslosigkeit sei nur das Resultat zu hoher Arbeitskosten und unflexibler Arbeitsbedingungen. Die auch statistisch nach wie vor hohe Arbeitslosigkeit in den EU-Ländern ist laut herrschender ökonomischer Doktrin einfach nur ein Beweis dafür, daß hier eben noch nicht konsequent genug dereguliert worden sei – was die neu gewählten sozialdemokratischen Regierungen zum Anlaß nehmen, das Versäumte schnellstens nachzuholen. Und wenn die Länder des kollabierten Staatskapitalismus nach zehn Jahren westlich-konkurrenzkapitalistischer Beglückung immer tiefer in die sozialökonomische Agonie fallen, dann kann daran natürlich nur die Langsamkeit und Halbherzigkeit der quälenden »marktwirtschaftlichen Reformen« schuld sein, die einfach noch nicht konsequent genug durchgesetzt worden seien. Über die vollkommen zusammengebrochene ukrainische Wirtschaft etwa heißt es in einer seltsamen Mischung aus Treuherzigkeit und Zynismus: »Vor einem möglichen Aufschwung stehen harte Reformen: Weitere, energieintensive Fabriken müssen geschlossen, Strom und Gas für die Bevölkerung teurer werden; die Zahl der Arbeitslosen wird zudem ansteigen, wenn die perspektivreichen Unternehmen – beispielsweise in der Rüstungsindustrie (sic!) – endlich restrukturiert werden; außerdem müssen Bürokraten entlassen werden, damit sich die unternehmerische Initiative entwickeln kann« (Die Zeit v. 23. 4. 1998).

Trotz derart dreister Argumentationen ist es aber nur allzu offensichtlich, daß sich der angebliche wirtschaftliche Aufschwung in den Zusammenbruchsregionen des Südens und Ostens nie wieder einstellen wird und die Vertröstungen auf eine goldene Zukunft, wenn nur in der Gegenwart der berüchtigte Gürtel immer enger geschnallt werde, auf Dauer nicht besonders glaubhaft sind. Deshalb setzte sich seit Ende der 80er Jahre ein neues ideologisches Paradigma im neoliberalen Rechtfertigungsdiskurs durch: Der »informelle Sektor« wurde entdeckt und zum Reservoir eines neuen dynamischen und besonders freien Unternehmertums verklärt, das aufgrund der »Überregulierung« im formellen Sektor keine Entfaltungsmöglichkeiten finde und deshalb notgedrungen in die »Informalität« ausweichen müsse. Es komme deshalb darauf an, diese »Marktwirtschaft von unten« (so der deutsche Titel eines vieldiskutierten Buchs des Peruaners Hernan de Soto) zu fördern, denn sie sei der Ausgangspunkt und die Grundlage einer erfolgreichen ökonomischen Entwicklung in der Zukunft (vgl. die zusammenfassende Darstellung bei Komlosy u.a. 1997, S. 16ff.). Auf diese Weise werden zwei Fliegen mit einer Klappe geschlagen. Erstens ist nämlich so die Beseitigung der letzten Schutz- und Regulationsmechanismen jederzeit zu legitimieren, und zweitens kann sogar noch die fortschreitende Massenverelendung zum Beweis für die Überlegenheit der Marktwirtschaft umgelogen werden.

Daß eine derart plumpe Argumentation in der offiziellen ökonomischen Debatte eine bedeutende Rolle spielen kann, läßt sich natürlich nur mit brutaler Interessiertheit erklären. Denn in theoretischer Hinsicht ist die Behauptung, das arbeitsgesellschaftlich-kapitalistische System lasse sich auf der Basis von Schuheputzen, Kaugummiverkaufen und Müllhaldenproduktion erfolgreich weiterbetreiben, schlicht indiskutabel. Um so peinlicher, daß sich diese brachiale neoliberale Hau-Ruck-Theorie auch in großen Teilen des linken Spektrums durchgesetzt hat – allerdings negativ gewendet und mit dem Gestus einer besonders standhaften Kapitalismuskritik. Die Krise der Arbeitsgesellschaft, so heißt es zunehmend auch in linksradikalen Kreisen, habe in Wirklichkeit keinen fundamentalen Charakter gehabt und das warenproduzierende System gar nicht nachhaltig untergraben können; vielmehr sei eben nur eine ganz bestimmte kapitalistische Epoche der Nachkriegsprosperität zu Ende gegangen. Seither kehre der Kapitalismus ganz einfach zu seiner »Normalität« zurück, und dazu gehöre nun einmal, daß die Mehrheit der Weltbevölkerung sich zu miserablen Konditionen verkaufen muß und unter elenden Bedingungen bestenfalls überleben kann – wenn man sie nicht gar verhungern läßt. Das Kapital könne dabei akkumulieren wie nie.

Der linke Regulationstheoretiker Joachim Hirsch formuliert diese zum Neoliberalismus spiegelbildliche Position in aller wünschenswerten Deutlichkeit: »Zum Kapitalismus gehört ... auch die permanente Umwälzung der Produktions- und Arbeitsbedingungen und die (zyklische) Produktion einer industriellen Reservearmee. Arbeitsplatzunsicherheit und Arbeitslosigkeit sind grundlegende Strukturmerkmale dieses Wirtschaftssystems. Daß dies oft vergessen wird, hängt damit zusammen, daß im fordistischen Nachkriegskapitalismus diese Widersprüche eine Zeitlang überwunden zu sein schienen. Die ... ›Krise der Arbeitsgesellschaft‹ ist ein Teil der Krise dieser Formation. Was also tatsächlich zu Ende gegangen ist, ist eine spezifische historische Gestalt des Kapitalismus: der Fordismus, der sich nach der Weltwirtschaftskrise der dreißiger Jahre unter den besonderen Bedingungen des Ost-West-Konflikts und des Kalten Kriegs herausgebildet hatte« (Hirsch 1999, S. 15).

Diese »Krise des Fordismus« sei im Zuge der Globalisierungsoffensive durch die neoliberalen Wildwest-Methoden, die weitgehende Flexibilisierung und Deregulierung der Märkte und der Arbeitsverhältnisse, glänzend bewältigt worden: »Mit der Spaltung der Lohnabhängigen und der Möglichkeit, ihre nationalen Segmente verstärkt gegeneinander auszuspielen, erreichte das Kapital nicht nur eine strukturelle Veränderung der Einkommensverhältnisse zu seinen Gunsten, sondern schuf auch die Voraussetzungen für einen umfassenden Rationalisierungsschub und damit auch von dieser Seite her für eine nachhaltige Erhöhung seines Profits« (ebd., S. 15f.).

Diese Aussage ist doch einigermaßen erstaunlich. Anscheinend hat Hirsch es verlernt, die kapitalistische Produktionsweise als politisch-ökonomisches Gesamtsystem zu denken, sonst müßte ihm aufgefallen sein, daß seine Behauptungen akkumulations- und krisentheoretisch auf schwachen Beinen stehen. Nicht anders als die liberale Wirtschaftstheorie rechnet Hirsch einfach von der mikroökonomischen Ebene des Einzelbetriebes auf die makroökonomische Ebene des Gesamtkapitalismus hoch. Daß es zwischen diesen beiden Ebenen grundlegende Widersprüche geben könnte, kommt ihm gar nicht erst in den Sinn. Ein einzelnes Unternehmen kann freilich seinen Profit dadurch verbessern, daß es die Löhne und sonstigen Arbeitskosten drückt, weniger Steuern und Abgaben an den Staat zahlt, Betriebsteile an »Billigstandorte« verlagert und zugleich (oder alternativ dazu) durch den Einsatz neuester Technologien Betriebsabläufe rationalisiert und Arbeitsplätze durch Sachkapital ersetzt. Gesamtökonomisch betrachtet trägt dies aber keinesfalls dazu bei, die kapitalistische Krise zu lösen, sondern verschärft sie im Gegenteil noch. Das zeigt sich zunächst in schrumpfenden Absatzmärkten. Denn wenn Lohneinkommen und Staatseinnahmen sinken, dann bedeutet dies selbstverständlich auch (unter sonst gleichbleibenden Umständen), daß die entsprechende kaufkräftige Nachfrage zurückgeht. Wo aber Waren nicht abgesetzt werden können, kann auch kein Kapital verwertet werden. Einzelne Unternehmen oder einzelne »Wirtschaftsstandorte« mögen sich diesem Dilemma zwar vorübergehend entziehen, indem sie ihre Konkurrenten in den Bankrott treiben und deren Marktanteile übernehmen. Aber damit können sie nicht verhindern, daß insgesamt die Märkte immer enger werden und ständig neue Überkapazitäten in den zentralen Bereichen der Weltmarktproduktion entstehen, wie es seit Jahren der Fall ist.

Doch dabei handelt es sich nicht einfach um ein Problem

mangelnder Kaufkraft auf den Märkten (der Ebene der Zirkulation), wie es aus keynesianischer Sicht erscheint, sondern im Kaufkraftmangel und in den schrumpfenden Märkten drückt sich ein viel grundsätzlicheres Dilemma aus: nämlich das absolute Abschmelzen der Arbeitssubstanz und damit der Basis der Kapitalverwertung im Zuge der dritten (mikroelektronischen) industriellen Revolution. Die reale Kaufkraft kommt ja nicht daher, daß mehr Geld gedruckt und verteilt wird, sondern daß eben »Arbeitseinkommen« erzielt werden, die aus gelingender betriebswirtschaftlicher Vernutzung von Arbeitskraft resultieren. Es müßten also neue Produktionssektoren entstehen, die genügend zusätzliche Arbeitsplätze auf dem weltweit gültigen technisch-organisatorischen Produktivitätsniveau schaffen würden, um die gewaltigen betriebswirtschaftlichen Rationalisierungseffekte der Mikroelektronik zu kompensieren. Auf der Ebene der Absatzmärkte würden dann die gestiegenen Profite in einer erweiterten Nachfrage nach Investitionsgütern wiedererscheinen, während zugleich zusätzliche Lohneinkommen entstünden, die sich in der Nachfrage nach Konsumgütern ausdrücken könnten.

Genau diesen Effekt haben die neoliberalen Methoden nicht erzielt. Denn auf dem jetzt erreichten Stand der Produktivkraft mittels Verwissenschaftlichung greift der Mechanismus nicht mehr, der die Überwindung der bisherigen kapitalistischen Krisen ermöglicht hat. Soweit neue Produktbereiche entstehen, etwa in der Informationstechnologie im weitesten Sinne, schaffen sie keinen ausreichenden Ersatz für die an anderer Stelle überflüssig gemachte Arbeitskraft, weil sie selber bereits von Anfang an mit den Methoden mikroelektronischer Rationalisierung produzieren. Der Neoliberalismus stellt deshalb auch keinen »kapitalistischen Ausweg aus der Krise« dar, wie Hirsch behauptet (ebd., S. 15), sondern ist vielmehr deren politisch-ökonomische Verlaufsform. Die Deregulierung und die weitgehende Auflösung der kohärenten nationalökonomischen Funktionsräume haben zwar in der Tat die Entstehung breit gefächerter Sektoren prekarisierter Lohnarbeit und Quasi-Lohnarbeit sowie anderer Formen der Elendsarbeit geschaffen. Es stimmt wahrscheinlich, daß heute mehr Menschen weltweit irgendeine Form der geldförmigen Erwerbsarbeit ausüben müssen als jemals zuvor; aber damit ist noch lange nicht die Krise der Arbeitsgesellschaft und damit der Kapitalakkumulation aus der Welt geschafft.

Hier wird ein soziologischer Tatbestand (Armut) begründungslos mit einer ökonomischen Funktion (Kapitalakkumulation) kurzgeschlossen, ähnlich wie bestimmte politische Maßnahmen (Deregulierung, Privatisierung etc.) per se als Faktoren einer forcierten Kapitalverwertung unterstellt werden. Auch linken Soziologen und Politologen ist es offenbar fremd, daß die Ökonomie der kapitalistischen Arbeitsgesellschaft einer eigenen Logik folgt, die nicht in sozialen Erscheinungen oder politischen Regulationsformen aufgeht. Der objektivierten Logik der Kapitalverwertung kommt es ja nicht einfach darauf an, daß sich Menschen massenhaft abrackern und ihre Lebensenergie verausgaben; vielmehr zählt nur, wieviel ökonomischer »Wert« dabei »produziert« wird. Der Wert einer bestimmten Ware mißt sich aber nicht daran, wie lange eine einzelne Person oder ein einzelner Betrieb daran gearbeitet hat; sein Maßstab ist vielmehr die Arbeitszeit, die für die Herstellung dieser Ware auf der Höhe des jeweils gültigen (und historisch ständig ansteigenden) betriebswirtschaftlichen Produktivitätsniveaus benötigt wird.

Können also zum Beispiel in einer Textilfabrik mit Hilfe von mikroelektronischer Prozeßsteuerung und Lasertechnologie in einer Stunde einige Hundert Hemden geschneidert werden, dann ist dies der Standard, an dem sich auch eine Schneiderin in der Hinterhofklitsche eines südamerikanischen Slums zu messen hat. Wenn sie drei oder vier Stunden für ein Hemd braucht, dann ist ihre Arbeit schlicht und einfach nicht viel »wert«. Für die Schneiderin drückt sich das spürbar darin aus, daß sie für ihre Hemden, die sie beispielsweise an einen international operierenden Textilkonzern abliefert, einen minimalen Preis erhält, der nicht über den Produktionskosten in der entsprechenden Textilfabrik liegt, zu der sie über den Weltmarkt in direkte Konkurrenz treten muß, und der für sie gerade einmal ausreicht, um unter elenden Bedingungen zu überleben.

Wenn dennoch viele Millionen von Menschen unter Bedingungen wie diese Schneiderin arbeiten, dann läßt sich dies von zwei Seiten her begründen. Aus Sicht der transnational operierenden Unternehmen und ihrer vielfach gestaffelten Zulieferbetriebe ist es zunächst vollkommen egal, auf welche Weise sie ihre Kosten minimieren und ihre Gewinne steigern. High-Tech-Produktion und Low-Tech-Billigarbeit sind für sie einfach verschiedene Optionen, die sie je nach Investitionskalkül, Marktlage, Risiko, Konkurrenzsituation und sonstigen Rahmenbedingungen wahlweise nutzen oder auch miteinander kombinieren. Aus Sicht der ElendsarbeiterInnen ist es der nackte Zwang der Verhältnisse, der sie dazu treibt, ihre Arbeitskraft zu den erbärmlichsten und unmenschlichsten Konditionen zu verausgaben. Da die materiellen, sozialen und kulturellen Voraussetzungen einer bäuerlichen Subsistenzwirtschaft in den meisten Teilen der Welt (und insbesondere in den riesigen städtischen Agglomerationen mit ihren enormen Slumgebieten) vom Vormarsch der kapitalistischen Warenproduktion zerstört worden sind, bleibt ihnen gar nichts anderes übrig, als sich buchstäblich zu jedem Preis zu verkaufen. Sie sind gewaltsam zu Marktsubjekten gemacht worden, aber die Möglichkeiten, in dieser Form ein wenigstens einigermaßen annehmbares Leben zu führen, wurden nicht mitgeliefert. Notwendigerweise müssen deshalb die miserablen Geldeinkommen durch unterschiedliche Formen von Eigenarbeit, Selbst- und Nachbarschaftshilfe, individualisierter Subsistenzproduktion (wo dies noch möglich ist), informalisierter Dienstleistungen, Kleinkriminalität, Prostitution, Schmuggel etc. ergänzt werden.

Dies ist ein Resultat des Kapitalismus, aber nicht notwendig ein Faktor der Kapitalakkumulation selbst. Oberflächlich soziologisch betrachtet könnte die vielfältige Elendsarbeit als die Wiederkehr frühkapitalistischer Verhältnisse erscheinen, wo die Menschen in ähnlicher Weise prekär überleben mußten.

Doch diese Sichtweise, die in vielen Studien zum informellen Sektor vertreten wird (vgl. etwa Komlosy u. a. 1997), verkennt einen ganz wesentlichen Unterschied. Die frühkapitalistische Massenarbeit in der Heimindustrie und in den Fabriken, die häufig durch Subsistenzproduktion ergänzt wurde, war Ausdruck einer allgemein noch wenig entwickelten kapitalistischen Produktivität. Das bedeutet, daß der Wert der produzierten Waren nur um ein relativ Geringes den Wert dessen überstieg, was den ArbeiterInnen in Form des Lohns ausgezahlt wurde. Der Mehrwert war also im Vergleich zur aufgewandten Arbeitszeit relativ gering. Das Kapital (ob nun in Gestalt des Fabrikbesitzers oder des Verlegers) kompensierte dies dadurch, daß es überlange Arbeitszeiten erzwang und zugleich die materiellen Existenzbedingungen der proletarischen Schichten auf ein absolutes Minimum herabdrückte: Überfüllte, verschimmelte und dunkle Wohnlöcher sowie die tägliche Ration Kartoffeln waren der Standard überall dort, wo der »zivilisatorische Fortschritt« der Moderne Einzug hielt. Nur so gelang es, einen »Mehrwert« abzupressen, der eine ausreichende Verwertung des Kapitals garantierte. Marx nannte das die Periode der »absoluten Mehrwertproduktion«.

Seit Mitte des 19. Jahrhunderts wurde diese extreme Auspowerung zunehmend durch eine andere, intensivere Form der Arbeitskraftvernutzung ersetzt. Im gleichen Maße, wie die technisch-organisatorische Produktivität rasant anstieg, wurde auch die Arbeit immer weiter verdichtet und dadurch im betriebswirtschaftlichen Sinne immer produktiver. Das kam zwar bei entsprechender Ausweitung der Produktion in erster Linie der Kapitalverwertung zugute, aber zugleich war es auch die ökonomische Voraussetzung, um im Verlauf heftiger sozialer und politischer Kämpfe die Arbeitszeiten zu verkürzen und den Lebensstandard der Mehrheitsbevölkerung zumindest in den kapitalistischen Kernländern deutlich anzuheben. Heute dagegen ist die Situation eine radikal andere als zu Beginn der ersten industriellen Revolution. Da die technisch-wissenschaftlich vermittelte betriebswirtschaftliche Produktivität unter den Bedingungen der Mikroelektronik inzwischen so ungeheuer hoch ist, stellt die extensive und massenhafte Vernutzung von prekarisierter Billigarbeit keinesfalls die Basis einer erneuerten weltweiten Kapitalakkumulation dar. Es handelt sich vielmehr nur um die Art und Weise, wie die Arbeit und damit das Kapital »entwertet« wird.

Denn die Arbeit ist jetzt im doppelten Sinne immer weniger »wert«. Nicht nur der Preis der Arbeitskraft als Ware wird immer weiter unter das Existenzminimum gedrückt, sondern auch die noch möglichen Erlöse der produzierten Waren fallen immer tiefer unter das für eine gelingende Kapitalakkumulation nötige Niveau. Da der Standard der Wertschöpfung vom Standard der Produktivität bestimmt wird, nützen dem Kapital die vielen billigen Arbeitsstunden nicht mehr viel, eben weil sie ökonomisch nicht mehr »gelten« als die wenigen Minuten oder sogar bloß Sekunden Arbeitszeit der mikroelektronischen High-Tech-Produktion. Das ist ein entscheidender Unterschied zur bisherigen Geschichte der kapitalistischen Arbeitsgesellschaft. Jetzt mag der Lohn noch so tief sinken und die Arbeitszeit noch so weit ausgedehnt werden – die Akkumulation von Arbeitsmengen, die als Wertmasse wiedererscheinen können, wird dadurch nicht mehr beflügelt wie im Frühkapitalismus. Ebensowenig kann die Produktion von Waren derart ausgedehnt werden, daß unter mikroelektronischen Bedingungen noch einmal der Effekt der fordistischen Industrien zu erreichen wäre. Da müßte man schon buchstäblich die Ozeane mit PCs, Handys und Nintendo-Spielen zuschütten.

War die »absolute Mehrwertproduktion« des 18. und frühen 19. Jahrhunderts der brutale Einstieg in die kapitalistische Warenproduktion, so markiert die prekarisierte Massenarbeit am Ende des 20. Jahrhunderts den rapiden Zerfall dieser Produktionsweise. Und stellte der Grad der fordistischen Produktivkraftentwicklung die notwendige ökonomische Bedingung sowohl für die Totalisierung des Kapitalismus zum Weltsystem als auch für die relativen Erfolge der Arbeiterbewegung dar, so zieht der Grad der Produktivitätssteigerung durch die Mikroelektronik der Kapitalakkumulation und dem immanenten Interessenstandpunkt der Lohnarbeit gleichermaßen den Boden unter den Füßen weg.

Das neue Massenelend ist kein (vom Standpunkt des Kapitals aus) »produktives« mehr. Es gibt eben keine immer gleiche »Normalität« des Kapitalismus, die nur einmal zeitweilig durch Welfare-Prosperität unterbrochen gewesen wäre, sondern wir haben es mit einem historischen Entwicklungsprozeß des Kapitals zu tun, in dem keine vergangene Stufe jemals wiederkehren kann. Soweit die Billigarbeit in formellen oder gar informellen Sektoren direkt oder indirekt in die Kapitalverwertung eingeht, handelt es sich nicht mehr um einen tragenden Faktor, sondern eher um einen sekundären und minimalen »Mitnahmeeffekt« der kapitalistischen Krise durch das Kapital selbst, ohne daß es dadurch jedoch diese Krise überwinden könnte. Zu erheblichen (und wachsenden) Teilen aber besteht das soziale Phänomen der neuen Massenarmut eben gerade nicht in der massenhaften Überausbeutung (wie im Frühkapitalismus), sondern in der massenhaften »Überflüssigkeit« von Menschen, die gar nicht mehr oder nur noch zeitweilig und am Rande in den Produktionsprozeß des Kapitals eingesaugt werden können. Das ist aber nur ein anderer Ausdruck dafür, daß die Kapitalakkumulation selber an historische Grenzen gestoßen ist.

Es ist eine Verelendung nicht in der und durch die Arbeit, sondern außerhalb der Arbeit, weil sich die Arbeitsgesellschaft selber ad absurdum geführt hat, aber ihre ökonomischen Formen trotzdem weiter die Gesellschaft beherrschen. An die Stelle der betriebswirtschaftlich vernutzten Arbeit treten die »Elendstätigkeiten« der Herausgefallenen. Weder subsistenzwirtschaftlicher Gemüsebau auf der verbrannten Erde der Marktwirtschaft noch Schmuggel, Kinderprostitution oder Nachbarschafts- und Selbsthilfe beim Anlegen von Latrinen oder Abwasserkanälen in den Slums gehen als »Wertsubstanz« in die Kapitalakkumulation ein. Die Vermittlung durch die Geldform ist dabei größtenteils nicht mehr direkt in die Zirkulation des Kapitals einbezogen, sondern bewegt sich nur noch in davon abhängigen Kreisläufen zweiter und dritter Ordnung, etwa wenn ein Billigarbeiter eine Slum-Dienstleistung kauft oder ein Sextourist sich ein Kind mietet. Ähnliches gilt für große Teile des sich ausbreitenden informellen Sektors in den kapitalistischen Zentren: die ambulanten Dienstleistungen, Formen der »Bürgerarbeit«, Tauschringe, Kleinkriminalität, kommunale Zwangsarbeit usw. Wenn der im Abriß befindliche Sozialstaat Arbeitslose oder Sozialhilfeempfänger dazu nötigt, künftig auf der Straße Feuerzeuge zu verkaufen, dann wird zwar die Staatskasse entlastet (was auch der eigentliche Zweck solcher »Maßnahmen« ist), aber die Kapitalakkumulation wird dadurch so wenig gesteigert wie durch einen Handtaschenraub.

Es stellt sich die Frage, ob die linke These von der kapitalistischen Überwindung der Krise, dem ungebrochenen Weiterlaufen der Arbeitsgesellschaft und der vermeintlichen Rückkehr zur (schlechten) »Normalität« nicht ebenso brutal »interessiert« ist wie dieselbe These des Neoliberalismus mit umgekehrtem (positivem) Vorzeichen. Offensichtlich fürchtet sich die Linke ganz genauso wie die Vertreter der kapitalistischen Institutionen davor, der Tatsache ins Auge zu sehen, daß der kategoriale Kern des modernen warenproduzierenden Systems, die abstrakte »Arbeit«, rapide verfällt – und damit allerdings auch die Möglichkeit systemimmanenter Reformbewegungen. Joachim Hirsch etwa bringt kein einziges ökonomisches (akkumulationstheoretisches) Argument vor, um seine These zu stützen, sondern ausschließlich »soziologische« und »politologische« Argumente. Die Analyse bewegt sich überhaupt nicht auf der Ebene des Zusammenhangs von abstrakter Arbeit, Wertform und Kapitalakkumulation, sondern setzt diese vielmehr blind voraus. Wie sich der Neoliberalismus einbildet, durch Privatisierung, Deregulierung und Billiglohn zu einer »kapitalistischen Normalität« zurückkehren zu können, so bildet sich anscheinend die Linke ein, auf dem weiter tragenden Boden ebendieser »Normalität« wieder zu glorreichen Kämpfen um Regulierung, keynesianische Welfare-Staatsintervention und verbesserte Gratifikationen der Lohnarbeit zurückkehren zu können: Alles noch einmal von vorne, weil es so schön war?

Einen immanenten Ausweg aus dem Teufelskreis von Kapitalentwertung und Massenverelendung gibt es aber nicht mehr, weil die Kluft zwischen der High-Tech-Produktion und der Überlebensökonomie ständig größer wird und nie wieder durch irgendwelche »Entwicklungsstrategien« überbrückt werden kann. Dies ist auch der Grund, weshalb die prekarisierten Arbeitsverhältnisse notwendigerweise mehrheitlich im informellen Sektor angesiedelt sind und dort auch bleiben müssen. »Informalität« ist eine Grauzone zwischen randständiger kapitalistischer Billigproduktion und »herausgefallenen« Elendstätigkeiten, damit aber gleichzeitig eine ökonomische Aktivität außerhalb des staatlichen oder sonstigen institutionellen Regelwerks (Arbeitsschutz, Tarifverträge, Umweltauflagen, Sozialsystem etc.), weshalb einerseits der Schutz entfällt, den dieses bietet, andererseits aber auch keine oder fast keine Steuern mehr gezahlt werden. Auf Dauer bedeutet dies natürlich, daß sich der Staat immer weiter aus seinen traditionellen allgemeingesellschaftlichen Funktionen zurückzieht und somit der politische Rahmen völlig zerbricht, der für eine funktionierende Marktwirtschaft unerläßlich ist. Sogar die Polizei überläßt ihre »Ordnungsfunktionen« irgendwelchen Banden (mit denen sie nicht selten eng verwoben ist), das Schul-, Gesundheits- und Sozialsystem zerfällt immer weiter ebenso wie die materielle Infrastruktur. So beschleunigt sich die Abwärtsspirale, und letztlich gehen selbst noch die Bedingungen für eine extrem unterproduktive Marktteilnahme verloren (als Absatzmärkte spielen die Zusammenbruchsregionen im Süden und Osten ohnehin schon lange keine nennenswerte Rolle mehr).

Natürlich sind dabei die Grenzen fließend, zumindest in der gegenwärtigen Phase des Krisenprozesses. Es gibt auch im informellen Sektor durchaus gut verdienende Betriebe und Einzelpersonen, die wahrscheinlich ohne weiteres die Kosten der Formalität aufbringen könnten; aber für die überwiegende Mehrheit trifft dies eben nicht zu. Es wird dort einfach nicht genug Wert geschöpft, um auch noch den Staat oder andere gesellschaftliche Institutionen daran zu beteiligen. Die Informalisierung der Ökonomie resultiert notwendigerweise aus dem säkularen Abschmelzen der Arbeits- und Wertsubstanz, kann diesen Prozeß aber keinesfalls aufhalten. Solange die kapitalistische Form, der Selbstzweck der betriebswirtschaftlichen Vernutzung von abstrakter »Arbeit«, die allgemeine Bedingung der gesellschaftlichen Reproduktion bildet, kann die gewaltige mikroelektronische Steigerung der Produktivkräfte, die ein leichtes und gutes Leben für alle ermöglichen würde, nur noch zu immer neuen Gesellschaftskatastrophen führen.

Innerhalb dieses Krisenprozesses kommt es zu paradoxen sozialökonomischen Erscheinungen. Einerseits ist bereits die Mehrheit der Weltbevölkerung zu »Marktsubjekten« degradiert, die für den Weltmarkt eigentlich überflüssig sind. Andererseits hat aber gerade diese verzweifelte Lage die von Markt und Geld bestimmte Bewußtseinsform sogar noch verstärkt und ausgedehnt. In vielen Ländern der »Dritten Welt«, wo die Waren- und Arbeitsgesellschaft bis in die siebziger Jahre hinein (zumindest mental und kulturell) noch gar nicht richtig angekommen war, hat ausgerechnet die Krise der Arbeitsgesellschaft einen gewaltigen Schub der »Vermarktwirtschaftlichung« ausgelöst. Es ist leider nicht nur ideologisches Wunschdenken, wenn die Neoliberalen im informellen Sektor lauter verkannte Kleinunternehmer entdeckt haben wollen. Gerade die nicht mehr verkäufliche Arbeitskraft verwandelt sich in eine Art »Elendsunternehmertum« in den Nischen und Sekundärbereichen der Zirkulation (man denke etwa an die ungeheuren Massen von »selbständigen« ambulanten Straßenhändlern). Nicht nur die materiellen und sozialen Existenzweisen, sondern auch die Mentalitäten haben sich zunehmend diesem Modell entsprechend verändert, wenn auch freilich nur in der negativen Form des puren Überlebenskampfs.

Trotz aller Momente von nachbarschaftlicher Selbsthilfe und familialer (vor allem weiblicher) »Eigenarbeit«, ohne die ein Überleben im informellen Sektor kaum möglich wäre, bildet dieser keine eigenständige sozialökonomische Formation und schon gar nicht ein »Gegenmodell« zur Marktwirtschaft, sondern er stellt bloß deren Zerfallsform dar, in der sie am Ende ihres historischen Durchmarschs noch einmal auf besonders ekelhafte Weise zur Kenntlichkeit gelangt. Die universelle Konkurrenz von Marktsubjekten ist nicht etwa aufgehoben, sondern reproduziert sich auf Elendsniveau sogar noch verschärft. Zugleich hängt der informelle Sektor gerade in seiner Armseligkeit auf Gedeih und Verderb davon ab, daß die Verbindungen zu den transnationalen Waren- und Geldströmen nicht völlig abreißen, auch wenn die entsprechenden Anteile, gemessen am Umfang des Weltsozialprodukts, nur geringfügig ins Gewicht fallen. Werden diese Verbindungen gekappt, weil selbst die minimalen Bedingungen einer Weltmarktteilnahme entfallen oder der Finanzüberbau des Landes zusammenbricht (oder beides), ist der Weg in eine Plünderungs- und Bandenkriegsökonomie vorgezeichnet, wie sie in weiten Teilen der Welt bereits wütet.

In den westlichen Zentren verschränken sich die prekarisierten und informalisierten Lebens- und Arbeitsverhältnisse, die auch hier dramatisch zunehmen, mit dem unteren Segment dessen, was im sozialwissenschaftlichen Diskurs ebenso unscharf wie beschönigend als »Dienstleistungsgesellschaft« bezeichnet wird. Dieser Diskurs, der seinen Ausgangspunkt in den 60er Jahren hatte, will suggerieren, daß die Krise der Arbeitsgesellschaft durch eine Schwerpunktverschiebung vom Produktions- in den Dienstleistungsbereich gelöst werden könne. Oberflächlich soziologisch betrachtet scheint die Entwicklung der letzten Jahrzehnte diese These zu bestätigen. In allen westlichen Ländern, wiederum mit den USA an der Spitze, hat seit Mitte der 70er Jahre der »tertiäre Sektor« relativ und absolut enorm an Gewicht gewonnen. Teilweise handelt es sich dabei um statistische Verzerrungen, die zum Beispiel dadurch entstehen, daß viele Funktionen wie etwa Gebäudereinigung, Buchhaltung, Transportwesen oder EDV nicht mehr betriebsintern erledigt werden, sondern auf externe »Dienstleistungsfirmen« übergehen (»Outsourcing«) oder daß Arbeitskräfte bedarfsweise bei Zeitarbeitsfirmen »angemietet« werden. In all diesen Fällen entsteht gar kein neuer eigenständiger Sektor der Reproduktion jenseits der Industrie, sondern es werden nur bestimmte industriebezogene Tätigkeiten neu erfaßt. Davon abgesehen gibt es aber den statistischen Trend einer Verschiebung zum »tertiären Sektor« tatsächlich.

Aber genau wie beim Billiglohn, dessen Ausbreitung sich ja mit der »Tertiarisierung« überschneidet, stellt sich auch hier die Frage, ob die Verdrängung von Arbeitskraft aus den Kernsektoren der industriellen Weltmarktproduktion durch das Wachstum des Dienstleistungssektors tatsächlich im Sinne der Kapitalakkumulation kompensiert oder gar überkompensiert werden kann. Die theoretisch unvermittelte empirische Betrachtung scheint dies nahezulegen. Allerdings nur deshalb, weil dabei ganz einfach die Anzahl der neu enstandenen »Arbeitsplätze« oder die Volumina der Arbeitszeiten aufaddiert werden, ohne zu fragen, in welchem Verhältnis diese Größen eigentlich zum gesamtgesellschaftlichen Prozeß der Kapitalverwertung stehen. Wie bereits an der industriellen Produktion gezeigt, bedeutet die bloße Expansion von Arbeitszeit (einmal angenommen, dies sei ein empirisches Faktum) keinesfalls automatisch, daß dabei auch stets die Produktion von Wert zunimmt. Das Problem ist bei den Dienstleistungen freilich etwas anders gelagert als bei der Näherin in der Hinterhofklitsche. Deren Arbeit ist zwar durchaus im direkten Sinne wertproduktiv, sie repräsentiert jedoch nur ein sehr geringes Quantum an Wert, weil sie gemessen an der automatisierten Textilfabrik extrem unterproduktiv ist. Die meisten Dienstleistungstätigkeiten dagegen produzieren schon grundsätzlich und strukturell, aufgrund ihrer Stellung und Funktion innerhalb des ökonomischen Gesamtzusammenhangs, selber gar keinen Wert, auch wenn dabei Arbeitszeit verausgabt wird. Sie dienen entweder dazu, die allgemeinen Funktionsbedingungen und -voraussetzungen der Warenproduktion zu gewährleisten, oder sie sind deren unselbständiges Anhängsel und als solches vom eigentlichen Verwertungsprozeß abhängig, den sie selbst aber nicht in Gang halten können.

Das gilt zum einen und in besonderem Maße für die gesamtgesellschaftliche Infrastruktur im weitesten Sinne des Wortes: also für das Verkehrs-, Kommunikations-, Bildungs-, Sozial- und Gesundheitswesen, die Rechtsprechung und die Grundlagenforschung, die Polizei und das Militär etc. All diese Funktionen werden nicht zufällig zu einem erheblichen Teil direkt vom Staat übernommen oder von ihm finanziert, denn obwohl sie für den kapitalistischen Gesamtzusammenhang unentbehrlich sind, können sie aufgrund ihres Allgemeinheitsgrades und ihrer mangelnden Marktfähigkeit nicht oder nur sehr bedingt betriebswirtschaftlich »rentabel« organisiert werden. Es handelt sich um »öffentliche Güter«, die prinzipiell jedem und jeder zur Verfügung stehen müssen und deren Kosten deshalb in Form von Steuern und Abgaben auf die Allgemeinheit umgelegt werden. Ihre Finanzierung erfolgt zu Lasten der Lohn- und Gehaltseinkommen wie der Gewinne, stellt also einen Abzug von der verfügbaren Wertmasse dar. Deshalb versucht sich ja jedes Unternehmen vor dem Finanzamt zu drükken, während es andererseits selbstverständlich die öffentliche Infrastruktur nutzt.

Gesamtökonomisch betrachtet handelt es sich bei den »öffentlichen Gütern« um Konsum (zumeist Staats- oder Quasi-Staatskonsum), weil der dafür verausgabte Wertanteil für betriebswirtschaftliche Investitionen nicht mehr zur Verfügung steht; und zwar auch dort nicht, wo im gängigen Sprachgebrauch von »öffentlichen Investitionen« gesprochen wird. Denn diese werfen nicht selbst Profite ab, sondern sind nur allgemeine Voraussetzungen dafür, daß sich eventuell Betriebe »ansiedeln«, die ein paar Arbeitskräfte vernutzen. Wenn ein »Standort« überhaupt noch Aussichten auf eine Weltmarktteilnahme haben will, muß er die öffentliche Infrastruktur auch dort aufrechterhalten, wo eine erfolgreiche Kapitalverwertung gar nicht oder kaum stattfindet (wie etwa viele ostdeutsche Kommunen bitter erfahren mußten, die zwar ausgewiesene Industriegebiete und Autobahnanschlüsse haben, aber keine dazugehörigen produzierenden Gewerbebetriebe).

Strukturell ähnlich verhält es sich mit all den Dienstleistungen, die nur die Waren- und Geldzirkulation in Gang halten; also Tätigkeiten in Verkauf und Vertrieb, in der kaufmännischen Verwaltung und der Buchhaltung, im Bank- und Finanzsektor, in Versicherungen, Rechtsanwaltskanzleien und dergleichen mehr. Auch sie sind als allgemeine Funktionsbedingungen unerläßlich für eine gelingende Kapitalverwertung, produzieren aber selbst keinen Wert, sondern müssen aus der industriell geschöpften Wertmasse finanziert werden. Insofern handelt es sich bei ihnen ebenfalls um »tote Kosten« des Systemerhalts, auch wenn sie auf einer anderen Funktionsebene als die »öffentlichen Güter« angesiedelt sind. Dieser Sachverhalt wird nur dadurch verschleiert, daß Handelsketten, Banken, Rechtsanwaltskanzleien usw. selber als private Unternehmen betrieben werden, die ihren Anteil am gesellschaftlichen Wertprodukt als Umsatz und Gewinn ausweisen, als hätten sie ihn selbst produziert. Wie wenig dieser Schein der ökonomischen Realität entspricht, zeigt sich spätestens immer dann, wenn eine Region unter die Räder der Konkurrenz kommt und zusammen mit der Weltmarktproduktion selbstverständlich auch die dazugehörigen nachgeordneten Dienste im zirkulativen, juristischen usw. Bereich zusammenbrechen. Nicht nur Fabrikarbeiter, sondern auch Verkäufer und Bankangestellte landen dann auf der sprichwörtlichen Straße. Andererseits werden die kaufmännischen und Verwaltungstätigkeiten, aber auch bei den Weltmarktgewinnern wird abgebaut, weil sie ebenso wie die industriellen Produktionstätigkeiten von der mikroelektronischen Rationalisierung erfaßt werden. Die Unternehmen suchen sich des toten Gewichts zu entledigen, das auf ihren Gewinnen lastet.

Die größten, in der Vergangenheit aufgebauten Bereiche des »tertiären Sektors« werden also durch Krise und Rationalisierung in Wirklichkeit abgeschmolzen, statt einen neuen eigenständigen Sektor der Kapitalverwertung zu bilden. Was bleibt, ist das allerdings tatsächlich wachsende Segment der »personenbezogenen Dienste«, auf das die neoliberale Krisenverwaltung besondere Hoffnungen setzt: »Wenn es gelänge, ein Fünfzigstel der Eigenarbeit in bezahlte Arbeit zu überführen, könnten 800.000 Arbeitsplätze entstehen«, schwärmt etwa die »Kommission für Zukunftsfragen der Freistaaten Bayern und Sachsen« (Kommission 1997, S. 117). Bedauerlicherweise stehe dem aber eine »ausgeprägte Selbstversorger-Mentalität der Deutschen« entgegen (ebd., S. 133). Gemeint ist damit nicht etwa, daß ein allzu großer Teil der deutschen Bevölkerung sein Gemüse im Schrebergarten anbaut, sondern daß er in frivolem Eigensinn darauf beharrt, seine Einkaufstüten selbst einzupacken und seine Nasen selbst zu schneuzen, statt dafür eine bezahlte Dienstleistung in Anspruch zu nehmen. Dieses geradezu unverschämt arbeitsplatzverhindernde Verhalten gilt es deshalb nach den Vorstellungen der »Zukunftskommission« zu verändern, um einer Armee von schlecht entlohnten und dauerlächelnden Domestiken zu ihrem Arbeitsglück zu verhelfen. Die dreiste Zumutung wird in eine nur allzu durchsichtige »sozialpsychologische« Argumentation verpackt: »Neben dem materiellen können einfache personenbezogene Dienste auch den immateriellen Wohlstand erhöhen. So kann das Wohlbefinden der Kunden steigen, wenn ihnen Dienstleister belastende Eigenarbeit abnehmen. Zugleich steigt das Wohlbefinden der Dienstleister, wenn sich ihr Selbstwertgefühl (!) durch die Tätigkeit erhöht. Einen einfachen personenbezogenen Dienst auszuüben ist für die Psyche besser, als arbeitslos zu sein« (ebda., S. 119). Damit ist unmißverständlich das politische Programm repressiver Krisenverwaltung formuliert, nämlich knallhartes Vorgehen gegen diejenigen, deren »Wohlbefinden« nicht durch das Putzen fremder Schuhe gesteigert wird. Ökonomisch freilich handelt es sich um nichts als haltlosen arbeitsideologischen Zweckoptimismus, denn wie bei den artverwandten »Elendstätigkeiten« der »Drittwelt«-Slums ist auf diese Weise keine eigenständige Kapitalakkumulation auf den Weg zu bringen.

Prinzipiell kann zwar das Gepäcktragen, das Schuheputzen

oder das Verabreichen einer Massage durchaus genauso reale Warenproduktion darstellen wie die Fabrikation eines Koffers oder eines Paars Schuhe, denn entscheidend dafür ist nicht, ob das Resultat der Verausgabung abstrakt-menschlicher Energie nun materiell oder immateriell ist. Doch die »personenbezogenen Dienste« sind ihrer Natur nach großenteils nicht oder nur sehr bedingt als Kapitalverwertung zu betreiben (Man stelle sich einen Schuhputz- oder Babysitter-Konzern vor.) und deshalb auch nicht in der Lage, eine autonome Akkumulationsdynamik zu entfesseln. Die Arbeit des Schuhputzers, der Hausangestellten, der Pflegekraft usw. erlischt im (meist nicht gerade üppigen) persönlichen Konsum und kann daher nicht als »tote Arbeit« aufgehäuft und zum Ausgangspunkt für die Verausgabung weiterer Arbeit werden.

Deshalb sind auch diese Dienstleistungen als sekundäre Warenproduktion strukturell abhängig von einem funktionierenden industriellen Verwertungsprozeß, aus dessen Wertprodukt sie sich speisen, den sie aber selbst nicht anfachen und tragen können. Das zeigt sich auch an der Marktoberfläche von Angebot und Nachfrage: Die »personenbezogenen Dienste« treten nicht an die Stelle industrieller Produktion, sondern verschwinden zusammen mit dieser, weil dann die kaufkräftige Nachfrage dafür fehlt. Diese Tätigkeiten fungieren ihrem spezifischen Charakter nach nicht als Bestandteil eines informationell hoch vergesellschafteten Komplexes, sondern in der Regel als Angebot von Einzelpersonen mit geringem Sachaufwand und zumeist auch wenig inkorporiertem Wissensaufwand. Deshalb können sie im Unterschied zur industriellen Produktion auch leicht wieder aus einem Bestandteil der formellen warenproduzierenden Arbeit in »Eigenarbeit« zurückverwandelt werden (wenn ich mir die Nase wieder selber putze) oder eben in den »informellen« Sektor abwandern. Schon insofern ist es eine völlig absurde Vorstellung, das arbeitsgesellschaftliche System könne auf dieser Basis erneuert werden. Die »personenbezogenen Dienste« sind nicht der Übergang zum »Dienstleistungskapitalismus«, sondern nur die Art und Weise, wie die prekarisierten Verhältnisse und »Elendstätigkeiten« am Rande oder überhaupt außerhalb von Arbeitsgesellschaft und Kapitalverwertung ihren Einzug in die westlichen Zentren des warenproduzierenden Systems halten.

Wie erklärt sich dann aber die gewaltige Expansion dieses Sektors in den letzten fünfundzwanzig Jahren? Woher stammt die Wertmasse, aus der er sich speist, wenn er keine selbständige Akkumulationspotenz besitzt und die industrielle Wertproduktion abschmilzt? Diese Frage läßt sich wiederum nur beantworten, wenn wir den Blick auf den kapitalistischen Gesamtzusammenhang lenken. Dabei ist auffällig, daß die zunehmende »Tertiarisierung« einhergeht mit einer scheinbar paradoxen Verkehrung im Verhältnis von Realökonomie und Finanzüberbau. Die Position eines Landes in der Weltmarktkonkurrenz hängt längst nicht mehr unmittelbar von seiner industriekapitalistischen Produktivität ab (die natürlich weiterhin eine Rolle spielt), sondern zunehmend von der Fähigkeit, das frei flottierende Kredit- und Spekulationskapital anzuziehen und in die eigenen Wirtschaftskreisläufe zu schleusen. Insbesondere die Weltmacht USA hat sich zu einem gigantischen Magneten für die an den transnationalen Finanzmärkten geschöpfte, ungedeckte Liquidität entwickelt – und keineswegs zufällig ist es ausgerechnet dieses Land, dem der Sprung in die volle »Dienstleistungsgesellschaft« angeblich bereits geglückt sein soll.

Was als zufälliges Nebeneinander zweier unterschiedlicher Phänomene erscheinen könnte, steht in Wahrheit in einem kausalen inneren Zusammenhang. Es ist weithin üblich geworden, die wuchernden Finanzmärkte als verantwortlich für das sozialökonomische Desaster in den meisten Teilen der Welt und also zur Krisenursache zu erklären. Weil dort die »flotte Mark« zu machen sei, zögen diese luftigen Sektoren den Großteil des weltweit verfügbaren Geldkapitals an, das somit für realökonomische »Arbeitsplatz-Investitionen« und/oder für die sozialstaatliche Anregung der Nachfrage verlorengehe. Würde dieses Geldkapital dagegen in die richtigen Kanäle gelenkt, vor allem »produktiv« verausgabt, dann gäbe es das Problem der

Massenarbeitslosigkeit womöglich gar nicht. Dieses Erklärungsmuster ist nicht nur in seinen ideologischen Konsequenzen gemeingefährlich, weil es mit der Mobilisierung gegen »die Spekulanten« (zumindest untergründig) auch das antisemitische Ressentiment vom angeblich die Welt beherrschenden »jüdischen Finanzkapital« wiederbelebt, es stellt auch den ökonomischen Sachverhalt auf den Kopf.

Nur über die riesigen Massen ungedeckter Liquidität, die seit den siebziger Jahren im Finanzüberbau ohne jede reale Vernutzung warenproduzierender Arbeitskraft »geschöpft« wurden, war es nämlich den westlichen Ländern möglich, den vollen Durchschlag der Krise vorübergehend aufzufangen und so der Arbeitsgesellschaft ohne ausreichend real wertschöpfende Arbeit noch einmal eine Galgenfrist zu verschaffen. Dieser Mechanismus des Krisenaufschubs über die Aufblähung von Kredit und Spekulation ist an sich nicht neu. Er hat schon in der Vergangenheit den Verlauf der größeren Krisen geprägt und noch jedesmal mit einem Krach der Finanzmärkte geendet. Bei einem solchen »Crash« wird die aufgeschobene Entwertung des Kapitals auf einen Schlag vollzogen, mit der Konsequenz von massenhaften Unternehmens- und Bankenzusammenbrüchen, Explosion der Massenarbeitslosigkeit usw. Neu daran ist heute nur, daß die Deregulierung und Transnationalisierung der Finanzmärkte ebenso wie die schon früher vollzogene völlige Entkopplung des Geldes von der Golddekkung eine historisch einmalig lange Dauer des Aufschubs ermöglichte.

Zunächst war es die rapide ansteigende Staatsverschuldung, die Geldkapital ansaugte und zugleich den Sockel für eine wundersame Geldvermehrung schuf. Die Kredite wurden im allgemeinen sofort in den Wirtschaftskreislauf geschleust – nicht zuletzt für den Aufbau jener vielfältigen staatlichen Dienste und Infrastrukturen, die den ökonomisch unreflektierten Soziologen dann den ersten Aufbruch einer »Dienstleistungsgesellschaft« vorgaukelten. Tatsächlich handelte es sich dabei aber eben um Staatskonsum und nicht um eine Kapitalverwertung, also auch nicht um eine real expandierende Wertmasse, aus der die Zinsen und Tilgungen hätten bedient werden können. Prinzipiell stellt nämlich jeder Kredit einen Vorgriff auf eine zukünftig erwartete Verwertung, also auf eine zukünftige betriebswirtschaftliche Vernutzung von Arbeitskraft dar. Solange diese Erwartungen erfüllt werden können, ist der Kredit Treibsatz einer dynamischen Kapitalakkumulation, weil die Gegenwart gewissermaßen permanent von der Zukunft gejagt wird. Beim kreditfinanzierten Staatskonsum aber ist das natürlich nicht der Fall. Während die geliehene Wertmasse verbraucht wird, häufen sich bei den Kreditgebern Ansprüche auf, die ihrerseits wieder als Nachfrage in den Wirtschaftskreislauf eingespeist werden können. So führt der längst im Staatskonsum verfeuerte Kredit ein Scheinleben als weiterhin geldheckendes Kapital, bis die ganze Sache auffliegt, weil die Staatshaushalte sich dem Notstand nähern, ihr reales Steueraufkommen nur noch für Zinszahlungen ausgeben zu müssen. Genau das geschah seit Beginn der 80er Jahre im Weltmaßstab.

In demselben Maße, wie die Staatsverschuldung an ihre Grenzen stieß, wurde dann die Aktienspekulation zum Hauptmotor des Krisenaufschubs. Auch hier wirkt der doppelte Mechanismus fiktiver Kapitalverwertung und virtueller Kaufkraftschöpfung. Zwar sind die astronomischen Zuwachsraten an den Börsen nur möglich, solange die Masse der ungedeckten Liquidität auch dort verbleibt und die Spirale weiter antreibt; trotzdem sickert ein nicht unerheblicher Teil davon in die Realökonomie ein und füttert dort die Nachfrage nach Waren und Dienstleistungen. So ist mittlerweile etwa die Beleihung der hochspekulierten Aktienpakete eine der Hauptstützen des US-amerikanischen Konsums. Große Teile der Bevölkerung kompensieren ihre gesunkenen Einkommen durch Kredite, deren einzige Deckung die fiktiven Wertsteigerungen der letzten zehn Jahre an der Börse sind. Auf diese »pfiffige« Weise können sie gleichzeitig Kaufkraft schöpfen und weiterhin am allgemeinen Kettenbriefspiel teilnehmen, solange dieses eben noch funktioniert. Nicht weniger wichtig ist die »Subventionierung« auch der Unternehmens- und Bankbilanzen durch die Finanzmarktgewinne, ohne die viele Produktionszweige längst bankrottiert wären, und die über den Umweg von Investitionen, Gewinnausschüttungen und Gehältern ebenfalls der Nachfrage zugute kommen. Schließlich partizipiert auch der Staat über die Steuereinnahmen auf all diese Transaktionen direkt und indirekt an der anhaltenden Spekulationswelle. Das ist das offene Geheimnis der momentanen wundersamen Budgetüberschüsse des US-Staatshaushaltes, wie überhaupt der vielbewunderte Boom der US-Wirtschaft schon längst nur noch auf der virtuellen Geldschöpfung an den transnationalen Finanzmärkten beruht.

So hat also ausgerechnet die von den Liebhabern der »ehrlichen Arbeit« verteufelte Spekulation es ermöglicht, in den Zentren der Weltmarktgesellschaft noch einmal für mehr als zwanzig Jahre eine leidlich funktionierende Arbeitsgesellschaft zu simulieren. Doch die Gnadenfrist läuft ab. Denn auch die spekulative Steigerung der Aktienkurse »kapitalisiert« natürlich eine Erwartung an die zukünftige reale Wertschöpfung. Da aber unter den Bedingungen der mikroelektronischen Revolution die Zukunft nicht mehr einlösen kann, was sie auf dem Papier versprochen hat, taugen auch die Aktienmärkte nicht länger für den Aufschub der »Entwertung des Werts«. Nach den Crashs in Lateinamerika, Rußland und Südostasien sind in absehbarer Zeit unweigerlich auch die Finanzmärkte in Japan, der EU und den USA »reif«. In der dann anstehenden Bankrottwelle wird sich zeigen, welches Ausmaß die Krise der Arbeitsgesellschaft tatsächlich bereits angenommen hat.

Vor diesem Hintergrund muten die grassierenden linken Phantasien, den Krisenkapitalismus durch eine Besteuerung der Spekulation und eine Kontrolle der Finanzmärkte austricksen und »bändigen« zu wollen, geradezu gespenstisch an. Sie laufen auf das Paradox hinaus, »bewußt« und mit keynesianisch-linkssozialdemokratischem Anstrich ausgerechnet das zu tun, was sich als bewußtloser kapitalistischer Selbstlauf ohnehin schon vollzieht: nämlich mit dem ungedeckten Geld aus dem Finanzüberbau die Realökonomie anzuheizen und »Arbeitsplätze« zu simulieren. Sollte dieser Versuch tatsächlich unternommen werden, wäre er ein ohnehin fälliger Anlaß für den Einsturz des ganzen Kartenhauses. Die Hartnäckigkeit, mit der solche Milchmädchenrechnungen aufgemacht werden, erklärt sich aber auch gar nicht aus ihrer praktischen Relevanz, sondern aus demselben Zurückschrecken vor einer kategorialen Kritik des warenproduzierenden Systems und seiner Tätigkeitsform »Arbeit«, das auch den linken Glauben an die neoliberale Krisenbewältigung nährt.

In dieser Hinsicht unterscheiden sich die linken Beschwörer »kapitalistischer Normalität« und die Verfechter einer Spekulationssteuer nicht von den Vettern der »Neuen Mitte«, die von ihrer fanatischen Arbeitsrhetorik an die Regierung gespült worden sind. Aber nicht die »Dienstleistungsgesellschaft« steht bevor, sondern der endgültige Zusammenbruch der Arbeitsgesellschaft, der nach einem westlichen Finanzcrash nicht einmal mehr in den Formen von Billiglohn, Zwangsarbeit und herausgefallenen »Elendstätigkeiten« verlaufen kann. Schon jetzt ist diese Prekarisierung ebenso wie die Propaganda von »Bürgerarbeit«, »Ehrenamt« und dergleichen kein Bestandteil neuer Kapitalakkumulation, sondern eine Ansammlung von Instrumenten der sozialen Disziplinierung und der moralischen Aufrüstung, um das Ende der Arbeitsgesellschaft nicht wahrhaben zu müssen und desto härter gegen die lästigen »Überflüssigen« vorgehen zu können. Mit der offiziellen Fiktion, jeder könne »arbeiten«, wenn er nur wolle (und sei es für einen warmen Händedruck), wird die moralische Legitimation für die Definition von »Sozialschmarotzern« geschaffen, denen im Namen der »ehrlichen Arbeit« selbst die schäbigste Unterstützung gestrichen werden darf, um sie als Haßobjekt für die aufsteigende Panik der Arbeitsvolksseele freizugeben. Und wer wäre besser für diese feine englische Art der Krisenverwaltung geeignet als die klassische »Partei der Arbeit« mit einem olivgrünen Juniorpartner?

Literatur

Hirsch, Joachim (1999): Geht die Arbeit wirklich aus?, in: Jungle World, 9. 6. 1999, S. 15–18

Komlosy, Andrea/ Parnreiter, Christof/ Stacher, Irene/ Zimmermann, Susan (1997): Der informelle Sektor: Konzepte, Widersprüche und Debatten, in diess. (Hrsg.): Ungeregelt und unterbezahlt. Der informelle Sektor in der Weltwirtschaft, Frankfurt/M., S. 9–28

Kommission für Zukunftsfragen der Freistaaten Bayern und Sachsen (1997): Erwerbstätigkeit und Arbeitslosigkeit in Deutschland. Entwicklung, Ursachen, Maßnahmen (Teil III), Bonn

Piper, Nikolaus (1998): Langfristig sind wir tot, in: Süddeutsche Zeitung, 6. 8. 1998

Ernst Lohoff/Martin Massip

Hilfe zur Zwangsarbeit

Aus den Annalen der bundesdeutschen Sozialverwaltung

Die Geschichte der Arbeit ist eine Geschichte des Zwangs. Der Zwang zur Arbeit hat im Laufe der Modernisierung allerdings seine Durchsetzungsform sukzessive verändert. Am Anfang der Arbeitsdressur stand blanke Gewalt. Die Urheimat der Arbeit liegt hinter hohen Mauern, denn seine allerersten Opfer fand der Maloche-Moloch in Menschen, die buchstäblich eingesperrt wurden. In den Anfängen dieses Systems verwandelten sich vornehmlich diejenigen in »Arbeitskräfte«, die von den Häschern der frühmodernen Staatsgewalt weggefangen wurden, weil sie nicht mehr die Kraft hatten davonzulaufen. In demselben Maße, wie es der Arbeitsgesellschaft gelang, nach und nach allen sozialen Reichtum für sich zu okkupieren, entstand indes nicht nur die Notwendigkeit, über diese erbärmliche Grundlage hinauszugehen, es bot sich zugleich die Möglichkeit des Wechsels zu etwas diffizileren Methoden. Mit der Zerstörung jeder autonomen Reichtumsproduktion und Aneignung war die Arbeit, also die Tätigkeit für den anonymen Markt, zum unhintergehbaren Sachzwang aufgestiegen. Mehr noch: Die Verallgemeinerung der totalen Abhängigkeit vom Marktgeschehen ließ die »Arbeitsfähigkeit« geradezu als Inbegriff einer selbständigen Lebensführung erscheinen. Die Arbeit verwandelte sich von einem Fluch, der allein unglückliche Abhängige traf, in den unumstrittenen sozialen Leitwert.

Damit änderten auch Widerwillen und Widerstand gegen die Arbeit ihren Charakter grundlegend. Was bis in die erste Hälfte des 19. Jahrhunderts noch Teil einer breiten Gegenkultur gewesen war, verkam mit der Universalisierung des Arbeitsgebots zusehends zum Spezialproblem einer kleinen Randgruppe von sogenannten Asozialen, die sich qua offizieller Definition durch individuelle Defekte auszeichneten. Die Verwalter der Arbeit hatten in einem langen sozialen Krieg mit Peitsche, Hunger und religiöser Erbauung ganze Populationen von »Wilden« den Geboten der Arbeit unterworfen und dem Widerstand das Rückgrat gebrochen. Noch einmal hundert Jahre später, im »goldenen« Zeitalter der fordistischen Wirtschaftswunder-Arbeit, hatten es die Sachzwangverwalter in den kapitalistischen Zentren nur noch mit individualisierten »Sozialfällen« zu tun.

Die Selbstverständlichkeit der Arbeitsnorm prägte auch die Ausgestaltung des bundesdeutschen »Sozialwesens« nachhaltig. Die rasante Ausdehnung sozialstaatlicher Leistungen im Vaterland der Arbeit während der Epoche der Nachkriegsprosperität war konsequent an der klassischen Biographie des Arbeitskraftverkäufers orientiert. Das gesamte soziale Zwangsversicherungswesen, dessen Anfänge bis ins Kaiserreich zurückreichen, ist darauf ausgelegt, das dauerhafte Normalarbeitsverhältnis zur Grundlage auch der kollektiven Absicherung gegen die möglichen Wechselfälle eines Arbeitslebens zu machen. Die vorübergehend freigesetzten Lohnarbeiter (Arbeitslosenversicherung), die zwischenzeitlich Arbeitsunfähigen (Krankenversicherung) und das aufgearbeitete Humankapital (Rentenversicherung) fielen jetzt nicht mehr einer bloß paternalistischen »Armenfürsorge« anheim; sie hatten statt dessen verbriefte Ansprüche erworben, deren Höhe von den vormaligen Beitragszahlungen abhing. Damit lebt das freie und gleiche Arbeitssubjekt als Sozialversicherungssubjekt auch dort noch fort, wo die Arbeit bei den arbeitsgesellschaftlich Eingepaßten vorübergehend oder dauerhaft aufgehört hat, das Alltagsleben zu strukturieren.

Allein das unterste Netz des Sozialstaats fügt sich nicht in dieses Schema von Leistung und Gegenleistung ein. In der Form der Sozialhilfe hat die Wirtschaftswunder-Gesellschaft auch Menschen ein Existenzminimum zugestanden, denen die Arbeit unabhängig von den »Regelrisiken«, wie sie durch die

Sozialversicherungen abgedeckt werden, aus dem Zentrum ihres Lebensentwurfs gerückt ist. Einen Bruch mit der Zwangsorientierung auf die Arbeitsnormalität bedeutet die »Stütze« freilich deshalb nicht. Als eine Art finanzielle Vorleistung war die Sozialhilfe vielmehr immer darauf ausgelegt, auch noch diejenigen Menschen auf den Pfad arbeitsgesellschaftlicher Tugend zurückzuführen, die aufgrund spezifischer biographischer »Fehlentwicklungen« mit der Arbeitsnormalität in Konflikt geraten waren (Drogensüchtige, psychisch Kranke, Alleinerziehende, Nichtseßhafte).

Die »ständige Hilfe zum Lebensunterhalt« war und ist ebenso wie die »Hilfe in besonderen Lebenslagen« auf individuelle Notlagen ausgelegt, die eben auch durch Maßnahmen zu beheben sein sollen, die auf die spezifische Situation der Hilfesuchenden zugeschnitten sind. Die finanzielle Unterstützung ist stets mit der »sozialpädagogischen Betreuung« der als bloße Einzelfälle definierten Hilfesuchenden verknüpft. Die Reintegration in die Arbeit gilt als das selbstverständliche Ziel aller Bemühungen und als entscheidendes Kriterium für die gelungene Bewältigung der individuellen Problemlage.

Das Bundessozialhilfegesetz (BSHG) spricht in dieser Hinsicht eine mehr als deutliche Sprache. Als das BSHG im Juni 1962 an die Stelle der »Reichsfürsorgepflichtverordnung (RFV)« und der »»Reichsgrundsätze über Voraussetzung, Art und Maß der öffentlichen Fürsorge« (RGr) trat, wurde damit das Sozialhilfewesen rechtlich neu fundiert, das bis dahin von den mit der »Armenbetreuung« befaßten kommunalen und staatlichen Stellen auf dem Verordnungsweg (gestützt auf vorkonstitutionelles Recht) geregelt worden war. Dabei stand nicht nur der Leitwert einer »selbständigen Existenz durch Arbeit« über allem; der Grundsatz der »Subsidiarität« machte die Ausrichtung auf die Arbeitsnorm zum Strukturprinzip auch dieser Abteilung des Sozialstaats. Die Sozialhilfe springt immer nur ein, sofern dem Betroffenen keine anderen Einkünfte zur Verfügung stehen, die sein Existenzminimum sicherstellen (Erwerbseinkünfte, Renten, Unterhalt usw.). Zum anderen ist der »Hilfesuchende« stets gehalten, »seine Arbeitskraft zur Beschaffung des Lebensunterhalts für sich und seine unterhaltsberechtigten Angehörigen einzusetzen« (§18 Absatz 1 des BSHG). In diesem Sinn nimmt seit jeher im BSHG der sinnigerweise mit »Hilfe zur Arbeit« überschriebene Unterabschnitt 2 eine zentrale Position ein.

Daß die Gewährung von »Fürsorge« grundsätzliche Arbeitsbereitschaft verlangt, kennzeichnet den Umgang mit der Armut seit dem Siegeszug des Protestantismus und war bereits ein Merkmal des Protokapitalismus. Die »Pädagogisierung« des Fürsorgekonzepts, wie sie das BSHG charakterisiert, hat indes einen weit engeren historischen Bezugsrahmen, nämlich die Konstellation des »Wirtschaftwunders«. Das gilt in doppelter Hinsicht. Zunächst einmal paßte ein rein repressiver Umgang mit den »drop outs« nicht mehr so recht in die schöne neue Wohlstandswelt mit ihrem auf die Kombination von Massenarbeit und Massenkonsum gegründeten warengesellschaftlichen Glücksversprechen.

Hatte sich ein administrativer Arbeitszwang gegen Fürsorgeempfänger während der Weimarer Republik noch weitgehender Zustimmung erfreuen können, so war er in der Nachkriegszeit durch den nationalsozialistischen Arbeitsdienst desavouiert und dementsprechend von den Verfassungsvätern der BRD im Artikel 12 (Freiheit der Berufswahl) des Grundgesetzes explizit ausgeschlossen worden. In einer Gesellschaft, die den stummen allgemeinen Arbeitszwang erfolgreich zur Freiheit eines jeden umdefiniert hatte, nach Herzenslust sein Geld verdienen zu dürfen, mußte die administrative Variante dieses Zwangs einfach als Anachronismus erscheinen. Das ging so weit, daß selbst eine der ältesten »Errungenschaften« kapitalistischer Entwicklung von der Bildfläche verschwand – immerhin erst Anfang der 70er Jahre. Im Gefolge der 68er-Bewegung und ihrer Proteste schlossen die »Arbeitshäuser« in der BRD, in die noch während der 50er und 60er Jahre vorzugsweise Landstreicher eingewiesen worden waren, ihre Pforten.

Die Pädagogisierung steht aber nicht nur für das Zurücktreten der offenen Repression. Sie spiegelt zugleich den Traum von der immerwährenden Vollbeschäftigung wider. Wenn soziale Einzelfallbetreuung geeignet sein soll, Arbeitslosigkeit zu beheben, dann liegt dem die Annahme zugrunde, daß längerfristige Arbeitslosigkeit in der Regel überhaupt nur als Folge und Symptom individueller Devianz entstehen kann. Diese Vorstellung kann aber nur in der Zeit eines reichlichen »Beschäftigungs«-Angebots plausibel wirken.

Auf dem Höhepunkt der fordistischen Massenarbeit galt die Sozialhilfe als eine Art Auslaufmodell. Die politische Klasse meinte, daß diese Institution künftig mehr denn je nur mehr in einigen wenigen gesellschaftlichen Randgruppen eine Restklientel finden und schließlich durch die weitere Ausdifferenzierung der sozialen Sicherungssysteme bedeutungslos werden würde. In der Tat war in dieser Zeit die Zahl der Sozialhilfeempfänger deutlich rückläufig.

Seit dem Ende des fordistischen Booms hat die weitere Entwicklung allerdings mit der Herausbildung einer zyklusübergreifenden strukturellen Sockelarbeitslosigkeit einen ganz anderen Verlauf genommen. Die Sozialhilfe ist in den 80er und verstärkt in den 90er Jahren zu einem Instrument der Verwaltung von massenhafter Dauerarbeitslosigkeit geworden. In den alten Bundesländern betrugen die Sozialhilfeausgaben 1985 bereits 21 Milliarden DM, um sich bis 1993 auf 43 Milliarden DM mehr als zu verdoppeln. Gab es 1980 in der BRD 2,1 Millionen Bezieher von Sozialhilfe, so stieg deren Zahl bis 1993 in den elf alten Bundesländern auf 4,3 Millionen (Quelle: Monatsbericht der Deutschen Bundesbank, April 1996). Im gleichen Maße, wie die Leistungen der Arbeitsämter zurückgefahren wurden, wurde die Sozialhilfe zum großen Auffangbecken; und ein Ende des Anwachsens der Zahl von Sozialhilfeempfängern ist nicht abzusehen. Gerade in den Hochburgen der Arbeitslosigkeit drohen die Kommunen, die für diese Leistungen zuständig sind, finanziell zusammenzubrechen, weil auf den Fluren der Sozialämter immer mehr ganz gewöhnliche Langzeitarbeitslose sitzen.

So sehr sich die praktische Funktion der Sozialhilfe und insbesondere des ihr zugrundeliegenden »Arbeitsgebots« in den letzten dreißig Jahren gewandelt hat, die rechtliche Grundkonstruktion ist im Kern unverändert geblieben. Die gebeutelten Kommunen suchen vor allem nach Möglichkeiten, Kosten zu sparen. Die herrschende Politik ist auf allen Ebenen und mittlerweile in fast allen Parteien entschlossen, den Kampf gegen die Arbeitslosigkeit als Kampf gegen die Arbeitslosen zu führen. Sie bläst zum Feldzug gegen das angebliche »Sozialschmarotzertum« und die »Hängenmatten-Mentalität«. Dementsprechend ist sie bestrebt, die Gewährung von Sozialleistungen immer rigider zu gestalten und das Kriterium der »Arbeitsbereitschaft« immer enger zu interpretieren. Juristisch aber muß jede administrative Schikane und vor allem die Zwangsarbeit nach wie vor als quasi-pädagogische »Hilfe zur Arbeit« deklariert werden. Die gesamtgesellschaftliche Strategie der Abschreckung im Umgang mit der Massenarbeitslosigkeit hat sich paradoxerweise als »individuelle Fördermaßnahme« zu legitimieren.

In einer durch und durch verrechtlichten Gesellschaft bedeutet diese schreiende Diskrepanz zwischen Realität und Rechtssystematik nicht nur Orwellsches »Neusprech«, also die Gewohnheit, schöne Begriffe immer ihr genaues Gegenteil bezeichnen zu lassen. Sie hat durchaus weitreichende Implikationen. Einerseits führt sie nämlich zu den absurd anmutenden juristischen Urteilsbegründungen, mit denen der Übergang zu einer offenen Repressions- und Abschreckungspraxis abgesichert wird; die Neuinterpretation der Rechtsgrundlagen in Richtung Arbeitszwang ist nur zum Preis massiver juristischer Systembrüche zu haben. Auf der anderen Seite tun sich aber auch durchaus erst einmal zum Teil erstaunliche juristische Lücken auf, die es dem einzelnen ermöglichen, den Arbeitszwang bis auf weiteres zu unterlaufen.

In den frühen 80er Jahren kam die administrative Verordnung von Zwangsarbeit erstmals auf die politische Tagesordnung. Keineswegs zufällig waren nicht etwa die einheimischen Arbeitslosen das erste Ziel dieser Attacke, sondern die in jeder

Hinsicht allerschwächste Gruppe in der bundesdeutschen Gesellschaft, nämlich die Asylbewerber. Natürlich konnten sich die Verwaltungen damals sicher sein, daß sie das »gesunde Volksempfinden« hinter sich hatten, wenn sie diese Personengruppe zu Schikane-Arbeiten heranzogen, um ihr den Aufenthalt in diesem unserem Lande gründlich zu verleiden. Rechtssystematisch war es allerdings, gelinde gesagt, nicht gerade unproblematisch, ausgerechnet Menschen, die einem generellen Arbeitsverbot unterliegen, zum Laubrechen in die kommunalen Anlagen zu komplimentieren.

Einige Verwaltungsgerichte sahen das jedenfalls so und erklärten diese Praxis für rechtswidrig, zumal sie keine Möglichkeit erkannten, sie mit Artikel 12 des Grundgesetzes zur Deckung zu bringen. Die einzige von der Verfassung zugelassene Ausnahme war ursprünglich die Zwangsarbeit für Strafgefangene. Allerdings wurde schon in den 50er Jahren der Grundsatz »Niemand darf zu einer bestimmten Arbeit gezwungen werden« durch den Passus »außer im Rahmen einer herkömmlichen allgemeinen für alle gleichen öffentlichen Dienstleistungspflicht« weiter eingeschränkt. Diese Änderung sollte aber allein die Wiedereinführung der Wehrpflicht (und natürlich auch ihres Pendants, des Zivildienstes) legitimieren. Ein höchstrichterliches Urteil des Bundesverwaltungsgerichtes sorgte indes für eine Vereinheitlichung der Rechtsprechung und segnete schließlich den Bruch in der Rechtssystematik für die spezielle Personengruppe der Asylbewerber ab. Die »Internationale Arbeitsorganisation« in Genf, eine Unterorganisation der UNO, die zuständig ist für die Überwachung der »Internationalen Konvention gegen Zwangsarbeit«, rügte 1983 die Zwangsarbeit für Flüchtlinge als Verstoß gegen diese Konvention. Die Konvention sieht aber für diesen Menschenrechtsverstoß keine Sanktionen vor. Daher kann Zwangsarbeit in innerdeutscher schöpferischer Rechtsanwendung zur Hilfe mutieren.

Verwaltungen und Politik begnügten sich freilich nicht mit der Schaffung dieses Präzedenzfalles. Bereits in den 80er Jahren griffen die Kommunen auch gegenüber inländischen Arbeitslosen zur Abschreckung mittels Arbeitsandrohung. Als entsprechendes juristisches Instrument diente der §19 im BSHG über die »Schaffung von Arbeitsgelegenheiten«. Das allgemeine Gebot, die Arbeitskraft zur Sicherung des Lebenunterhalts einzusetzen, wurde nun dahingehend interpretiert, daß die Träger der Sozialhilfe gehalten wären, von sich aus ihrer der Arbeit entwöhnten Klientel Beschäftigungsmöglichkeiten anzubieten. Der §19 sieht prinzipiell zwei Möglichkeiten vor, wie die Träger der Sozialhilfe solche »angeordnete Arbeit« entgelten können. Entweder wird den Arbeitsverpflichteten der übliche Lohn für diese Tätigkeit gezahlt, oder sie erhalten zusätzlich zum Sozialhilfesatz lediglich eine »Mehraufwandsentschädigung«, die für gewöhnlich etwa 2,50 DM pro Arbeitsstunde beträgt. Es liegt im Ermessen der Kommunen, welchen Weg sie wählen. Die Kommunen griffen zunächst vornehmlich auf die zweite Option zurück. Sie schien eine deutlich höhere Abschreckungswirkung zu versprechen. Und genau darauf kam es schließlich an, wie die kommunalen Träger der Sozialhilfe bei der einzigen, Ende der 80er Jahre von der Uni Köln (Helmut Hartmann: Die Praxis der Hilfe zur Arbeit nach dem Bundessozialhilfegesetz, Forschungsbericht des Institut für Sozialforschung und Gesellschaftspolitik (ISG), Köln 1984) durchgeführten flächendeckenden Befragung zum Thema auch offenherzig einräumten.

Diese Praxis bewährte sich allerdings zunächst nicht gerade. Die Organisation der Zwangsmaßnahmen erwies sich nämlich als höchst aufwendig und kostenintensiv und führte im Resultat zu einer Mehrbelastung statt zu einer Entlastung der städtischen Haushalte. Es war nicht nur die für gewöhnlich dem Entgelt von 2,50 DM angepaßte Arbeitsauffassung der Klientel, die für Schwierigkeiten sorgte und derlei Maßnahmen wenig produktiv machte. Da §19 außerdem vorschrieb, daß die Sozialhilfeempfänger nur für »zusätzliche Arbeiten« herangezogen werden durften, war den Kommunen der Weg weitgehend versperrt, einen Teil ihrer laufenden Aufgaben durch Sozialhilfeempfänger erfüllen zu lassen, um damit an anderer Stelle Kosten einzusparen. Ein zwangsverpflichteter Sozialhilfeempfänger mußte nur vor Gericht nachweisen, daß er mit einer kommunalen Pflichtaufgabe betraut worden war, um sich aus der Affäre zu ziehen. Selbst das Schneeschaufeln und Laubrechen wurde von Verwaltungsgerichten regelmäßig in diesem Sinne (Wegesicherungspflicht der Gemeinden) verstanden, was die Leute von der Zwangsarbeit dispensierte. Außerdem war angesichts der weiter ansteigenden Massenarbeitslosigkeit und der damit einhergehenden zunehmenden Zahl von Sozialhilfeempfängern sowie andererseits der Knappheit von »Zwangsarbeitsstellen« die Wahrscheinlichkeit, die Karriere eines Zwangsfriedhofshilfsgärtners einschlagen zu müssen, auch zu gering, um eine nennenswerte Zahl von potentiellen Unterstützungsempfängern vom Gang zum Sozialamt abzuschrecken.

In dieser Situation änderten die Kommunen ihre Strategie. Bis heute setzen sie, soweit sie den §19 des BSHG zur Anwendung bringen, wesentlich auf befristete, regulär bezahlte Arbeit. Zum Erreichen des offiziellen Ziels der Reintegration der Betroffenen in den »ersten Arbeitsmarkt« tragen diese Pseudo-Jobs natürlich um keinen Deut mehr bei als die in der Zwischenzeit selten gewordenen reinen Schikane-Stellen. Aber immerhin erwerben die in der Regel auf ein Jahr eingestellten »Beschäftigten« auf diese Weise wieder Ansprüche gegenüber der Arbeitslosenversicherung. Das ist auch das eigentlich hinter dem Methodenwechsel stehende Kalkül der Kommunen. Bei der Schikane-Zwangsarbeit bleibt der Sozialhilfeempfänger außerhalb der gesetzlichen Renten- und Arbeitslosenversicherung. Er war vor deren Beginn Sozialhilfeempfänger, bleibt es während seiner Pseudo-Beschäftigung und ist es hinterher ebenso. Die bei einem regulären Lohn anfallenden Mehrkosten hingegen können sich insofern für die Kommune amortisieren, als der Arbeitslose nach seiner Entlassung nicht mehr dem städtischen Haushalt, sondern der Bundesanstalt für Arbeit zur Last fällt.

Ob es bei diesem Umgang mit §19 längerfristig bleiben wird, sei dahingestellt. Zunächst einmal verflüchtigt sich zusehends die finanzielle Binnenrationalität für die Kommunen im gleichen Maße, wie von seiten der Arbeitslosenversicherung

Anspruchshöhe und vor allem Anspruchsdauer immer weiter beschnitten werden. Wenn dieselben Leute, die von der Gemeinde mit erheblichem Verwaltungsaufwand in den Zuständigkeitsbereich der Arbeitsamtskassen gebracht wurden, binnen kurzer Zeit ihre Ansprüche aufgebraucht haben und zum Sozialamt zurückgeschleust werden, macht diese Praxis keinen Sinn mehr. Möglicherweise ist heute schon im wesentlichen nur mehr die Trägheit bürokratischer Apparate dafür verantwortlich, daß vornehmlich mit der »menschenfreundlicheren« Variante des §19 hantiert wird.

Eine erneute Hinwendung zum reinen Schikane-Arbeitszwang ist aber auch deshalb wahrscheinlich, weil ein solches Vorgehen bestens ins allgemein herrschende politisch-soziale Klima passen würde. Daß ausgerechnet eine rot-olivgrüne Regierung Deutschland erstmals seit 1945 in einen Krieg führen würde, war nicht unbedingt vorauszusehen. Daß aber diese Koalition gegenüber »Arbeitsscheuen« vor nichts zurückscheut, daran hat schon ihr Wahlprogramm nie einen Zweifel gelassen. Die einschlägigen bürokratischen Daumenschrauben sind bereits in den letzten Jahren der Kohl-Regierung bereitgestellt und in Gesetzesform gebracht worden. Jetzt braucht es nur mehr experimentierfreudige und entschlossene Männer und Frauen der Neuen Mitte, die bereit sind, diese Schrauben auch kräftig anzuziehen.

Die 90er Jahre waren hinsichtlich des BSHG vornehmlich dadurch gekennzeichnet, daß die abverlangte »Arbeitsbereitschaft« der Sozialamtsklientel verschärft kontrolliert wurde. Während noch vor wenigen Jahren die Hilfesuchenden ihre Arbeitsbereitschaft mit der Meldung beim Arbeitsamt hinlänglich unter Beweis gestellt hatten, müssen sie seit 1997 gegenüber dem Sozialamt auch ihre aktive persönliche Suche nach Arbeit belegen. Sie haben sich nicht nur regelmäßig beim Arbeitsamt zu melden, sondern außerdem, für gewöhnlich monatlich, dem zuständigen Sachbearbeiter Bewerbungen, Absagen und dergleichen vorzulegen. Das Bundesverwaltungsgericht hat mittlerweile das Abverlangen von über 20 Bewerbungen pro Jahr für durchaus angemessen erklärt. In der Praxis hat sich aber ein Mindeststandard von drei bis vier Bewerbungen pro Monat eingebürgert. Sachbearbeiter sind gehalten, derlei »Nachweise« auch Menschen abzuverlangen, bei denen von vornherein klar ist, daß sie überhaupt keine Aussicht auf einen regulären Arbeitsplatz mehr haben.

Natürlich verfügen die zu Nebenarbeitsämtern umgerüsteten Sozialämter über keinerlei geeignetes Instrumentarium, um die Ernsthaftigkeit solcher Bemühungen wirksam zu kontrollieren. Wer unbedingt den Bezug von Sozialhilfe einem regulären Job vorzieht, bräuchte schließlich nichts weiter zu tun, als bei seinen Bewerbungen die eventuellen Zusagen unter den Tisch fallen zu lassen und nur die Absagen vorzulegen. Der Zweck ist ganz eindeutig, die Klientel soll einfach nachhaltig auf Trab gehalten werden, denn schließlich wird die ständige Zwangsdokumentation der eigenen Arbeitssuche selber zu einer Arbeit, und es bieten sich dabei tausenderlei Gelegenheiten, den Leuten die Sozialhilfe wegen irgendwelcher Versäumnisse zu kürzen. Diese Regelung hat inzwischen zum Teil schon Beschwerden der Industrie- und Handelskammern hervorgerufen, deren Mitgliedsfirmen unter der erzwungenen Flut völlig sinnloser Bewerbungen stöhnen.

Die juristische Grundlage für diese Praxis liefert der neu eingeführte Absatz 2 von §18: »Es ist darauf hinzuwirken, daß der Hilfesuchende sich um Arbeit bemüht und Arbeit findet.« Damit werden den Kommunen, die bislang in der Regel den bürokratischen Aufwand scheuten, den eine permanente bürokratische Drangsalierung aller Hilfeempfänger mit sich bringt, vom Bund dazu verpflichtet, eine solch laxe Haltung aufzugeben und den Zwang zur Arbeit administrativ zu exekutieren. Bis zum einzelnen Sachbearbeiter herab haben sich die Ermessensspielräume nachhaltig verringert.

Die Verpflichtung zu aktiver Arbeitsplatzsuche ging mit einer nachdrücklichen Verschärfung der »Zumutbarkeitsbedingungen« einher. In der Rechtspraxis hatten die Oberverwaltungsgerichte schon die ganzen 90er Jahre hindurch bei

Sozialhilfeempfängern deutlich härtere Standards angelegt als bei den Beziehern von Arbeitslosengeld und Arbeitslosenhilfe. Mit der Einführung von §18 (3) wurde diese Rechtsprechung vereinheitlicht und von den letzten Rücksichtnahmen befreit. Zumutbar ist grundsätzlich alles, und zwar vom ersten Tag des Bezugs von Sozialhilfe an. Einem Sehbehinderten wird die Blindenhilfe des BSHG gemäß § 67 IV gestrichen, wenn er die nur symbolisch entlohnte Arbeit in einer Blindenwerkstatt ablehnt.

Besonders die nachhaltige Verschlechterung der Position von Alleinerziehenden sticht ins Auge. Auf diesem Gebiet konnte sich die Kohl-Regierung plötzlich nicht mehr der ansonsten so gern hochgehaltenen familienideologischen Grundsätze erinnern. Während bis dahin Alleinerziehende in der Praxis der meisten Sozialhilfeträger bis zum vollendeten zehnten Lebensjahr des jüngsten Kindes von der Arbeitspflicht entbunden waren, heißt es im neuen Gesetzestext: »Die geordnete Erziehung eines Kindes ist in der Regel dann nicht gefährdet, wenn und soweit ... die Betreuung des Kindes in einer Tageseinrichtung oder in Tagespflege ... sichergestellt ist.« Im Klartext: Ab dem vierten Geburtstag ist Kindchen im Kindergarten und Hort zu verwahren, auf daß Mama uneingeschränkt dem Arbeitsmarkt zur Verfügung stehe.

So sehr diese Regelung der offiziellen christsozialen (oder auch sozialdemokratisch-grünen) Familienvorstellung ins Gesicht schlägt, der juristische Systembruch ist auf einer anderen Ebene zu suchen. In §18 (2) wurde in Sachen Arbeitsvermittlung der unscheinbare Passus eingeführt: »Die Träger der Sozialhilfe und die Dienststellen der Bundesanstalt für Arbeit, gegebenenfalls auch die Träger der Jugendhilfe ... sollen hierbei zusammenarbeiten.« Damit wurde dem BSHG aber ein wesensfremdes Element implantiert. Aufgrund von Problemen in der Kompentenzabgrenzung und entsprechenden Protesten der Bundesanstalt sind die Träger der Sozialhilfe, die sich offiziell ja nach wie vor am Einzelfall zu orientieren haben, bei ihren Arbeitsvermittlungsaktivitäten unter die Kuratel der Arbeitsämter gestellt. Eine Instanz, die an der allgemeinen Arbeitsmarktlage orientiert ist, hat also ein Vetorecht, wo es um die Bedürftigkeit des einzelnen gehen soll.

Worauf dieser Umbau und die laufenden Verschlechterungen zielen, ist unschwer zu erkennen. Die Sozialhilfe soll sich nicht mehr am Leitbild des Normalarbeitsverhältnisses orientieren und sich daher auch nicht mehr um die Reintegration von »drop outs« in die Arbeitsnormalität bemühen. Sie soll vielmehr als Durchlauferhitzer funktionieren, um möglichst viele Menschen möglichst schnell und geräuschlos in irreguläre und ungesicherte Billiglohn-Verhältnisse zu schleusen. Je unattraktiver die Sozialhilfe und je weniger sie dem Bedürftigkeitsprinzip verpflichtet ist, desto mehr wachsen der Zwang und die Bereitschaft, sich auf vollkommen prekäre Arbeitsverhältnisse einzulassen.

Genau für diesen Zweck wurde auch der §19 (Schaffung von Arbeitsgelegenheit) im Laufe der 90er Jahre umformuliert. Einige der Bestimmungen, die eine Anwendung von Arbeit bei Sozialhilfe und die Mehraufwandsentschädigung von 2,50 DM pro Stunde für Kommunen unattraktiv gemacht hat, sind beseitigt. Insbesondere das Kriterium der Zusätzlichkeit solcher Zwangsbeschäftigungen wurde aufgeweicht. Mittlerweile heißt es statt dessen, daß »von der Erfordernis der Zusätzlichkeit im Einzelfall abgesehen werden« kann. Die Betroffenen haben nun auf dieser Ebene kaum Einspruchsmöglichkeiten mehr. Man kann nur noch darauf spekulieren, daß die Industrie- und Handelskammern dem Ersetzen von regulärer Arbeit durch kommunale Zwangsarbeit sehr schnell aus Eigeninteresse einen Riegel vorschieben werden. Aus der obligatorischen Befristung dieser Zwangsarbeitsgelegenheiten ist außerdem ein »in der Regel« geworden. Damit wird im Prinzip Zwangsarbeit fürs ganze Leben möglich gemacht.

Das Teufelswerk wird, ganz zeitgerecht, durch eine Art »Outsourcing«-Passus komplettiert. Der §19 (1) wurde nämlich um den Satz ergänzt: »Zur Schaffung von Arbeitsgelegenheiten können auch Kosten übernommen werden.« Bis dahin übernahmen die Träger der Sozialhilfe, wenn ein Verein einen §19-Arbeiter beschäftigte, nur die Kosten für dessen Arbeit, aber nicht den Regieaufwand, also die Kosten für Anleitung, Überwachung und Verwaltung. In der Praxis ist die Modifikation eine Aufforderung an jede arbeitslose Sozialpädagogin, sie möge einen Verein für gemeinnützig-gemeingefährliche Arbeit gründen, sich Leute vom Sozialamt zuweisen lassen und diese zum Arbeiten nötigen, um sich auf diese Weise selber eine Stelle zu schaffen. Von dieser Möglichkeit wird denn auch derzeit reichlich Gebrauch gemacht. Inbesondere im Bereich der Arbeitsanleitung für arbeitslose Jugendliche ist schon vor dem Regierungsantritt von Rot-Grün eine Art sozialarbeiterische Goldgräberstimmung ausgebrochen. Aber auch unabhängig davon gibt es mittlerweile wohl keine größere Stadt, in der nicht mindestens ein selbstverwalteter Sklavenhalterverein e.V. sein Unwesen treibt.

Es versteht sich von selbst, daß diese Form der Durchführung des Arbeitszwangs wesentlich effektiver ausfällt als alle bisherigen. Zum einen müssen die unabhängig-abhängigen Arbeitszwangsverwalter ihre Unentbehrlichkeit und ihre »Erfolge« immer wieder aufs neue beweisen. Ihre Motivation steht, im Gegensatz zu manchem in der inneren Emigration arbeitenden Sachbearbeiter auf dem Sozialamt, außer Frage. Zum anderen hat sich so mancher Sozialpädagoge und Sklaventreiber in spe durch sein eigenes Arbeitslosenleben eine Art Insiderwissen erworben, das für den gelernten Bürokraten nicht so leicht zugänglich ist.

Das BSHG ist so immer mehr ein Instrument zur Bekämpfung der Arbeitslosen geworden. Die ergriffenen Kampfmaßnahmen müssen sich aber nach wie vor juristisch als »individuelle Hilfe« begründen, selbst die Zwangsarbeit. In § 19 (4) findet sich denn auch ein Passus, der nicht nur die Zusammenarbeit der Träger der Sozialhilfe mit den Dienststellen der Bundesanstalt festschreibt, sondern zugleich dem um die Erlösung von seiner Sozialhilfeempfänger-Existenz bemühten Hilfesuchenden die Möglichkeit gibt, einen Gesamtplan für seine

Wiedereingliederung in das Erwerbsleben zu verlangen. Ein solches Papier muß den Sinn und Zweck jedes einzelnen Schritts deutlich machen, also zeigen, wie die ergriffenen Maßnahmen die beruflichen Kompetenzen des Hilfesuchenden und seine Aussichten auf dem Arbeitsmarkt verbessern. Die zuständigen Stellen tun sich in der Regel schwer damit, einem solchen Ansinnen, wenn es denn wirklich abgerufen wird, in angemessener Form Folge zu leisten. Da der Gesamtplan verwaltungsrechtlich überprüfbar ist, bietet er nach dem derzeitigen Rechtsstand für den einzelnen die sicherste Gewähr, nicht zu Schikane-Arbeiten herangezogen zu werden. Bis heute hat es jedenfalls noch kein Sozialamt erfolgreich darauf ankommen lassen, sich die Sortiertätigkeit auf dem kommunalen Recycling-Hof als einen notwendigen Schritt zur beruflichen Requalifizierung eines Sozialhilfeempfängers bestätigen zu lassen.

Die Ausrichtung auf den Einzelfall im BSHG betrifft nicht allein das Arbeitsgebot. Sie findet ihren Ausdruck auch im Bedürftigkeitsprinzip. Die Sozialhilfe soll ihrem Empfänger das Existenzminimum in dieser Gesellschaft sichern. Hilfe zum Lebensunterhalt umfaßt dementsprechend nicht nur den Regelbedarf für den Haushaltsvorstand (derzeit 538 DM) und dessen Angehörige (bei Kindern bis 14 Jahren beispielsweise derzeit 484 DM), sondern auch die Miet- und Heizkosten und einige kleinere Posten (z.B. halbjährliches Kleidergeld, Beiträge für Haftpflicht- und Lebensversicherung etc.). Sowenig luxuriös diese finanzielle Ausstattung auch ist, gerade bei Familien mit Kindern liegt sie oft über dem Einkommen, das durch Arbeit in den expandierenden ungeschützten Billiglohnsektoren zu erzielen ist. In der herrschenden Diskussion wird der Skandal aber nicht etwa im erbärmlichen Lohnniveau dieser Sektoren gesehen, sondern im fehlenden »Abstand« zwischen Sozialhilfe und Niedriglohnsektoren. Mit anderen Worten: Das Bedürftigkeitsprinzip selber steht zur Disposition. Die Sozialhilfe soll nicht mehr das Existenzminimum sichern, ihre »Höhe« soll sogar zur Aufnahme von Arbeit zwingen, deren »Lohn« selber das Existenzminimum kaum noch oder gar nicht mehr gewährleistet.

Auch der Abschied vom Bedürftigkeitsprinzip wurde der Einfachheit halber zuerst an den Asylbewerbern exekutiert. Mit dem Asylbewerber-Leistungsgesetz wurde deren Versorgung aus dem BSHG herausgenommen und ein neuer »Existenzminimalismus« unter dem Existenzminimum definiert. Das BSHG hat aber auch für die einheimische Sozialklientel im Falle der Arbeitsverweigerung ein »Minimum unter dem Minimum« geschaffen: »Wer sich weigert, zumutbare Arbeit zu leisten oder zumutbaren Maßnahmen nach §§ 19 und 20 nachzukommmmen, hat keinen Anspruch auf Hilfe zum Lebensunterhalt«, legt der 1993 neugefaßte § 25 in Satz 1 fest. Und in Satz 2: »Die Hilfe ist in einer ersten (!) Stufe um mindestens 25 vom Hundert des maßgebenden Regelsatzes zu kürzen.« Das bedeutet faktisch, daß die laufenden Kosten vom Sozialamt weitergezahlt werden (Miete usw.), aber die 538 DM, auf die der die Arbeit verweigernde »Familienvorstand« Anspruch hat, um 25 Prozent gekürzt werden. Wer sich der »zugemuteten« Arbeit entzieht, hat also demnach genau 134,50 DM monatlich weniger.

Da es sich aber auch beim Geldentzug von der Rechtskonstruktion her nicht um eine Strafmaßnahme, sondern um eine »pädagogische Motivationshilfe« handelt, muß die Kürzung befristet bleiben. Eine »pädagogische Maßnahme«, die offenbar nicht greift, muß schließlich abgesetzt werden. Im Klartext: Nach einem Urteil des Bundesverwaltungsgerichts müssen die Sozialämter, jedenfalls nach der derzeitig noch gültigen Rechtslage, wieder die volle Hilfe zum Lebensunterhalt zahlen, wenn ein Delinquent sich ein Jahr lang konsequent uneinsichtig gezeigt hat!

Ein solches am Bedürftigkeitsprinzip bis jetzt nur langsam nagende Rechtsverständnis paßt natürlich schlecht in die derzeitige politisch-ideologische Landschaft. Die SPD hat schon im Wahlkampf den offenen Systembruch angekündigt: Wer zumutbare Arbeit (und »zumutbar« ist bekanntlich alles) verweigert, soll künftig mit der völligen und ersatzlosen Streichung der Sozialhilfe rechnen müssen. Arbeitsminister Riester hat es verkündet, die Neue-Mitte-Lautsprecher Clement und

Hombach haben es wiederholt, IG-Metall-Chef Zwickel sekundiert kräftig, und FDP und CDU/CSU sind sowieso einverstanden, ganz zu schweigen von den Grünen. Man wird wohl kaum lange darauf warten müssen, daß diese Forderung Eingang in einen entsprechenden Gesetzentwurf findet.

In einer Zeit, in der »Arbeit« für die Reichtumserzeugung zunehmend überflüssig und die Arbeitskraft daher auf den »Arbeitsmärkten« immer unverkäuflicher wird, soll der Schein der kapitalistischen Arbeitsgesellschaft gewaltsam und mit immer brutaleren Zwangsmaßnahmen gewahrt werden. Wer sich nicht der Arbeit für fremdbestimmte und nachgerade absurde Zwecke »bedürftig« zeigt, gilt als überhaupt nicht bedürftig und als des Lebensunterhalts nicht mehr »würdig«. »Wer nicht arbeitet, soll auch nicht essen.« Dieses erste und letzte Gebot des Liberalismus, das schon immer auch sozialdemokratisches Grundsatzprogramm war, kehrt sich nun gegen die »überflüssigen« Massen und wird um so härter exekutiert, je deutlicher wird, daß es sich selber ad absurdum geführt hat. Es ist hohe Zeit, gegen einen juristischen Systembruch Widerstand zu leisten, der buchstäblich die Existenzberechtigung von Menschen in Frage stellt, und diesem Vorgehen der Armutsverwaltung einen Systembruch mit der arbeitsgesellschaftlichen Ordnung selbst entgegenzusetzen.

Karl-Heinz Wedel

Der Mensch als Unternehmer seiner Arbeitskraft

Bildungsdiskussion zwischen Leistungswahn, Standortkonkurrenz und Individualisierung

Dienstleister im Standortwettbewerb

An welchen Rädchen der gesellschaftlichen Maschinerie muß gedreht werden, damit die fleißigen und leistungswilligen »Unternehmer ihrer Arbeitskraft« herauskommen, wie sie sich die bayerisch-sächsische Zukunftskommission wünscht? Natürlich nicht zuletzt an den Rädchen des Bildungssektors. Denn schließlich müssen die potentiellen Arbeitssubjekte ja mit den erforderlichen Qualifikationen und, wichtiger noch, mit den notwendigen Erfolgsphantasien ausgestattet sein, wenn sie sich in Zukunft »selbst bewirtschaften« und »managen« sollen. Alle »Bildungsreformen« der letzten Jahre liefen im Kern darauf hinaus, und weder die Studierenden noch die pädagogischen Funktionsträger hatten daran ernsthaft etwas auszusetzen. Im Gegenteil. Unter den als unabänderlich hingenommenen Bedingungen globalisierter kapitalistischer Konkurrenz, struktureller Massenarbeitslosigkeit, zunehmender sozial-ökonomischer Verelendung und im Zeichen gekürzter Bildungsetats ist die tatsächliche oder behauptete Verwertbarkeit von Wissen längst zum einzig anerkannten Legitimationsargument geworden.

Nicht das Entwickeln von persönlichen Neigungen und Interessensschwerpunkten, nicht die Möglichkeit, sich reflexiv mit selbstgesetzten Themen eingehend auseinanderzusetzen, sondern die bedingungslose Herrschaft des abstrakten betriebswirtschaftlichen Nutzendenkens prägt spätestens seit Ende der Achtziger den Horizont der Bildungsdiskussion. Die leisen

Stimmchen des linken Veteranentums mit ihrem ewigen Sermon von Chancengleichheit in der »Informationsgesellschaft«, also der Forderung nach gleichen Bedingungen an den Startblöcken des Arbeitsmarktes, sind im Getöse der neoliberalen Krisenverdrängung und -verwaltung kaum noch vernehmbar. Der Streit um pädagogische Inhalte und bildungstheoretische Konzepte in der fundamentalen Krise der Arbeitsgesellschaft ist davon bestimmt, daß es unmöglich ist, diese noch irgendwie emanzipatorisch zu besetzen.

Deutlich zeigte dies der Studierendenstreik von 1997/98, in dem letztlich nichts anderes gefordert wurde als bessere persönliche Bedingungen in der Vorbereitung auf die Schlacht im Konkurrenzuniversum der modernen Arbeitssubjekte. Zwar hat schon die 68er-Bewegung diese Konsequenz enthalten und im übrigen ein gut Teil dazu beigetragen, das flexibilisierte Konkurrenzindividuum des voll durchgesetzten Kapitalismus herauszubilden, aber das hatte noch einen gewissen Widerstandsreflex gegen die Zumutungen der durchrationalisierten Waren- und Arbeitsgesellschaft. Von diesem überschießenden Moment ist bei der Studierendengeneration der 90er Jahre nichts mehr übriggeblieben. Analog zu den Arbeiterdemonstrationen *für* die eigene Verwertung (»Wir sind das Kapital«) nahm auch hier paradoxerweise die Unterwerfung die Form des Protests an, ein Protest, der sich nicht etwa gegen die Zurichtung für den deregulierten Arbeitsmarkt richtete, sondern im Gegenteil eine adäquate Zurichtung einklagte. Genau die können aber die Massenuniversitäten nicht mehr bieten. Forderungen nach mehr »Kreativität«, »Teamfähigkeit«, »Kommunikationskompetenz« usw. brechen sich an den erstarrten Strukturen und den schrumpfenden Etats, und die vielbeschworenen Schlüsselqualifikationen sind an den Hochschulen einfach nicht zu erwerben.

Nur wegen ihrer blinden Fixierung auf die kapitalistischen Kriterien und Funktionsmechanismen erhielten die »ganz normalen jungen Leute« von allen Seiten Beifall und Zustimmung. Von Hundt und Co. über die Professorenschaft und die Massenmedien bis zu den Politikern jeder Couleur findet eben das bürgerliche Bewußtsein nichts sympathischer und anerkennenswerter als die bedingungslose Unterwerfung unter die Systemgesetze der »zweiten Natur«. Um so besser, wenn diejenigen, die sich erst noch auf ihre Verwurstung vorbereiten, diese Unterwerfung schon offensiv praktizieren und jede Wissens- und Kompetenzaneignung nur noch unter dem Aspekt der späteren Markttauglichkeit beurteilen. Dieser grauenhaft banale Tatbestand darf aber nicht als solcher ausgesprochen werden, sondern geht als blinde Voraussetzung in die aktuelle »Bildungsdiskussion« ein und wird, wenn auch mit immer hohleren Phrasen, doch noch irgendwie schönzureden versucht. »In einer Zeit, in der Maschinen und Computer uns immer mehr die anspruchslosen Arbeiten abnehmen, wird für das Unternehmen der Zukunft Persönlichkeitsbildung, Phantasie, Kreativität, geistige Beweglichkeit und Einfühlungsvermögen immer wichtiger. Künstlerische Bildung wird dabei eine immer bedeutendere Rolle spielen« (Die Deutsche Schule, im folgenden DDS, H.9/10/ 1998, S. 12). In dieser Manier versucht ein Kunsterzieher die wohl zweifelhafte betriebswirtschaftliche Nützlichkeit seines Faches glaubhaft zu machen. Denn im umfassenden Verwertbarkeitswettbewerb besteht eben nur, wer seinen Teil zur »Standortsicherung« Deutschlands auf dem Weltmarkt beiträgt oder dies zumindest simulieren kann.

Der Slogan »Bildungspolitik ist Standortpolitik« im letztjährigen Uni-Streik drückt diesen vorauseilenden Gehorsam der angehenden Humankapitalträger treffend aus, die sich ausgerechnet vom damaligen deutschen Bundespräsidenten Herzog inspirieren ließen. »Roman, hier ruckt's« war das Motto nicht nur der Darmstädter Studierenden. »Herzogs Grundsatzrede zur Bildungsreform hängt an Stellwänden, Zitate daraus wehen auf Bannern am Darmstädter Schloß. ...›Wissen ist heute die wichtigste Ressource in unserem rohstoffarmen Land‹« (Die Zeit, 49/97, S. 2). Sich pragmatisch und unverkrampft als Ressource für die Verwertung benützen zu lassen, das ist wohl die letzte Mission der ach so unideologischen und vielversprechenden Studierendengeneration. Wie die ohnehin nicht mehr bewußt reflektierten gesellschaftlichen »Naturgegebenheiten«, Arbeit, Ware, Geld, Konkurrenzindividualität usw., so setzt sie auch den High-Tech-Verwertungsstandort immer schon voraus; ganz nach der Devise des Bundesbeauftragten für Hochschulmarketing(!) Huber: »Die deutschen Hochschulen fit machen für den internationalen Markt« (Die Zeit, 7/99, S. 72). Auch vorgeblich kritische Stimmen gegen den Stopp des Bildungsabbaus argumentierten konsequenterweise mit dem Standortfaktor, ganz einfach, weil sie den kapitalistischen Bezugsrahmen nicht in Frage stellen wollen: »Wenn Standort-Politik irgendeinen guten (!) Sinn haben soll, dann muss sie die Infrastruktur der Gesellschaft stärken, an erster Stelle das Bildungswesen« (E. Spoo in DDS H.7/8 1998, S. 12). Die immer wieder eingeklagte Chancengleichheit gilt allerdings nur für den nationalen Bezugsrahmen; das Niederkonkurrieren der Weltmarktgegner wird billigend in Kauf genommen. Wie allumfassend der Standortfetischismus mittlerweile geworden ist, macht beispielsweise auch dieser GEW-Kommentar deutlich: »Von ›Globalisierung‹ und vom ›Standort Deutschland‹ war vor sechs Jahren noch nicht die Rede. Inzwischen hat sich diese Rechtfertigungsideologie für die Haltung ›Jeder-ist-sich-selbst-der-nächste‹ erfolgreich durchgesetzt. Welche Gewerkschaft in Deutschland sieht nicht ihre allererste Aufgabe darin, unseren Standort gegen den Rest der Welt zu verteidigen. Wenn wir nicht aufpassen, nehmen uns die ›anderen‹ die Arbeitsplätze weg« (DDS H.9/10/1998, S. 33).

Elite und Selbstunternehmertum

Diese Beschwörung des gemeinsamen Standortinteresses bricht sich freilich an den verschärften Anforderungen der Marktkonkurrenz, denen sich auch die Universitäten nicht entziehen können: Studiengebühren sollen den Durchsatz erhöhen und zusammen mit Stellenkürzungen die Kosten mindern, der Wettbewerb zwischen den Unis und die Elitebildung sollen die

Leistung und den Output steigern. »Unser eigentliches Ziel ist es, unsere Uni zu einem fortschrittlichen Dienstleister zu machen« (Sixt, Pressesprecher der Uni Mannheim, ebd.). Daß solche hochfliegenden Konzepte, die schwerfälligen Bürokratietanker in flexible Dienstleistungsschnellboote umzubauen, letztlich scheitern müssen, ist zwar absehbar (man besichtige nur einmal die »Einkaufsparadiese« der modernen Postschalterstuben). Dennoch bestimmen sie zunehmend die Atmosphäre an den Universitäten. War in den 70er und 80er Jahren das studentische Denken über die berufliche Zukunft angesichts schlechter Karrierechancen eher von positiv besetzter Unbestimmheit geprägt, so hat sich mittlerweile, je prekärer die Arbeitsplatzperspektiven wurden, eine Haltung des Mitmachens um jeden Preis durchgesetzt. Wesentlich dafür ist, neben dem kaum noch in Frage gestellten Elitedenken, ein ungeheurer Selbständigkeits- und Selbstverantwortungsfetischismus. Ist der Weg zu einer gesicherten Berufskarriere verbaut, fabulieren sich die dynamischen Jungakademiker mit »innovativen« und »vielversprechenden« Geschäftsideen eben ihr erzwungenes Elendsunternehmertum als Aufbruch zur neuen Dienstleistungsgesellschaft zurecht. Soziale Polarisierung, Selektion und Elitebildung können jetzt offen mit »Sachzwang« gerechtfertigt werden, wie die medialen Kommentatoren des Uni-Streiks anerkennend vermerkten: »Wir hatten es also mit einem wahrhaft staatsbürgerlichen Begehren zu tun. Dem Drängen nach einer besseren Ausbildung der zukünftigen Akademiker dieses Landes ... Wir müssen uns heute eingestehen, dass eine tatsächliche Chancengleichheit in der Bundesrepublik nicht zu verwirklichen ist. Das ehrenwerte Ziel, allen Ausbildungswilligen vergleichbare Bedingungen für den Erwerb von Bildung und Ausbildung zu bieten, muss gegen das lebenswichtige Ziel abgewogen werden, unserem Gemeinwesen eine gutausgebildete und einsatzfähige Elite zur Verfügung zu stellen« (Die Zeit, 16/98, S. 15).

Dem Gott dieses Gemeinwesens, der Arbeit, muß eben bedingungslos geopfert werden. Und da in Zeiten der High-

Tech-Verwertung immer weniger Arbeitsmonaden in den produktiven Kernsektoren des Weltmarkts nötig sind, muß die stattfindende Selektion und die damit einhergehende soziale Hierarchisierung schöngeredet werden. Das liest sich dann so: »Wenn wir uns als Bildungsziel darauf verständigen können, junge Menschen auf ein Leben in Freiheit und Selbstbestimmung vorzubereiten, reicht dafür kein ›Laissez-faire‹, sondern wir müssen schon auch deutlich machen, dass Freiheit anstrengend ist, weil eben jeder die Ergebnisse seiner Freiheit zunächst selbst verantworten muss. Kurz: Wir brauchen eine neue Kultur der Selbständigkeit und Verantwortung!« (Roman Herzog, Aufbruch in der Bildungspolitik, in Rutz (Hg.) 1997, S. 19). Hierin liegt die eigentliche Aufgabe der angestrebten »Bildungs«offensive. Es geht nicht nur darum, das High-Tech-Humankapital besser auf seine Verwertung vorzubereiten, vor allem soll die auf sich selbst zurückgeworfene und isolierte Existenzweise der Arbeits- und Marktindividuen positiv umgedeutet werden. Sie sollen anspruchslos jede Zumutung des Krisenkapitalismus hinnehmen und das Versagen ausschließlich bei sich selbst suchen. Dieser Anstrengung, die Krise zu individualisieren, gelten eine Vielzahl von Konzepten für den Bildungssektor. So schreibt etwa die Kommission für Zukunftsfragen der Freistaaten Bayern und Sachsen: »Zwar wird auch in absehbarer Zeit die Mehrheit der Erwerbsbevölkerung ganz oder teilweise abhängig beschäftigt sein. Doch darf das Leitbild des Arbeitnehmers nicht im bisherigen Umfang bewusstseinsprägend bleiben. Vielmehr ist das Leitbild der Zukunft der Mensch als Unternehmer seiner Arbeitskraft und Daseinsvorsorge. Um sich diesem Leitbild zu nähern, muss der Staat die von ihm gesetzten Rahmenbedingungen so umgestalten, dass individuelle Initiative und Verantwortung geweckt und gefördert werden.... Von diesen Menschen gibt es – wie nicht zuletzt die Beschäftigungsprobleme und die Krise der Sozialsysteme zeigen – zu wenige. Ein wesentlicher Grund hierfür ist, dass die Ausbildung in Schulen, Hochschulen und selbst Betrieben nicht hinlänglich von einer unternehmerischen Kultur geprägt wird. Unternehmerische Begabungen werden – wenn überhaupt – eher zufällig gepflegt und gefördert. Deshalb müssen künftig bei Schülern, Auszubildenden und Studenten gezielt Eigenschaften wie Selbständigkeit, Verantwortungsbewußtsein, Eigeninitiative und Leistungsbereitschaft entwickelt werden« (zitiert nach DDS H.11/12 1998, S. 5).

Dies ist das höchst offizielle neoliberale Leitbild, mit dem die fundamentale Krise des warenproduzierenden Systems auf das individuelle Versagen der Subjekte zurückgeführt und damit zum Verschwinden gebracht werden soll.

»›Qualifikation‹ macht den Arbeiter zu seinem eigenen Unternehmer, der Ausrichtung und Ausmaß seiner Qualifikation meistbietend verkaufen kann. Er belohnt freilich, adäquat zu den allgemeinen Erfolgsbedingungen des Marktes, Risiko, Mobilität, Wechselfreudigkeit und schnelle Anpassung« (Hank 1995, S. 205).

Verantwortlich für die Absatzprobleme der Ware Arbeitskraft soll nicht etwa die ins Unermeßliche gesteigerte Produktivität sein, sondern eine unterentwickelte »unternehmerische Haltung« der Arbeitssubjekte. Wer scheitert, ist also selber schuld, ganz nach dem Muster, mit dem schon der Zusammenbruch einer ganzen Weltregion, der staatssozialistischen Abteilung der Arbeitsgesellschaft, und das Scheitern der dortigen ökonomischen Reformen »erklärt« wurde. Freilich muß dieses Muster, so sehr es auch dem gesunden Menschenverstand entsprechen mag, gerade in der Ausbildungsphase als notwendige Orientierung für den späteren Verwertungswettbewerb ausreichend vermittelt werden. So werden etwa die Studierenden der Universität Oldenburg mit den Worten begrüßt, sie hätten neben dem Privileg des Studiums »auch das Recht auf Scheitern, das Recht, erfolglos zu sein ... erworben, und es ist kein geringes Privileg, damit von Anfang an umgehen zu können« (Daxner 1996, S. 283). Bei den Angesprochenen stoßen solche Unverschämtheiten nicht etwa auf Widerstand, sondern sie fühlen sich allenfalls in dem bestätigt, was sie als objektiv gegeben hinzunehmen sich schon angewöhnt haben: »Da erlerntes Wissen schnell wieder veraltet und sich dieser Trend in Zukunft vermutlich noch verstärken wird, gewinnt die Fähigkeit, sich selbständig Kenntnisse anzueignen, mehr und mehr an Bedeutung. Eine Umstrukturierung der Verwaltung reicht also nicht aus, um besser auf die Berufswelt vorzubereiten. In den Schulen muss die Vermittlung von Selbständigkeit und Verantwortungsgefühl an erster Stelle stehen. Wenn man sich auf dieses Ziel der Persönlichkeitsbildung konzentriert, ist einiges aus den Lehrplänen zu streichen« (Schüler eines Deutsch-Leistungskurses, 12. Klasse, nach Rutz 1997, S. 274).

Das Subjekt als Planungsbüro der »Risiken«

Die Vorstellung, das (Arbeits)-Schicksal immer nur selbst in der Hand zu haben, stellt nicht bloß den gemeinsamen Nenner von Bildungs»reformern« und Studierenden dar. Dem gesunden bürgerlichen Menschenverstand insgesamt erscheint die rein individuelle Verantwortlichkeit für das Gelingen oder Versagen des Selbstunternehmertums als Phantasma der persönlichen Autonomie. Dieses durchaus als Verblendung zu charakterisierende »Bewußtsein«, das die Illusion gebiert, jeder könne sich am eigenen Schopf in eine erfolgreiche Berufswelt ziehen, verweist allerdings auf eine durchgängige gesellschaftliche Struktur.

Die Menschen werden immer schon als einzelne und getrennt vom gesellschaftlichen Ganzen in die kapitalistische Welt »geworfen«. Diese abgetrennte Existenz, fern davon ein »Naturzustand« zu sein, hat ihre Ursache allein in der paradoxen Form der gesellschaftlichen Vermittlung zwischen den Individuen. Der gesellschaftliche Zusammenhang wird im warenproduzierenden System der Moderne über Verausgabung von Arbeitskraft in betriebswirtschaftlichen Prozessen der Kapitalverwertung hergestellt. Auch wenn die einzelnen dabei über die gesamtgesellschaftliche Arbeitsteilung auf der stofflichen Ebene in höchstem Maße miteinander verknüpft sind, bricht sich dies doch an der abstrakt-privaten Form der Vermittlung. Denn die Kapitalverwertung und also auch die Verausgabung von Arbeitskraft vollziehen sich immer in Form der Privatheit. Das Verrückte ist, daß sowohl die Produktionseinheiten als auch die Individuen in einem historisch einmaligen Maße vergesellschaftet (und das heißt: vollkommen aufeinander angewiesen) sind, sie aber gleichzeitig isoliert voneinander und von ihrem gesellschaftlichen Zusammenhang existieren, der sich als fremde und bedrohliche Macht hinter ihrem Rükken nach den Funktionsgesetzen der Verwertung und der Marktkonkurrenz herstellt. Der Liberalismus hat dieses verrückte gesellschaftliche Verhältnis (das Kant mit dem treffenden Begriff der »ungeselligen Geselligkeit« belegt) schon zu Beginn der Modernisierung naturalisiert, indem er es auf den angeblich anthropologisch verankerten Wolfscharakter der menschlichen Konkurrenzbestie zurückführte. Der neoliberalen Ideologie vom Selbstunternehmertum wächst gerade aus dieser »stillen« Voraussetzung und scheinbaren »Natur«-Gegebenheit ihre Plausibilität und »Reform«kraft zur angeblichen Lösung der gesellschaftlichen Krise zu. Solange nämlich die gesellschafliche Vermittlung keine direkte, auf bewußter Kommunikation beruhende ist, solange die Güter von Einzelproduzenten als Waren für einen anonymen Markt hergestellt werden, solange erscheint dem Bewußtsein in seiner Unmittelbarkeit die isolierte Daseinsweise der Individuen als gänzlich naturwüchsiger Zustand.

Dieser Zustand produziert allerdings auch eine fundamentale Verunsicherung (wie es das Diktum »homo homini lupus« im Grunde schon ausdrückt), weil die vereinzelten einzelnen ihrem gesellschaftlichen Zusammenhang als einer fremden subjektlosen Macht ausgeliefert sind. In der Geschichte des bürgerlichen Bewußtseins hat sich gerade diese Tatsache immer wieder als Bedürfnis nach Klärung und Transzendenz ausgedrückt. In der philosophischen Reflexion über das Verhältnis von Subjekt und Objekt beispielsweise läßt sich die theoretische Verarbeitung der gesellschaftlichen Dualität von isoliertem Individuum und fremder, bedrohlicher Außenwelt detailliert nachvollziehen. »Der Unsicherheit und Unfreiheit der äusseren Welt steht die Gewissheit und Freiheit des Denkens als einzige noch verbleibende Machtbasis des Individuums gegenüber« (Marcuse 1936, S. 6). Die nur als entfremdet erlebbare äußere Macht der kapitalistischen Selbstläufigkeit und der bedrohlichen Objektwelt findet also ihre Entsprechung im Rückzug der Subjekte in sich selbst. Nur hier ist scheinbare Sicherheit vor der Übermacht der Außenwelt zu finden. Schon bei Descartes war die Selbstvergewisserung und Selbstbegründung des Subjekts in seinem Denken von angstvollen Zweifeln gegenüber der fremd wirkenden Welt des Außen begleitet, in der sogar der »allgütige Gott« zur Quelle der Unsicherheit und Täuschung wird. »Ich will glauben, Himmel, Luft, Erde, Farben, Gestalten, Töne und alle Außendinge seien nichts als das täuschend Spiel von Träumen, durch die er (Gott) meiner Leichtgläubigkeit Fallen stellt« (Descartes 1996, S. 39ff).

Die Herausbildung der Warengesellschaft zum selbstläufigen Fetischsystem, das den Individuen als objektiver Zwang gegenübertritt, verwies diese also von Beginn an auf sich selbst und nur auf sich selbst. Zugleich schuf die Trennung und Abstraktion vom Gesellschaftsganzen das Bedürfnis nach Einbindung und Unterordnung unter Kollektividentitäten (Nation, Klasse, Volk, Ethnie, Geschlechter etc.), die sich allerdings im Laufe der historischen Entwicklung immer weiter ausdifferenzierten und zersetzten. Denn zum Wesen des Kapitalverhältnisses gehört, daß es die Menschen nicht in ein festes Kristall von ewigen Bestimmungen einschließt. Da es gerade in Zeiten der ökonomischen und sozialen Krise stetige Unrast und Umwälzung produziert, reißt es auch die Individuen beständig aus bestehenden sozialen Verhältnissen heraus. In der »Emanzipations«-Bewegung der Arbeiter beispielsweise waren die isolierten Einzelarbeitssubjekte noch aufgehoben in der Gesamtidentität der Arbeiterklasse. Spätestens seit der Gegensatz von Arbeit und Kapital seine überschießenden emanzipatorischen Momente verloren hat und die Arbeit überhaupt obsolet wird, ist diese Identität prekär geworden.

Die Krise der Arbeit und die damit verbundende Auflösung der relativ stabilen fordistischen Arbeitsverhältnisse führte denn auch in den letzten Jahrzehnten zu einer zunehmenden sozialen Desintegration. Erst auf diesem Boden der »reifen« Arbeitsgesellschaft kann das neoliberale Leitbild des Menschen als Unternehmers seiner Arbeitskraft in breitem Maßstab plausibel gemacht werden. Und das immer schon vorhandene Strukturmerkmal der Subjekte im Kapitalismus, die isolierte Monade, wird nun zum positiven Bezugspunkt der individuellen Selbstzurichtung. Was vor zwanzig oder dreißig Jahren noch als undenkbar oder als bloße Ideologie erschienen wäre, ist für die postmodernen Flexi-Subjekte heute schon fast in den Rang einer Selbstverständlichkeit aufgestiegen. In den Begrifflichkeiten eines Ulrich Beck werden diese Entwicklungen denn auch positiv als Individualisierungs- und Pluralisierungschancen umgedeutet. Doch die dabei immer schon als vom gesellschaftlichen Zusammenhang getrennt vorausgesetzten Subjekte, die angeblich so großartige Spielräume der »Gestaltbarkeit von Lebens- und Arbeitsformen« besitzen, sehen sich zunehmend mit der Kehrseite dieser Chancenfabuliererei konfrontiert, nämlich den zu »Risiken« der »neuen sozialen Unsicherheiten und Ungleichheiten« (Beck 1986, S. 225/226) verharmlosten Krisenfolgen. So gilt es denn nun, die Individuen für den Umgang mit diesen angeblich unvermeidlichen »Risiken« des Systems auszustaffieren. Kein Wunder also, daß die Sozialisationsabteilung Ausbildungswesen besser auf die verschärften Bedingungen im sozialen Konkurrenzkampf vorbereiten soll. »Will man aus den Paradoxien der Moderne ... für das Bildungssystem eine konstruktive Perspektive ableiten, dann zunächst die, dass unser Bildungssystem in allen seinen Bereichen auf den kompetenten und verantwortlichen Umgang mit Unsicherheit (!) und Komplexität vorzubereiten hat. Offenbar hat die Mehrheit der Jugendlichen erkannt, dass – wie es Ulrich Beck ausdrückte – der einzelne bei Strafe seiner permanenten Benachteiligung zu lernen habe, sich selbst als Handlungszentrum, als Planungsbüro bezüglich seines eigenen Lebenslaufs, seiner Arbeitstätigkeit und Orientierung zu begreifen. Doch nur relativ wenige sind in der Lage, diese Einsicht ohne entsprechende Aus- und Weiterbildung auch tatsächlich umzusetzen« (Kutscha, Gew. Bildungspolitik, H. 5/6 1998, S. 7). Erst in der Zuspitzung der kapitalistischen Krise wird offenbar, was die ChancenBeckerei im Prinzip schon immer war: eine Krisen- und Bewältigungsstrategie für die »reflexiv« zu Ende gehende Moderne. Was in den 80er und frühen 90er Jahren mit ihrem kasinokapitalistischen Hintergrund und ihrer »Chancenorientierung« auf den Warenkonsum noch als etwas unangenehme und in Kauf zu nehmende Begleiterscheinung formuliert werden konnte, wird nun konsequent dem »Planungsbüro« Einzelsubjekt als natürlich nur individuell zu bewältigende »Unsicherheit« und Herausforderung auferlegt. Das Obsoletwerden der abstrakten Arbeit, also des Fundaments der kapitalistischen Verwertung, und die daraus folgende gesellschaftliche Krise wird so zum persönlichen »Risiko« der vereinzelten einzelnen umdefiniert.

Arbeiten am Arbeitsvermögen

Bei der vermeintlichen »Lösung« der sozialökonomischen Krisenerscheinungen durch das Selbstunternehmertum werden die »Risiken« auf den ersten Blick gleichgeschlechtlich verteilt. Die Zumutungen richten sich also nicht nur an die männlichen Arbeitssubjekte, sondern die Frauen werden als »Unternehmerinnen ihrer Arbeitskraft« scheinbar gleichberechtigt behandelt. Scheinbar, weil deren gleichzeitige Verantwortlichkeit für die Tätigkeiten in der abgespaltenen privaten Sphäre dabei immer wie selbstverständlich vorausgesetzt ist. Insofern reproduziert auch die aktuelle Krisenverwaltungsstrategie die grundsätzliche patriarchale Strukturiertheit des Kapitalismus, die sich in der Abspaltung »weiblich« eingeschriebener Eigenschaften (Sinnlichkeit, Emotionalität, Fürsorglichkeit, Empathie etc.) vom »männlichen« Konkurrenzindividuum und der Delegierung entsprechender Zuständigkeiten (für Haushalt, Kindererziehung und -betreuung etc.) an die Frauen ausdrückt.

Für die Frauen bedeutet diese Form der »Emanzipation«, daß sie Selbstunternehmertum und Privatsphäre unter einen Hut bekommen müssen. Wie weit diese Einstellung schon in das feminine Massenbewußtsein eingesickert ist, belegen die Veröffentlichungen der Zentralorgane des gesunden Hausfrauenverstandes: »Sie werden – ebenso wie die meisten Väter – vieles von der Entwicklung Ihrer Kinder nicht miterleben. Einfach weil Sie nicht immer zu Hause sind. Auch auf andere schmerzliche Erfahrungen müssen Sie sich einstellen: Spätestens wenn Ihr Sohn vom Sitzenbleiben bedroht ist oder Ihre Ehe kriselt, sind Sie und Ihr ›egoistischer Karriere-Trip‹ in den Augen der anderen schuld daran« (Brigitte spezial 2/98, S. 74). Also: Die »Frauen von heute« sollen sich mit ihrer Zuständigkeit für Emotionalität und Restfamilienglück abfinden, nur daß sich zur traditionellen Rolle als mehr oder weniger liebevolle Hausfrau und Mutter nun eben noch die famose Chance gesellt, die eigene Arbeitskraft »selbstbestimmt« zu managen und zu gestalten.

Bei der Verwirklichung dieses SelbstunternehmerInnentums spielt der Fort- und Weiterbildungsbereich eine wichtige Rolle, weshalb sich dessen Inhalte und Strukturen in den letzten Jahren dementsprechend ausgerichtet und verändert haben. Ein wesentlicher Aspekt ist auch hier die Individualisierung der Verantwortung. Sorgten im fordistischen Normalarbeitsverhältnis im allgemeinen die Unternehmen für die Fortbildung des »Humankapitals«, so fällt nun diese Anforderung an die einzelnen Subjekte zurück. Von der Verkäuferin über den Facharbeiter bis zum Spitzenmanager: Sie alle müssen als selbständige Arbeitsverausgabungseinheiten immer auf dem aktuellsten technologischen und sozialkommunikativen Wissensstand sein. Daß die Konkurrenz bekanntlich nicht schläft, ist dabei durchaus wörtlich zu nehmen: »Wer sich nach Feierabend und am Wochenende weiterbilden will, muss bereit sein, im Privatleben eine Weile zurückzustecken. Für Familie und Freunde bleibt nicht mehr soviel Zeit wie bisher, Müdigkeit, Motivationskrisen sind ständige Begleiter. Und: vor Prüfungen wird's besonders hart. Doch die Anstrengung zahlt sich später meistens aus« (Brigitte, S. 50). Für das moderne Individualunternehmen haben sich die Maschinenlaufzeiten eben geändert. Konnten früher nach der Schicht die Maschinen runtergefahren werden, so müssen nun Zusatzaggregate wie Computerkurse, Sprachunterricht und BWL-Seminare angebaut werden. Entsprechend verengt sich auch das Angebot von Bildungseinrichtungen in diesem Bereich: »Die öffentlichen oder öffentlich geförderten Träger gehen ... immer mehr dazu über, ihre Angebote nach dem Kriterium der Verwertbarkeit auf dem Markt zu konzipieren und ins Programm zu nehmen. Das sind v. a. solche, die den potentiellen TeilnehmerInnen entweder höhere Chancen der Vermarktung ihrer Arbeitskraft bieten (zur Zeit z.B. EDV-Kurse aller Art) oder dem psycho-hygienischen und körperlichen Wohlbefinden dienen (hierzu z.B. Kurse zu unterschiedlichen Meditationsformen, aber auch die beliebten Sprachkurse, um sich für die große Reise ins Ausland zu präparieren.)« (DDS, H. 7/8 1997, S. 4f.).

Doch nicht nur für das aktuellste Know-how sind die einzelnen individuell verantwortlich. Angesichts der Krise der Arbeit und der damit verbundenen Perspektivlosigkeit, ihr Arbeitsvermögen überhaupt noch verkaufen zu können, fällt es auf sie selbst zurück, sich eine Nachfrage zu schaffen, also als »Unternehmer ihrer Arbeitskraft« oder als Kleinstunternehmer zu agieren: »... immer mehr der rund vier Millionen Beschäftigungslosen (versuchen) mit der eigenen Firma dem perspektivlosen Arbeitsmarkt zu entkommen versuchen« (Zeitpunkte 1/97, S. 30). Kein Wunder also, daß allerorten eine »neue Gründerzeit« (Existenzgründermessen, Gründungsoffensiven usw.) erfolgreich propagiert werden kann und daß die neoliberalen Krisenpragmatiker und marktwirtschaftlichen Chancenpropagandisten frohlocken. »Einen Arbeitsplatz zu fordern ist leicht. Schon schwieriger ist, ihn angemessen auszufüllen. Doch am schwierigsten ist, ihn zu schaffen. Die künftige unternehmerische Gesellschaft wird das massenhaft hautnah erfahren« (Kommission für Zukunftsfragen ... 1997, S. 36). Endlich darf und kann der kapitalistische Mensch und »Unternehmer seiner Arbeitskraft« seine »Arbeits- und Lebensformen« selbstbestimmt gestalten – was dummerweise nichts anderes heißt, als sich dem zugespitzten Diktat der Marktkonkurrenz zu unterwerfen, unter der Maßgabe des Überflüssigwerdens dieser Arbeitskraft. Die vielen prekären Scheinselbständigen, Klitschen- und Elendsunternehmer erfahren es schon heute hautnah: »Wieckenberg (ehemaliger Banker und jetzt Wurstverkäufer, KW) selbst ist ein wenig blass um die Nase. Sein Tag beginnt um vier oder früher ... Sechzig Stunden sind das Minimum in der Woche. Den 33jährigen ficht das nicht an, Jammern ist seine Sache nicht. ›Wer etwas erreichen will‹, sagt er, ›muss auch etwas leisten‹« (Zeitpunkte 1/97, S. 32).

Entscheidend ist zunächst gar nicht so sehr der wirtschaftliche Erfolg oder Mißerfolg der neoliberalen Krisenverwaltungsstrategie, sondern allein deren psychologische Wirkung und Verarbeitung durch die Individuen. Solange sie permanent damit beschäftigt sind, sich als »Unternehmer ihrer Arbeitskraft« zu betätigen, werden sie kaum realisieren wollen, daß das System, auf das sie sich dabei beziehen, unwiderruflich zerbricht. So gelingt es der Warengesellschaft, wenigstens für eine Zeitlang, die bloße Form der wertförmigen Vermittlung zu wahren, obwohl deren Inhalt, die Arbeitssubstanz, obsolet wird und deshalb auch keine kohärente soziale Integration mehr gewährleisten kann. Anknüpfen kann sie dabei am subjektiv verinnerlichten, pathologischen Selbstzwang zur Arbeit. Die als vereinzelte einzelne konstituierten Individuen tauschen lieber ihre Normalarbeitsverhältnisse gegen eine prekäre Existenz als Selbstunternehmer, Kleinselbständige und Marktlückenmänner und -frauen ein, als die Kategorien und Imperative ihrer gesellschaftlichen »zweiten Natur« grundsätzlich in Frage zu stellen und sich mit den fundamentalen Ursachen der gesellschaftlichen Krise auseinanderzusetzen. Das System des Geldverdienenmüssens und des Arbeitszwangs wird damit nicht nur vorläufig weiter aufrechterhalten, mit dem Selbst- und Kleinstunternehmer betritt gerade am Ende der Arbeitsgesellschaft ein widerwärtiger Apologet und altbekannter Spießbürger die

Bühne der Geschichte, um noch einmal das Loblied der Arbeit abzuleiern. Vom Bewußtsein, das diesen Typus auszeichnet, berichtet schon Max Weber in seinen Studien über die Durchsetzung der protestantischen Ethik in den puritanischen Sekten zu Beginn der Neuzeit. Genau diese dort analysierte rastlose Selbstverpflichtung gegenüber dem Gott der Arbeit ist es, die tragischerweise nun am Ende der kapitalistischen Moderne in säkularisierter Form eine Renaissance erlebt. Der Bildungsbereich ist dabei geradezu prädestiniert, die Individuen durch inneren oder äußeren Zwang in ständiger Bewegung zu halten, indem jedes Herausfallen als individuelles Versagen aufgrund angeblich mangelnder Qualifizierung und fehlenden Wissens erklärt wird. So können die einzelnen zwar nicht mehr mit ihrer Arbeitskraft arbeiten, doch ständig an ihr. Für Individuen, die sich dem Diktat der Warenform widersetzen und eine Perpektive jenseits von Arbeit, Ware, Geld und Kapital suchen, wäre es hingegen nur wichtig, etwas zu vermögen, ohne zu arbeiten.

Literatur

Beck, Ulrich (1986): Risikogesellschaft, Frankfurt am Main

Daxner, Michael (1996): Ist die Uni noch zu retten, Hamburg

Descartes, René (1996): Philosophische Schriften, Hamburg

Hank, Rainer (1995): Arbeit – Die Religion des 20. Jahrhunderts, Frankfurt am Main

Kommission für Zukunftsfragen der Freistaaten Bayern und Sachsen (1997): Erwerbstätigkeit und Arbeitslosigkeit in Deutschland, Bonn

Marcuse, Herbert (1936): Zum Begriff des Wesens, in: Zeitschrift für Sozialforschung, Jahrgang V, Heft 1

Rutz, Michael (Hg.) (1997): Aufbruch in der Bildungspolitik, München

Gerd Bedszent

Arbeitskult und Wirklichkeit – Streiflichter aus der real existiert habenden DDR[1]

> Arbeit: zweckmäßige, bewußte Tätigkeit des Menschen, in der er mit Hilfe von Arbeitsmitteln Arbeitsgegenstände verändert und sie seinen Zwecken nutzbar macht. Die Arbeit ist in allen Gesellschaftsformationen unerläßliche Existenzbedingung des Menschen …[2]

Zu Zeiten, da in Osteuropa ein Land namens DDR existierte, empfanden die glücklichen Westler größtenteils Mitleid mit den armen dummen Ossis, die, stalinistisch gegängelt, viel zuviel arbeiten mußten und in ihrem grauen Zonenalltag kaum Möglichkeiten hatten, die Früchte ihrer harten Arbeit zu genießen. Nach 1990 schlug diese Meinung ganz schnell um in Verachtung für die faulen Zonis, die – anstatt sozialistisch auf der faulen Haut zu liegen – nun erst einmal richtig arbeiten lernen müßten.

Im Osten wiederum gierte man in all den Jahren, das westliche Werbefernsehen stets vor Augen, nach den Segnungen des trotz (mehr oder minder) saurer Arbeit keinesfalls erreichbaren Konsums – und ward nach 1990 mit den verachteten Alu-Chips zum bassen Erstaunen zugleich die geachtete Arbeit los.

Zwei unterschiedliche Traditionen, die fast über ein halbes Jahrhundert Zeit hatten, sich zu festigen, konstituieren die Be-

1 Ich beschränke mich bei den nachfolgenden Ausführungen zur Funktionsweise der DDR-Gesellschaft weitgehend auf persönliche Erinnerungen sowie auf Mitteilungen mir nahestehender Menschen.

2 Kleines Politisches Wörterbuch, Berlin 1973

ziehung des Individuums zur Arbeit in Neu-Groß-Deutschland. Sie sorgen gegenwärtig nicht nur für Miß- und andere Verständnisse, sondern bilden unter Umständen auch eine gewisse Hypothek auf die Zukunft – davon später.

Zunächst der ökonomische Fall DDR – und zwar Fall in des Wortsinns doppelter Bedeutung: Die Volkswirtschaft des kleineren deutschen Staates lebte durchgängig – wenn dies auch zu verschiedenen Zeiten verschiedene Formen annahm – in ein und demselben Widerspruch. Besser, in ein und demselben ewigen Dilemma: Wie funktioniert Warenproduktion ohne freie Konkurrenz des Marktes? (Nämlich eben nicht...) Dieses Dilemma hatte seine Entsprechungen in jedem Bereich der Gesellschaft, in der Preisbildung ebenso wie in der Kulturpolitik, in der Altbausanierung ebenso wie im Pressewesen, und prägte gerade und erst recht die Arbeitswirklichkeit – und den Arbeitskult in der DDR.

Die Verfaßtheit des Gemeinwesens als »Arbeiter- und Bauernstaat« – in der Praxis zwar obsolet, doch politisch-ideologische Verpflichtung – verbot es, Konkurrenz zum ökonomischen Funktionsprinzip zu machen. Insbesondere die Ware Arbeitskraft war davon ausgenommen. Also: kein freier Arbeitsmarkt, keine Arbeitslosigkeit und damit kaum individueller Leistungsdruck. Im Gegenteil: geringe Spanne zwischen niedrigen und höheren Einkommen, starke soziale Absicherung und daher eine in sozialökonomischer Sicht im wesentlichen egalitäre Gesellschaft.

Wie auf dieser Basis eine warenproduzierende Ökonomie mit ihren gesellschaftlichen Zwängen in Gang halten?

Außerökonomische Mittel bildeten durchgängig – wenn auch zu unterschiedlichen Zeiten in verschiedener Gestalt – den Dreh- und Angelpunkt des Arbeitslebens in der DDR, nicht zuletzt auch der Arbeitspolitik. An die Stelle der allgegenwärtigen Konkurrenz trat die Anleitung und Kontrolle des arbeitenden Individuums durch den Staatsapparat und die »gesellschaftlichen Organe«. Arbeit erschien als das Leben an sich – die Stellung des einzelnen dazu als Teilhabe am gesamtgesellschaftlichen Prozeß. Der Befund jedoch ist paradox: je totaler die staatlich gesteuerte Integration des Individuums in die Arbeitsgesellschaft – desto geringer die Verinnerlichung des Zwangs zu Arbeit und Leistung als Lebenszweck und desto leichter und häufiger das temporäre Abtauchen des einzelnen in die Nischen des Arbeitsalltags, in denen eine Vielfalt der Lebensfreiheiten überdauerte, die im »freien Westen« rigoros ausgetrieben wurden.

Die Kategorien der realsozialistischen Wirtschaft (Wert, Preis, Gewinn ...) entstammten durchweg dem System der kapitalistischen Warenproduktion – das Ausbeutungsverhältnis »Arbeit« beseitigt man eben nicht, indem man »Profit« in »Gewinn« umtauft. Daß bereits in der Prämisse, Arbeitsproduktivität als Maßstab für das Funktionieren oder Nicht-Funktionieren einer Gesellschaft anzunehmen, der Wurm steckte, hat im Ländle DDR jedoch kaum jemand begriffen. Als irgendwann das Nicht-Funktionieren der Wirtschaft so deutlich wurde, daß es selbst der dümmste Apparatschik begriff, besann man sich immer mehr auf Funktionsweisen der Gesellschaft, die man durch etwas gänzlich Neues ersetzt zu haben glaubte.

Es war zu spät. Der Zusammenbruch des Jahres 1989 fegte nicht nur das Primat der Politik über die Ökonomie, sondern zuerst das ganze Land und dann auch die Reste seiner – bereits arg gebeutelten – Wirtschaft hinweg. Zurück blieben ein paar Millionen Menschen, von denen die meisten bis heute nicht begriffen haben, was ihnen eigentlich widerfahren ist.

Der große Zusammenbruch von 1989 liegt nun zehn Jahre zurück – eine ausreichend lange Zeitspanne für ein Überdenken und eine bislang nicht geführte Diskussion: Wirkten in der DDR die Zwänge der Arbeitsgesellschaft weniger gravierend – war die Arbeit weniger verinnerlicht, als dies oberflächlich den Anschein hatte? Welche Unterschiede, welche Gemeinsamkeiten bestanden zwischen staatlicher Lenkung der Warenproduktion und der totalen Herrschaft des Marktes?

Fort aus den Trümmern und was Neues aufgebaut ...[3]

Am Anfang stand der Krieg. Die DDR konnte während der gesamten Dauer ihrer Existenz die Herkunft aus Besatzungsregime und wirtschaftlichem Chaos der Nachkriegszeit nicht abstreifen. Bei Staatsgründung bestand ein großer Teil der Bevölkerung aus ehemaligen NS-Mitläufern, die sich an das neue Regime angepaßt hatten. Die nächste Generation, die mit der DDR heranwuchs, hatte die Beseitigung der Kriegszerstörungen und den wirtschaftlichen Umbau infolge der Teilung Deutschlands als entscheidendes Grunderlebnis. Die Arbeit als gesellschaftliches Verhältnis grundsätzlich in Frage zu stellen lag ihnen völlig fern. Vorstellungen von einem »anderen Leben und Arbeiten«, wie sie als Folge der 68er Bewegung gelegentlich über die geschlossene Grenze schwappten, wurden pauschal als Randerscheinungen des dekadenten, niedergehenden Imperialismus angesehen oder als Infiltration feindlicher Ideologien verdammt.

Die ab den 60er Jahren heranwachsenden Generationen hatten Nachkriegschaos und Aufbauphase nicht mehr selbst kennengelernt. Um sie zu einer Fortsetzung des »revolutionären Schwungs« zu motivieren, wurde die materielle Produktion zunehmend romantisiert – mit dem Ziel, die Aufbauphase gleichsam künstlich zu verlängern. Bewußt wurden dabei militärische Kategorien in Zusammenhang mit dem »normalen« Arbeitsleben gebracht: Aus dem Einfahren von Kartoffeln wurde die »Ernteschlacht«, aus den täglichen Handgriffen an der Drehbank der »Kampf um hohe Produktionsergebnisse« (groteske Reminiszenz unter anderem eben auch an die Situation des Kalten Krieges ...). Bei dieser heroischen Interpretation der Arbeit spielten Schule und Literatur[4] eine wesentliche Rolle.

3 Liedgut der Freien Deutschen Jugend (FDJ)

4 So zum Beispiel Nikolai Ostrowskis »Wie der Stahl gehärtet wurde« (ein Roman, der Revolution, Bürgerkrieg und Wiederaufbau in Sowjetrußland zum Thema hatte) oder der FDJ-Roman »Der Sonne Glut«.

Wie wir heute arbeiten, werden wir morgen leben! [5]

Nach Beseitigung der unmittelbaren Kriegsschäden bemühte sich die DDR-Führung um den Aufbau einer Wirtschaftsmacht, die sowohl in ihrer industriellen Substanz als auch gemessen an den Effektivitätskriterien der kapitalistischen Warenproduktion dem »westdeutschen Klassenfeind« gewachsen sein sollte. Die dazu erforderliche Disziplinierung der Lohnarbeiter nach fordistischem Vorbild – überreiches Konsumangebot für den, der Arbeit und damit auch Geld hat, verbunden mit der ständigen Drohung des Arbeitsplatzverlustes und dem damit verbundenen sozialen Absturz – war ideologisch nicht gewollt und aufgrund der wirtschaftlichen und politischen Schwäche der DDR wohl objektiv auch nicht durchsetzbar.

Bis Anfang der 50er Jahre regierte in der DDR-Industrie der unmittelbare Zwang. Nicht nur der Staatsapparat, sondern auch ein Großteil der Wirtschaft befand sich unter direkter Kontrolle der sowjetischen Besatzungsmacht. Mangelnde Arbeitsleistung konnte in dieser Zeit durchaus als »Sabotage« gewertet werden, was oft Inhaftierungen zur Folge hatte. Bewußte Mehrleistungen erreichte man damit freilich nicht. Nach dem Tode Stalins wurde der Druck nach und nach gelockert.

In der späten Ulbricht-Ära wurde hauptsächlich mit den Mitteln der politisch-ideologischen Beeinflussung versucht, die Werktätigen zu höheren Arbeitsleistungen anzuspornen. Dies funktionierte allerdings nur bei einer Minderheit – und auch bei denen nicht auf Dauer. Versprechungen auf eine bessere Zukunft machen halt allein nicht satt. Die betreffenden Arbeiter waren bald als »Normbrecher« verschrien und äußerst unbeliebt – was sie dann irgendwann dazu bewog, sich wieder dem üblichen Arbeitstempo anzupassen.

Das »Neue ökonomische System der Planung und Leitung«

5 Kampflosung der Partei der Arbeiterklasse

(NÖSPL) war Ende der 60er Jahre ein Versuch, analog den Mechanismen der westlichen Warenproduktion Methoden zur Selbstregulierung der realsozialistischen Volkswirtschaft zu entwickeln. So sollten die lohnabhängig Beschäftigten zum Beispiel durch direkte Koppelung ihres Einkommens an das Arbeitsergebnis zur Produktionssteigerung motiviert werden. Dies gelang nur bedingt. In bestimmten Berufsgruppen der Industrie stabilisierte sich die Produktivität zwar auf relativ hohem Niveau, in anderen erwies sich dieses System jedoch als nicht durchsetzbar. Die Folge war unter anderem ein Verdienstgefälle zwischen den »nach Stücklohn« bezahlten Arbeitern und Angestellten, bei denen leistungsgebundene Entlohnung nicht zu realisieren war.[6] Die nicht leistungsabhängig entlohnten Berufsgruppen hatten keine besondere ökonomische Motivation, was ständige Reibereien innerhalb der Betriebe zur Folge hatte. Wenn die Produktionsvorbereitung nicht nachkam oder der Materialzufluß nicht funktionierte, standen eben auch die im Stücklohnakkord arbeitenden Abteilungen still.

Als Ergänzung zum System leistungsorientierter Entlohnung wurden in allen Betrieben und Einrichtungen der Volkswirtschaft Prämienfonds eingerichtet; dazu kam noch eine Unmenge von Titeln und Orden. Da die Vergabe jedoch entweder nach mehr oder weniger willkürlichen Kriterien oder aber nach dem Prinzip »Streusandbüchse« erfolgte, wurde dieses System von Prämien und Auszeichnungen nie so recht ernst genommen. An den unter westlich-kapitalistischen Verhältnissen herrschenden Leistungs*druck* kam die DDR- Wirtschaft auch in der Ära der NÖSPL in *keinem* Fall heran. An die Stelle von Zuckerbrot und Peitsche war die Kunsthonigschrippe getreten: Die Warendecke des DDR-Binnenmarktes

6 Daraus resultierte beispielsweise ein eigenartiges Phänomen der DDR-Wirtschaft, daß Industriearbeiter in der Regel keinerlei Interesse zeigten, in der Betriebshierarchie aufzusteigen, da sie als Meister oder Ingenieur eine zum Teil wesentlich geringere Entlohnung zu erwarten hatten.

konnte mit dem wachsenden Einkommen der Bevölkerung nicht Schritt halten. Während deren Sparkassenkonten wuchsen und wuchsen, liefen die prämierten Bestarbeiter tagelang nach Ersatzteilen für ihren Trabbi herum oder mußten sich auf dubiose Tauschgeschäfte auf dem Schwarzmarkt einlassen. Die »Mark der DDR« erwies sich als ökonomisches Stimulans als ungeeignet.

Der Versuch des NÖSPL mußte scheitern. Denn eine warenproduzierende Gesellschaft ohne freien Markt stabil aufzubauen ist genauso unmöglich, wie Marktbeziehungen langfristig sozial zu gestalten. Die staatliche Planung der Volkswirtschaft – Grundprinzip der realsozialistischen Ökonomie – erwies sich mit den angestrebten Methoden der Selbstregulierung als unvereinbar. Die Kategorien der Warenproduktion unterliegen ihren eigenen verdinglichten Gesetzmäßigkeiten, die sich letztlich über die Marktkonkurrenz durchsetzen müssen, und nicht den willkürlichen Festlegungen einer Staatsbürokratie. Eine Neubewertung des Ware-Geld-Systems der DDR-Wirtschaft wäre nur auf der Grundlage von Weltmarktpreisen möglich gewesen – was ein Ende der Planwirtschaft und den Triumph des Marktes bedeutet hätte und daher aus ideologischen Gründen nicht in Frage kam. Bis 1989 nicht.

Die meisten »Aktivisten« und »Helden der Sozialistischen Arbeit« verscheuerten schließlich 1990/91 ihre Sammlung von Auszeichnungen für harte Westmark an japanische Touristen. (So wurde der materielle Vorteil doch noch erreicht – freilich zu spät und auf eine ganz andere Weise als gedacht.)

Plane mit, arbeite mit, regiere mit! [7]

Die »führende Rolle der Arbeiterklasse« war oberster ideologischer Grundsatz der DDR-Gesellschaft. Daß zwischen diesem Grundsatz und der Wirklichkeit Welten klafften, gehörte zu

7 Kampflosung der Partei der Arbeiterklasse

den Themen, an die nicht gerührt werden konnte. Die zitierte Losung war Programm: Die Beteiligung der Arbeiterklasse an Leitung und Planung der Produktion sollte die Entfremdung als gesellschaftliches Verhältnis aufheben und bewirken, daß sich der Produktionsarbeiter mit seiner Rolle in der Gesellschaft positiv identifizierte.

Die gesamtstaatlich-zentralistische Lenkung und Leitung der Produktion reagierte äußerst allergisch auf nachträgliche Eingriffe in den bereits verabschiedeten Plan. Als regulierendes Element zur Vermeidung von »Fehlplanungen« waren »Plandiskussionen« in den Arbeitskollektiven vorgesehen – wodurch die Beschäftigten gleichzeitig in den Planungsprozeß einbezogen werden sollten. Der Un-Sinn bestand darin, daß die in Geldform, also auf der Basis von Marktkategorien vorgegebenen Plankennziffern eine Selbstbestimmung in Form bewußter Kommunikation zwischen den Produzenten bereits ausschlossen. Die Ergebnisse des Planungsprozesses standen also bereits fest und konnten lediglich noch »verbessert« und von groben Fehlern bereinigt werden.

Da grundlegende Kritik an den Planvorgaben durchaus auch als »feindlich-negative Einstellung« gewertet werden konnte, verwundert es wenig, daß die Mehrzahl der Angesprochenen an einer echten Diskussion überhaupt nicht interessiert war. Außerdem wußte jeder, daß die zu diskutierenden Fakten nur in mehrfach gefilterter Form zu den Adressaten kamen. Die »Plandiskussionen« (sofern sie überhaupt durchgeführt wurden und nicht nur auf dem Papier stattfanden) führten also nur in seltenen Fällen zum Ziel.[8]

Das Nichterfüllen von Planauflagen wurde kaum zugege-

8 Dies schloß nicht aus, daß in Ausnahmefällen tatsächlich kritische Diskussionen in den Arbeitskollektiven stattfanden und ihr Ergebnis von der Planbürokratie auch zur Kenntnis genommen wurde. Voraussetzung dafür war die Rükkendeckung durch den jeweils zuständigen Funktionär. Solche Funktionäre wurden jedoch mit dem biologisch bedingten Aussterben von Parteisoldaten der »alten Garde« selten. Die später in den Apparat strebenden jungen Leute waren fast ausnahmslos anpassungswillige Karrieristen.

ben, war aber relativ häufig. Das lag nicht nur an zu geringer Arbeitsleistung, sondern auch an Disproportionen innerhalb der gesamten Volkswirtschaft. Die DDR war einerseits von den Handelsbeziehungen mit den übrigen RGW-Staaten (vor allem der Sowjetunion) abhängig, andererseits jedoch über den Handel mit dem »nicht-sozialistischen Währungsgebiet« in den Weltmarkt eingebunden. Änderungen von Weltmarktpreisen oder das Nichterfüllen von Vertragsleistungen der RGW-Partner zogen sich wie Rattenschwänze durch die gesamte Volkswirtschaft. Wurden die erforderlichen Rohstoffe oder Halbzeuge nicht geliefert, mußte die Produktion kurzfristig umgestellt werden, was Verzögerungen mit sich brachte. Die jeweilige Betriebsleitung beantragte daraufhin eine nachträgliche Plankorrektur, die im Regelfall bestätigt wurde.

Eine Plankorrektur mußte jedoch auch dann beantragt werden, wenn infolge außergewöhnlich günstiger Umstände die Produktionsergebnisse wesentlich über dem Plan lagen. Der propagierte »Kampf um die tägliche Planerfüllung« geriet so zur Farce – die angestrebte Identifikation der Beschäftigten mit den Ergebnissen ihrer Arbeit war auf diesem Wege nicht herstellbar. Mit zunehmenden Krisenerscheinungen der DDR-Ökonomie in den 80er Jahren ließ sich oft nicht mehr auseinanderhalten, ob es sich bei Produktionsstillständen um »echte« Reibungsverluste der Planwirtschaft oder um versteckte Arbeitsverweigerungen handelte. Manchmal um beides. Das eröffnete den Beschäftigten weitere Spielräume im Arbeitsalltag.

Meine Hand für mein Produkt! Jeder liefert jedem Qualität! [9]

Die ständige sinkende Qualität vieler Erzeugnisse war ein wesentliches Merkmal der realsozialistischen Industrie. Zum Teil

9 Kampflosung der Partei der Arbeiterklasse

hatte dies systembedingte Ursachen. Die technische Ausstattung der Betriebe wurde nicht regelmäßig ausgetauscht oder generalinstandgesetzt, sondern aus Ersparnisgründen meist bis zum Totalverschleiß gefahren.

Die Hauptursache lag jedoch nicht auf technischem Gebiet. Den im Stücklohnakkord schuftenden Arbeitern war der Gebrauchswert ihrer Erzeugnisse meist egal. Den nach Plankennziffern rechenschaftspflichtigen Betriebsleitern auch. Denn da die Preise nicht auf dem Markt gebildet, sondern nach staatlichen Preislisten festgelegt wurden, entzog sich die Qualität der Erzeugnisse jeder Bewertung. Die als Notbehelf eingeführte Festlegung von »Qualitätskennziffern« durch staatliche Kontrollorgane erfolgte mehr oder weniger willkürlich, da übergeordnete Institutionen in die Tätigkeit dieser Kontrollorgane ständig hineinregieren konnten.

Die Zunahme von nicht qualitätsgerechten Erzeugnissen führte zu einer steigenden Unzufriedenheit der Bevölkerung mit dem staatlichen Handel – aber auch zu Mindereinnahmen im Export, da DDR-Waren bei Qualitätsbeanstandungen niedrigere Weltmarktpreise erzielten. Daher kamen vorrangig hochwertige Erzeugnisse in den Export, während minderwertige Produkte im Inland angeboten wurden, was der Bevölkerung auf Dauer natürlich nicht verborgen blieb.

Mehrere Kampagnen zur Erhöhung der Qualität der Produktionserzeugnisse verebbten jeweils nach kurzer Zeit, denn an die Ursachen des Phänomens konnte nicht gerührt werden. Da im Realsozialismus die für die Warenökonomie charakteristische Trennung von Produzenten und Konsumenten aufrechterhalten und lediglich einer staatlichen Verwaltung unterworfen wurde, handelte ein und derselbe DDR-Bürger durchaus systemisch konsequent, wenn er einerseits mit möglichst geringem Arbeitsaufwand Schrott produzierte und sich andererseits nach Feierabend beim Einkauf über die schlechte Qualität der angebotenen Waren ereiferte.

Die aktive Mitarbeit in der Neuererbewegung ist für jeden Werktätigen eine Sache der Ehre und der hohen Arbeitsmoral. [10]

Der Aufbau einer klassenlosen Gesellschaft als Fernziel des Realsozialismus beruhte von Anfang an auf dem unkritischen Glauben an die Allmacht und die uneingeschränkten Entwicklungsmöglichkeiten von Wissenschaft und Technik als Ausdruck der zunehmenden Beherrschung der Natur durch den Menschen. Da sich unter kapitalistischen Bedingungen infolge der Profitgier einer Minderheit die Wissenschaft nicht uneingeschränkt entfalten könne, wäre es nur eine Frage der Zeit, wann der siegreiche Sozialismus die kapitalistischen Staaten wirtschaftlich überholen und seinen weltweiten Siegeszug antreten würde. Der Weg in die erhoffte kommunistische Zukunft stellte sich damit als eine endlose Kette technischer Modernisierungen dar.

Daß dieses Modernisierungsprojekt nur in der Anfangsphase griff, liegt in der Struktur der realsozialistischen Wirtschaft begründet. Vorhandene beziehungsweise neu aufgebaute Produktionsanlagen waren rein statisch ausgerichtet. Produktionsabläufe wurden festgeschrieben, und alles weitere Bestreben ging dahin, mögliche oder bereits vorhandene Fehlerquellen zu beseitigen. Da die Betriebe nicht der Marktkonkurrenz unterlagen, bestand für die Leitung kein unmittelbarer Zwang zur intensiven Nutzung der industriellen Kapazität oder gar zur Anpassung an das Weltmarktniveau. Entsprechende Aktivitäten waren im Gegenteil nur mit zusätzlicher Arbeit, aufreibenden Auseinandersetzungen und vielleicht auch einem Karriereknick verbunden. Da bei volkswirtschaftlichen Umstrukturierungen das Personalkarussell rotierte, fürchtete jeder staatliche Leiter zunächst um seinen Stuhl, wenn sich Neuerungen ankündigten.

Im Gegensatz zu Westdeutschland kam eine Verinnerlichung des Modernisierungsprojektes bei der Mehrzahl der

10 Wörterbuch der Ökonomie – Sozialismus, Berlin 1973

DDR-Bevölkerung so gar nicht oder allenfalls oberflächlich und kurzfristig zustande.

Um die wissenschaftlich-technische Modernisierung der Volkswirtschaft voranzutreiben, war nach dem Willen der realsozialistischen Ideologen die Arbeiterklasse gefragt. Das auf seiten der technischen Nomenklatura kaum vorhandene Interesse, auch nur die schlichteste Rationalisierung nach westlich-kapitalistischem Vorbild durchzusetzen, sollte durch ständige wissenschaftlich-technische Neuerervorschläge der Beschäftigten ausgeglichen werden. Die Beteiligung war mäßig. Die technischen Leitungen der Betriebe waren in der Regel wenig davon angetan, sich von Produktionsarbeitern in ihr Ressort hineinreden zu lassen. Und diese spürten von sich aus auch nicht den geringsten Antrieb, ihren Vorgesetzten das Denken abzunehmen.

Die volkseigenen Betriebe erhielten daraufhin Planauflagen über die Anzahl der Neuerervorschläge einschließlich des dadurch zu erwirtschaftenden Nutzens. Als materieller Anreiz für die Neuerer winkte eine prozentuale Beteiligung am innerhalb eines Kalenderjahres erreichten volkswirtschaftlichen Gewinn. Doch vor der Rationalisierung stand die Aufblähung des bürokratischen Wasserkopfes: In den Betrieben wurden Abteilungen gebildet, die sich ausschließlich mit der Prüfung und Nutzenermittlung von Neuerervorschlägen, dem Abschluß von Neuerervereinbarungen und der Führung der geforderten Statistik und Organisation einer »Messe der Meister von Morgen« beschäftigten.

Langfristig gesehen, erwies sich dies Projekt als einer der absurdesten Versuche, betriebswirtschaftliche Rentabilität per Ukas zu erzwingen. Der erwirtschaftete Gewinn ging oft gegen Null, da die Nutzenermittlung auf rein fiktiven Berechnungen beruhte. Bei anderen »Neuerungen« wurden Weisungen der Leitung kurzerhand zu Vorschlägen des Arbeitskollektivs erklärt. Die Beschäftigten spielten das Spiel gern mit, da mit Abschluß einer Neuerervereinbarung eine (teilweise recht hohe) Prämie zu erwarten war.

Gegen Ende der DDR hatten sich in verschiedenen Betrieben regelrechte Strukturen zur Abschöpfung von Neuererprämien herausgebildet. Beispielsweise bauten Arbeitsvorbereiter absichtlich Fehler in die Abläufe ein, damit die ausführenden Arbeiter den (vorher abgesprochenen) Neuerervorschlag einreichen konnten. Die Prämie wurde dann unter den Beteiligten aufgeteilt. Dieses Spiel wurde zwar häufig durchschaut, doch die staatliche Leitung hatte keinerlei Interesse an der Aufdekkung, da ja die Planvorgabe »Nutzen aus Neuererleistung« zu erfüllen war.

> **In der sozialistischen Gesellschaft entwickelt sich der demokratische Zentralismus auf der Grundlage des gesellschaftlichen Eigentums an Produktionsmitteln zum Grundprinzip der Gesellschafts-, Staats- und Wirtschaftsleitung. Er ist die Gewähr für ein reibungsloses und einheitliches Funktionieren des gesellschaftlichen Lebens auf allen Gebieten und in allen Orten des Landes.**[11]

An die Stelle der Konkurrenz zwischen Marktindividuen sollte nach dem Willen der Staatsführung ein Miteinander der Beschäftigten treten – im Interesse einer höheren Effizienz der gesamten Volkswirtschaft. Die konkrete Organisationsform dieses Miteinanders waren die »Kollektive der Sozialistischen Arbeit«.

Verantwortlich war der jeweilige Gewerkschaftsvertrauensmann zusammen mit dem staatlichen Leiter, denen Parteigruppenorganisator und FDJ-Gruppensekretär zur Seite stehen sollten. Diese Struktur setzte sich pyramidenförmig fort über Bereiche und Abteilungen bis hoch zur Leitung des jeweiligen Betriebes beziehungsweise der Einrichtung. Der Betriebsdirektor oder Leiter hatte unter Aufsicht des Parteisekretärs eng mit den Betriebsleitungen von Gewerkschaft und FDJ

11 Wörterbuch der Ökonomie – Sozialismus, Berlin 1973

zusammenzuarbeiten. Als Träger gesellschaftlicher Mitbestimmung galten die zugelassenen gesellschaftlichen Organisationen.[12]

Um eine möglichst vollständige Organisierung auf der Ebene der Arbeit durchzusetzen (was allein durch ideologische Beeinflussung nicht gelang), winkten für die Beteiligten materielle Vergünstigungen. Die Mitgliedsbeiträge der meisten Organisationen waren sehr niedrig (Ausnahme: SED-Parteibeiträge). Dafür gab es regelmäßige Zuwendungen für die Brigadekasse, die für kulturelle Zwecke (von feucht-fröhlichen Brigadefahrten bis zu Konzertbesuchen) ausgegeben werden konnten. Die Höhe dieser Zuwendungen war abhängig vom Ergebnis des jährlichen Kampfes um den Titel »Kollektiv der Sozialistischen Arbeit«, wobei natürlich nachgewiesen werden mußte, daß alle Mitglieder des Kollektivs gesellschaftlich organisiert waren und sich am Titelkampf aktiv beteiligt hatten. Ein weiterer Anreiz zur gesellschaftlichen Organisierung der Arbeitskräfte war die Urlaubsgestaltung.[13]

Dieses System war zwar »von oben« vorgegeben, doch inner-

12 Im wesentlichen waren dies die SED, der Freie Deutsche Gewerkschaftsbund (FDGB) und die FDJ (Freie Deutsche Jugend – Kampfreserve der Partei der Arbeiterklasse). Eine geringere Rolle spielten Organisationen mit spezialisierter Aufgabenstellung, wie die DSF (Gesellschaft für Deutsch-Sowjetische Freundschaft), die GST (Gesellschaft für Sport und Technik – verantwortlich für die vormilitärische Ausbildung von Jugendlichen), das Deutsche Rote Kreuz u. a. Die »Blockparteien« (CDU, LDPD, NDPD, DBD, DFD) waren dagegen nicht in Betrieben, sondern auf kommunaler Ebene organisiert.

13 Da sich in der DDR die meisten Ferienobjekte in der Hand der Gewerkschaft bzw. des jeweiligen Betriebes befanden (FDGB-Ferienheime u. ä.), war es für Nichtorganisierte ziemlich aussichtslos, einen kostengünstigen Urlaubsplatz zu bekommen. Bei der Vergabe kam es übrigens gelegentlich zu willkürlichen Entscheidungen einzelner Funktionäre bis hin zu Vetternwirtschaft und Bestechung. Die FDJ war auch ganz flott und vergab zusätzlich »Jugendtouristreisen«, zunehmend auch ins »nichtsozialistische Ausland« – während SED-Funktionäre gegen Ende der DDR sogar aus dem Ausland importierte Pkw in den Betrieben verteilten.

halb des gesetzten Rahmens konnte sich in vielen Kollektiven ein Arbeitsklima entwickeln, wie es unter den Bedingungen »normalen« kapitalistischen Konkurrenzkampfes zumindest sehr selten anzutreffen ist. Persönliche Freundschaften unter Arbeitskollegen waren sehr häufig, »Mobbing« war praktisch unbekannt. Zahlreiche »Kollektivveranstaltungen« (Geburtstagsfeiern, Brigadefahrten u. ä.) fanden innerhalb der regulären Arbeitszeit statt, was von den Beteiligten als willkommene Pause begrüßt wurde. Beschwerden (z. B. über unzumutbare Arbeitsbedingungen), die über die »Vertreter des Arbeitskollektivs« weitergeleitet wurden, hatten zudem eine wesentlich höhere Chance, tatsächlich bearbeitet zu werden, als individuelle Eingaben.

Ungeachtet all dessen brach das System »Sozialistischer Arbeitskollektive« mangels Beteiligung Mitte der 80er Jahre in weiten Teilen der Volkswirtschaft zusammen beziehungsweise existierte nur auf dem Papier weiter. Aufgrund der immer deutlicher werdenden Krisenerscheinungen flüchteten viele Leute ins Private und schotteten sich gegenüber der Gesellschaft ab.

> **Die sozialistische Arbeitsdisziplin beruht auf dem sozialistischen Eigentum an den Produktionsmitteln, der kameradschaftlichen Zusammenarbeit und gegenseitigen Hilfe der Werktätigen und auf der grundsätzlichen Übereinstimmung der gesellschaftlichen Erfordernisse mit den Interessen der einzelnen und der Kollektive.**[14]

Gemäß den Vorgaben der realsozialistischen Ideologie sollte in der Volkswirtschaft die »kapitalistische Arbeitshetze« durch eine freiwillige und bewußte Unterordnung der Beschäftigten unter die Notwendigkeiten der Produktionsmaschinerie ersetzt werden. Verschiedene äußere Merkmale – zum Beispiel Stech-

14 Wörterbuch der Ökonomie – Sozialismus, Berlin 1973

uhren an den Fabriktoren – wurden Anfang der 50er Jahre abgeschafft (Mitte der 80er Jahre sollten sie dann als »Eingangskontrollanlagen« erneut installiert werden). Die im FDGB zusammengeschlossenen Gewerkschaften erhielten zahlreiche Rechte. Ohne ihre Zustimmung wurde keine Disziplinarmaßnahme oder gar Kündigung rechtswirksam. Zusammen mit den geringen (weil staatlich subventionierten) Lebenshaltungskosten und einer Arbeitslosigkeit von praktisch null Prozent wurde ein Maß an sozialer Sicherheit erreicht, wie es unter westlich-kapitalistischen Bedingungen unvorstellbar ist.

Voraussetzung für das Funktionieren dieses Systems war, daß alle Beteiligten sich willig hineinfügten. Doch von der übergroßen Mehrheit der Beschäftigten wurde zu Recht die Arbeit nach wie vor als Zwang wahrgenommen, dem man sich so weit als möglich entziehen sollte. Die soziale Sicherheit bewirkte bei der arbeitenden Bevölkerung demzufolge keinen Motivationsschub, sondern zunehmende Leistungsverweigerung. Statt Höchstleistungsschichten zum Wohle des Sozialismus zu erbringen, kamen die edlen Werktätigen volltrunken zur Arbeit; oder sie beschäftigten sich tagelang nur damit, Material für den Datschenbau zu besorgen. Die Betriebsleitungen waren gegenüber diesem Phänomen hilflos. Sogar gerichtliche Verurteilungen wegen Arbeitsbummelei endeten in der Regel damit, daß der oder die Betreffende nach Verbüßung der Strafe »zur Erziehung« wieder in derselben Firma landete.

Eine Entlassung in die Arbeitslosigkeit gab es praktisch nicht. (Erst ab Mitte der 80er Jahre traf dies einige Hundert Aktive des politischen Untergrunds.) Und selbst die wenigen tatsächlich durchgepeitschten Entlassungen hatten kaum Bedeutung für die plötzlich Beschäftigungslosen – fast an jeder Straßenecke verkündeten volkseigene Betriebe, daß sie Arbeitskräfte suchten. Die Planbürokratie reagierte ab Mitte der 80er Jahre mit der Verhängung eines Einstellungsstopps über große Teile der Volkswirtschaft, um so einen künstlichen Arbeitskräfteüberschuß zu erzeugen. Sogar ein »Amt für Arbeit« gab es plötzlich, das freiwerdende Arbeitskräfte vermitteln sollte.

Als es im Jahre 1989/90 plötzlich ums Sein oder Nichtsein der volkseigenen Betriebe ging, verfielen die meisten eben noch »sozialistischen« Leiter und frischgebackenen Manager in einen wilden Machtrausch und warfen alle Leute hinaus, auf die sie meinten, irgendwie verzichten zu können. Den wirtschaftlichen Zusammenbruch ihrer Betriebe hielt dies in der Mehrzahl der Fälle natürlich nicht auf.

Im Märchenland erscheinen zu einer Volkszählung drei kleine Männchen. »Wer seid ihr?« – »Die sieben Zwerge.« – »Ihr seid doch aber nur drei?« – »Na, ja. Keine Leute, keine Leute ...« [15]

Der Mangel an Arbeitskräften war während der gesamten Existenz der DDR akut – wenn auch aus höchst unterschiedlichen Gründen. Da war einmal bis 1961 der ständige Bevölkerungsverlust durch Abwanderung in den Westen. Dann die extensiv betriebene Erweiterung der Volkswirtschaft, als vor allem in den 60er Jahren ganze Industriezentren aus dem Boden gestampft wurden. Und schließlich in der Ära Honecker die gigantische Aufblähung der Bürokratie und des Sicherheitsapparates.

Sämtlichen Phasen der DDR-Geschichte war jedoch gemein, daß in der Volkswirtschaft Rationalisierung kaum griff und jede Erweiterung oder auch nur Umstellung der Produktion nur durch mehr Arbeitskräfte realisierbar schien.

Dies resultierte zum Teil aus der auf extensives Wachstum ausgerichteten Produktionsstruktur der DDR. Hauptplankennziffer der volkseigenen Betriebe war stets die *Bruttoproduktion,*[16] Kosten und Gewinn galten als zweitrangig. Für Betriebsleiter war es demzufolge bequemer, sich um zusätzliche

15 Bekannter DDR-Witz

16 Bis gegen Ende der 80er Jahre, als die *Bruttoproduktion* als Hauptkennziffer vom *Nettogewinn* abgelöst wurde, was jedoch infolge des rapiden Zusammenbruchs der DDR nicht mehr zum Tragen kam.

Arbeitskräfte zu bemühen, als die vorhandenen zur intensiveren Arbeit zu zwingen. Die Zwangsmittel der Betriebsleitungen waren zudem – wie schon ausgeführt – begrenzt. Im Gegenteil – mit zunehmendem Arbeitskräftedefizit war das vorhandene Personal bald in einer Position, Forderungen zu stellen und durchzusetzen: »Was, keine Frühstückspause mehr? Ich kündige!« – »Nicht doch, beruhige dich! So war's doch nicht gemeint ...« Da stand die Machtfrage! Und der Anspruch, ein »Arbeiter- und Bauernstaat« zu sein, wurde auf absurde Weise für weite Teile der DDR-Volkswirtschaft Wirklichkeit – freilich nicht so, wie von den Erfindern dieses Begriffes gewünscht.

Als eigentliche Arbeit wurde bald die Tätigkeit in der Freizeit angesehen – entweder der Datschenbau oder hochbezahlte Schwarzarbeit, die zeitweilig sogar in Gestalt von »Feierabendbrigaden« legalisiert wurde. In den Betrieb ging man nur noch zur Erholung und um sich die benötigten Materialien und Geräte »heranzuorganisieren«. Statt sich mit den volkswirtschaftlichen Aufgabenstellungen der Partei der Arbeiterklasse zu identifizieren, saß das Proletariat in seiner Nische.

Unbezahlte Überstunden waren bei Produktionsarbeitern verpönt. Auch bezahlte Überstunden wurden höchst ungern geleistet. Oft mußten die Arbeiter für die Absicherung notwendiger Sonderschichten von ihrem Leiter regelrecht bestochen werden – man bezahlte ihnen wesentlich mehr Stunden, als sie dann tatsächlich arbeiteten. Pausenzeiten wurden gewohnheitsmäßig überzogen. Bei vielen Angestellten war es die Regel, Einkäufe oder dringende Privatgeschäfte während der Arbeitszeit zu erledigen. Arbeitshetze hatte bei den meisten Beschäftigten Seltenheitswert und war lediglich bei technisch Verantwortlichen Dauerzustand.[17]

Auf Produktionsrückstände kannten die Betriebsleitungen nur eine Reaktion: »Wir stellen ein ...« – der Kleinstaat DDR

17 Daher drängten sich viele Leute auch nicht, in der Betriebshierarchie aufzusteigen. Das Einkommen wurde kaum höher, Arbeit und Streß wurden dafür um so größer.

hatte jedoch nur eine begrenzte Bevölkerungszahl. Die konsequente Einbeziehung des weiblichen Bevölkerungsteiles in die Arbeitswelt – in den 80er Jahren ging in der DDR die Anzahl der »Hausfrauen« im berufstätigen Alter gegen Null – sowie die wenigen in der Endphase der DDR dann tatsächlich durchgesetzten Rationalisierungsprojekte reichten keineswegs, um das latente Arbeitskräftedefizit auszugleichen. Trotz staatlicher »Arbeitslenkungsmaßnahmen« war kaum jemand bereit, aus den »nichtproduktiven Bereichen der Volkswirtschaft« in die »produktiven Bereiche« überzuwechseln. Bereits in den 70er Jahren konnten Teile der DDR-Wirtschaft[18] nur mittels des ständigen Einsatzes von Häftlingen aus dem Strafvollzug überhaupt aufrechterhalten werden.

Einziger Ausweg schien wieder der Weg der extensiven Erweiterung des vorhandenen Arbeitskräftepotentials: Gegen Ende der 70er Jahre ging die DDR-Regierung dazu über, ausländische Arbeitskräfte ins Land zu holen. Nach dem Einsatz algerischer Arbeiter folgten entsprechende Regierungsverträge mit Polen, Angola, Mosambik und schließlich Vietnam. Gegenüber der Bevölkerung wurde diese Maßnahme damit begründet, daß die ausländischen Arbeitskräfte ausgebildet und als Facharbeiter zurück in die Heimat geschickt würden – was anfangs für einen Teil durchaus zutraf.

Von volkswirtschaftlichem Nutzen des Einsatzes konnte durchaus nicht immer die Rede sein. Die Eingliederung der Vertragsarbeiter in die jeweiligen Bereiche der Produktion gelang nur bedingt. Dafür brachte dieser Arbeitskräfteimport nicht vorgesehene Nebenwirkungen mit sich: Vor allem durch den »kleinen Grenzverkehr« zu Polen erlebte der Schwarzmarkt eine Blütezeit; gleichzeitig kam die Planbürokratie mit dem veränderten Konsumverhalten der Bevölkerung nicht mehr mit.

Rassistische Stimmungen machten sich in größeren Teilen der Bevölkerung breit, die durch den Zusammenbruch

18 Z.B. das Weichenwerk Brandenburg oder das Betonwerk Rüdersdorf

1990/91 und die Ängste, die er auslöste, noch angeheizt wurden. Für die Pogrome von Hoyerswerda und Rostock wurde schon damals ein Samen gelegt.

Den Sozialismus in seinem Lauf halten weder Ochs noch Esel auf. [19]

Der Wechsel von Ulbricht zu Honecker Anfang der 70er Jahre wurde vom größten Teil der DDR-Bevölkerung durchaus positiv aufgenommen. Es gab (zunächst) Lockerungen im kulturellen Bereich; und mit dem auf dem VIII. Parteitag verkündeten Kurs der »Hauptaufgabe« [20] schienen die Versprechungen der Parteiführung auf eine maßgebliche Verbesserung der Lebensverhältnisse in greifbare Nähe gerückt. Das »Entwicklungstempo der sozialistischen Produktion« hielt jedoch mit den von der Parteiführung verkündeten sozialpolitischen Maßnahmen keineswegs Schritt. Das »Wirtschaftswunder« auf DDR-Boden erwies sich bald als ein Wunder auf Pump, finanziert von Krediten des »Klassenfeindes«.

Anfang der 80er Jahre schnappte die Falle zu. Zur Sicherung der Schuldenbedienung mußte die DDR-Wirtschaft bald auf die dubiosesten Methoden zurückgreifen. Die Folgen waren verheerend: »Intershops« ermöglichten einer privilegierten Kaste von Devisenbesitzern den Zugang zur westlichen Warenwelt, was die vorher weitgehend egalitäre DDR-Gesellschaft praktisch spaltete. Die daraufhin erfolgte Einrichtung von »Delikat- und Exquisitläden«, wo es zu hohen Preisen in Mark-der-DDR auch westliche Importartikel gab, erbitterte die Bevölkerungsmehrheit zusätzlich und führte zu einem rapiden Wertverlust der DDR-Mark. Binnen kurzem konnten Schwarz-

19 Zitat E. Honecker aus dem Jahr 1989

20 Langfristiges Programm zur »weiteren Erhöhung des materiellen und kulturellen Lebensniveaus des Volkes auf der Grundlage eines hohen Entwicklungstempos der sozialistischen Produktion, der Erhöhung der Effektivität des wissenschaftlich-technischen Fortschritts und des Wachstums der Arbeitsproduktivität«

marktgeschäfte nur noch per D-Mark abgewickelt werden. »Biete Blaue Fliesen« [21] war das Stichwort, mit dem plötzlich auch das Unmöglichste möglich wurde.

Abgesehen von der sich ausbreitenden Korruption ging es auch aus objektiven Gründen mit der Volkswirtschaft bergab. Da zwecks Schuldenbegleichung alles, was nicht niet- und nagelfest war, zu Dumpingpreisen in den Westen verschleudert wurde, funktionierte in großen Teilen der Wirtschaft bald die einfache Reproduktion nicht mehr – man fuhr nur noch auf Verschleiß. Infolge eines hoffnungslos veralteten Maschinenparks und fehlender Ersatzteile verschlechterten sich die Arbeitsbedingungen rapide. Bald ließ sich die Produktion nur noch unter ständigen Verstößen gegen Arbeitsschutzbestimmungen und Umweltgesetzgebung aufrechterhalten.

Von der in den 80er Jahren heranwachsenden Generation ging kaum noch jemand freiwillig in die Produktion. Wer irgendwie konnte, suchte sich ein warmes Plätzchen in der Verwaltung oder im Sicherheitsapparat. Mehr und mehr Menschen sahen in der niedergehenden DDR gar keine Zukunft mehr und versuchten, dem untergehenden Staat zu entkommen.

Im Sommer 1989 lag das politische System der DDR in Agonie. Die ungarische Grenze war offen, die BRD-Botschaft in Prag besetzt. Jeder der *Fortgegangenen* hinterließ eine Lücke, von der die *Hiergebliebenen* wußten, daß sie nicht mehr zu füllen war. Nach Schließung der Grenze zur ČSSR kochte bei der nun endgültig »eingemauerten« Bevölkerung der Unmut über. Die Palastrevolte innerhalb des Politbüros konnte die Entwicklung nicht aufhalten. Wenige Tage später war die Mauer offen und das Ende der DDR besiegelt.

Der Zusammenbruch der DDR hinterließ die verworrensten biographischen Brüche. »Sozialistische Einzelleiter« mutierten binnen weniger Tage zu wild gewordenen Manchesterkapitalisten, Politoffiziere der NVA bettelten um Aufnahme in

21 Spitzname für den blauen 100-DM-Schein

die Armee des »Klassenfeindes«, FDJ-Funktionäre wendeten sich zu Versicherungsvertretern, willige Mitläufer und notorische Denunzianten erklärten sich plötzlich zu Opfern des Systems. Und hochdekorierte Bestarbeiter fanden sich von einem Tag auf den anderen als hoffnungslos unvermittelbare Dauerarbeitslose wieder.

Widerstand gegen das Plattmachen einer ganzen Gesellschaft samt Eingliederung ihrer Reste in einen gnadenlosen Verwertungsprozeß gab es jedoch kaum. Die wirtschaftliche Basis der im Niedergang befindlichen DDR hatte seit langem Kurs auf die Wiederherstellung »normaler Verhältnisse« der kapitalistischen Warenproduktion genommen. Nach dem Wegfall der politischen Barriere wurde nun allgemein ein »Wirtschaftswunder« erwartet.

Daß das System der Warenproduktion auch im goldenen Westen schon längst seinen Zenit überschritten und man sich auf das Deck eines leckgeschlagenen Schiffes gerettet hatte, wollte von der einheitsbesoffenen Bevölkerung anno 1990 kaum jemand wahrhaben – die wenigen warnenden Stimmen wurden niedergebrüllt. Auf den Freudenrausch folgte der Katzenjammer. Der Großteil der für ein Butterbrot aufgekauften DDR-Betriebe wurde von der westeuropäischen Konkurrenz nicht weiterbetrieben, sondern dichtgemacht. Andere gerieten sehr schnell in die Pleite, da ihnen mit der Währungsreform Handelspartner und Vertriebssystem weggebrochen waren. Der ostdeutschen Arbeiterschaft gingen so in kürzester Zeit die Arbeitsplätze auf ewig verloren. Die DDR-Intelligenzia erwies sich den aus Westdeutschland herbeiströmenden Heerscharen von abgehalfterten Politikern, notorischen Hochstaplern und einschlägig bekannten Wirtschaftskriminellen als nicht gewachsen.

Für normale DDR-Bürger war die eigene Arbeit entweder Sinn und Zweck des Lebens überhaupt gewesen, oder sie hatten sich zumindest (wenn auch notgedrungen) einigermaßen angenehm in den vorhandenen Freiräumen des Arbeitsalltags einrichten können. Für die einen brach nun eine Welt zusammen, als sie selbst als »nicht mehr verwertbar« und damit als überflüssig galten. Den anderen wurde es sauer, als leistungswütige West-Manager von einem Tag zum anderen Arbeit einführten, wie sie deren Begriff entspricht: höchste Verdichtung, brutale Durchrationalisierung, unerbittlicher Zeittakt und Austreibung aller Reste von Gemächlichkeit und »dysfunktionaler« sozialer Beziehungen.

Das rabiate Überstülpen des ökonomischen und politischen Systems der alten Bundesrepublik über die angeschlossene Ost-Region, die bewußt betriebene Entwertung zahlloser Biographien sowie die täglichen Zumutungen einer Gesellschaft, in der der Mensch *nichts*, sein Kontostand jedoch *alles* bedeutet, verkehrten den besoffenen Einheitstaumel des Jahres 1990 bald in sein Gegenteil – bis hin zur Verklärung des vierzigjährigen Versuchs, auf nicht-kapitalistische Art zu wirtschaften. Der vielerorts schwelende Unmut hat sich bisher lediglich in Wählerstimmen für eine ostdeutsche Regionalpartei mit sozialistischem Image niedergeschlagen oder gar rechtsradikale Einstellungen und Gewalt gefördert – aber auch zu einer (bewußten oder unbewußten) Verweigerungshaltung vieler DDR-geprägter Menschen gegenüber Konkurrenzdenken und den Normen betriebswirtschaftlicher Rentabilität geführt. Ob sich diese Verweigerungshaltung bei maßgeblichen Bevölkerungsteilen im inzwischen hoffnungslos verarmten Ostdeutschland irgendwann einmal in Formen des Wirtschaftens jenseits von Staat und Markt niederschlägt oder ob die Region in einer barbarischen Gemengelage mafiöser Strukturen und faschistischer Gruppierungen versinkt, das wird die Zukunft zeigen.

Volker Hildebrandt

Ein Schritt vorwärts, zwei Schritte rückwärts

Von der »Neuen Arbeit« zurück zur »Alten Arbeit«

»Aber es ist eine Sache, sich als etwas zu bezeichnen, eine andere Sache, es zu sein.«
Lenin

Ein Schlagwort macht die Runde: »Neue Arbeit«. Diesseits und jenseits des großen Teiches schenkt die Presse diesem unter dem englischen Begriff »New Work« bekannten Konzept große Beachtung. In der US-amerikanischen Lokalpresse wird der Begründer und Spiritus rector von »New Work«, Frithjof Bergmann, wohlwollend als Prophet einer neuen Arbeitsordnung, die die Menschen von zwei Jahrhunderten der Job-Sklaverei befreit, präsentiert (vgl. Ricci 1993). Für *Die Zeit* sind einige »New Work«-Projekte Anlaß, die »Zeit für die dritte Revolution« herannahen zu sehen (vgl. Martens 1994).

»New Work« ist ein Ansatz, bei dem der emanzipatorische und zukunftsweisende Anspruch leicht in sein Gegenteil umschlägt. Einerseits geht es Bergmann nicht um die reflexhafte Wiederholung der von so gut wie allen Bevölkerungsschichten und politischen Richtungen bemühten Parole »Arbeit, Arbeit, Arbeit«. Aus gutem Grund will er nichts von der Wiederherstellung der alten Lohnarbeitsnormalität wissen: »Die Geschichte brachte ... unter der Tyrannei der Arbeit die Sklaverei für alle. Wir wollen den langen Marsch in diese Richtung umstoßen ... Das menschliche Leben unter das Arbeiten für Löhne unterzuordnen, könnte das letzte Glied in einer Kette von Unterwürfigkeiten sein; wenn diese zerbrochen wird, könnte die Erhöhung des menschlichen Lebens wieder am Ende stehen« (Bergmann 1977, S. 230).[1]

Bergmann, der übrigens Philosophieprofessor an der University of Michigan ist, will die Welt nicht nur verschieden von landläufigen Dogmen interpretieren, nein, er will sie verändern – und das, so sein Anspruch, jenseits der Sklaverei der alten Lohnarbeit. Doch andererseits demonstriert er, wenn auch ungewollt, worin ein praktisch werdender Veränderungswille, der vor einer Kritik der Warenform zurückschreckt, jederzeit münden kann: in die Wiederherstellung oder gar Verschlimmbesserung der unzureichend kritisierten Verhältnisse.

Es gibt einige hoffnungsvolle »New Work«-Projekte (insbesondere in der Bundesrepublik), die das warenproduzierende System kritisieren und erste Schritte zu neuen Reproduktionsformen unternehmen. So die *Bremer Commune,* in der Kooperativarbeit erprobt wird: »Ausgehend von den (Grund-) Bedürfnissen werden basisdemokratische Absprachen über Produktpaletten, sinnvolle und notwendige Arbeit und Arbeitsorganisation getroffen und umgesetzt.« In Köln gibt es seit 1998 ein *Institut für Neue Arbeit*, das sich für »selbstbestimmtes, gemeinwesenorientiertes, umweltverträgliches Wirtschaften und Arbeiten jenseits von marktwirtschaftlichen Zwängen, staatlicher Bevormundung und patriarchalischer Arbeitsteilung, kurz... NEUE ARBEIT« stark macht.[2]

Die marktwirtschafts*kritischen* Projekte sind allerdings eindeutig in der Minderzahl und haben zudem häufig noch keine längere Erfahrung. Überwiegend hat Bergmanns Ansatz in seiner warengesellschaftlichen Verfangenheit marktwirtschafts*fixierte* Projekte hervorgebracht. Der Hamburger *Arbeitskreis Lokale Ökonomie*, der sich grundsätzlich positiv auf »New

1 Das vorliegende Zitat ist eine für diesen Artikel eigens vorgenommene Übersetzung des auf Englisch erschienenen Textes. Da das meiste in diesem Essay Zitierte nur in englischer Originalversion vorliegt, wurde alles übersetzt. Im weiteren Text wird darauf nicht mehr verwiesen.

2 Die Zitate sind Selbstdarstellungen der Projekte entnommen.

Work« bezieht, benennt die Schwächen dieses Konzepts, wie es sich gegenwärtig darstellt: »Es verzichtet völlig auf eine Waren- und Geldkritik und setzt stark auf einen reformwilligen Teil von Privatunternehmen und Banken. Das halten wir für illusionär.« Bergmann selbst sagt, daß es bislang noch »kein Vorzeigeprojekt« gibt, »das beweist, daß es [die Umsetzung seiner Utopie; V. H.] tatsächlich geht« (Bergmann 1998a), und beschreibt die derzeitigen Projekte nur als die »erste Phase«. Soll das ernstgenommen werden, dann muß die jetzige »New Work«-Realität schonungslos kritisiert werden, damit sich zeigen kann, ob die weiteren Phasen mit dem (bislang bloß formulierten) Anspruch auf Emanzipation von der Lohnarbeit ernst machen können.

Eine Kritik am »New Work«-Ansatz steht vor dem grundlegenden Problem, daß es kein theoretisches Werk gibt, auf das sich bezogen werden könnte. Die einzige Theoriearbeit von Bergmann, »On Being Free«, stammt aus den siebziger Jahren, lange vor der eigentlichen Entwicklung des »New Work«- Konzepts. Die »New Work«-Theorie hat mehr mit Alltagsphilosophie und dem berühmt-berüchtigten gesunden Menschenverstand denn mit systematischer und kohärenter Theoriebildung zu tun. Zum großen Teil ist sie in Vorträgen von Bergmann sowie aus der Praxis bestimmter Projekte heraus entwickelt worden. Diese theoretische Vagheit ist auch dafür verantwortlich, daß sich sowohl neoliberale Scharfmacher als auch schärfste Kapitalismuskritiker als »Neue Arbeiter« begreifen können. Deshalb heißt Auseinandersetzung mit »New Work« in erster Linie Kritik an der Praxis und den (Alltags-)Bewußtseinsformen von Bergmann und den Projektteilnehmern.[3]

Von zentraler Bedeutung ist für Bergmann der Begriff der Freiheit. In »On Being Free« schreibt er, Freiheit könne nur daraus entspringen, daß der Mensch sein Selbst, mithin ein Bild von der eigenen Identität schafft und dieses verwirklicht.

3 Die kapitalismuskritisch ausgerichteten Projekte werden hierbei nicht erörtert.

Elementar ist demnach der identifikatorische Bezug des Individuums auf die eigene Lebenspraxis. Ein Selbst besitze sich und sei insofern nur dann frei, wenn es als handelndes sich mit den grundlegenden Elementen seines Tuns identifizieren könne. Daraus folgt für Bergmann nicht, daß die Masse der allerorts erbittert um ihren Arbeitsplatz kämpfenden Lohnarbeiter frei sei. Er hat den Begriff des »wirklich, wirklich wollen« geprägt und will damit sagen, daß nicht jede zur Schau getragene Identifikation mit einer Tätigkeit kurzerhand als das zu nehmen ist, als das sie sich ausgibt. Wiewohl die meisten Menschen auf den ersten Blick ihre Integration in das kapitalistische Beschäftigungssystem wollen, ist diese Identifikation nach Bergmann trügerisch, denn sie wollen gerade die Verhältnisse, die eine wirkliche Identifikation mit der eigenen Tätigkeit unmöglich machen und die zugleich dafür verantwortlich sind, daß die Menschen unter der »Armut der Begierde« (ein von Bergmann favorisierter Ausdruck) leiden. Bergmann spricht von der Verarmung und partiellen Abtötung der Fähigkeit zum Wünschen, Herausfinden und Benennen-Können dessen, was die Menschen »wirklich, wirklich wollen« könnten.

Vorbereitung auf den Job-Krieg

Wie wird die Idee des »wirklich, wirklich wollen« in die Praxis übersetzt? Verstanden wird »New Work« von seinen (in diesem Fall kanadischen) Praktikern als neue Art des Denkens über Arbeit: »Es ist ein positiver Weg, das eigene Leben zu organisieren, indem man eine Arbeit schafft, die relevant und bedeutungsvoll für das Individuum ist, mit Zeit für DOING WHAT YOU LOVE.« Unter kapitalistischen Verhältnissen jedoch, wo die Menschen sich in der grundlegenden Tendenz zu sich selbst und zueinander äußerlich und instrumentell verhalten, haftet der Rede vom »DOING WHAT YOU LOVE« notwendig etwas Phantastisch-Suggestives an – ganz wie einer Formel aus der Welt der Reklameindustrie. Letztlich verklärt sie den Zwang, seine Haut zu verkaufen, und stilisiert ihn zur Selbstverwirklichung auf dem Markt und mit den Mitteln des Marktes, ungeachtet dessen, daß die Entstehung eines Selbst, das diese Bezeichnung verdient, durch die Entäußerung der eigenen persönlichen Potentiale verunmöglicht wird. Denn die heilsame Wirkung des »wirklich, wirklich wollen« soll sich nach der »New Work«-Theorie ja gerade nicht im bedeutungslosen Müßiggang, sondern in der Arbeit entfalten (deshalb auch »Neue Arbeit«). »Der Kerngedanke von Arbeit ist nicht, daß ich für andere arbeite, sondern ich arbeite für mich. Ich tue etwas, an das ich glaube, oder tue etwas, das mir richtig erscheint oder das ich realisieren möchte. Das ist der Kern der Neuen Arbeit: Arbeit von sich heraus, aus dem Wirklich-Wollen« (Bergmann 1998b). Für viele »New Work«-Aktivisten und letztlich auch für Bergmann ist das ein Heilsversprechen, für dessen Verwirklichung es keiner grundlegenden Transformation der sozialökonomischen Verhältnisse bedarf; vielmehr wird die Frage der Realisierung dieser Art der Selbstschöpfung in der Arbeit auf ein Problem der Innerlichkeit und des einsamen Subjektes, das für sein Geschick ganz allein verantwortlich zu sein scheint, reduziert. Eine Projektanleiterin brachte es auf die Formel: »Der Kern von ›New Work‹ ist, sich der Freiheit und der persönlichen Erfüllung, welche nicht von Veränderungen der äußeren Umstände abhängen, zu widmen.«

Das derzeitig dominierende Verständnis von »New Work« könnte somit auf eine Verkaufsstrategie für die Aktivisten hinauslaufen, auf ein (nicht unbedingt bewußt veranstaltetes) Marketing für die eigene Verwertbarkeit auf dem deregulierten Arbeitsmarkt. Denn dort ist ja längst nicht mehr der fordistische Lohnarbeitertypus gefragt, der zwar mit Zähnen und Klauen seine Arbeit verteidigt, sie aber dennoch eher, mehr oder minder bewußt, als ein unvermeidliches Übel, als Mittel für die Existenzsicherung betrachtet. Diese reservierte Haltung ist heute nicht mehr gefragt; der Arbeitsmarkt hat sich zum totalen Persönlichkeitsmarkt fortentwickelt, auf dem ein brutaler Wettkampf um das arbeitsträchtigste Image der Arbeitskraftanbieter tobt. Erwünscht ist die hundertprozentige Identifikation mit der Arbeit, eben: »DOING WHAT YOU LOVE« oder im Klartext: das zu lieben, was man tun muß, und sich auch gar nicht mehr anders vorstellen zu können. In diesem Sinne drückt die ohne jeden Anspruch auf Gesellschaftskritik formulierte Bilanz eines Projektteilnehmers, wonach das »New Work«-Projekt »uns vorbereitet hat für den Job-Krieg«, eine gewisse Wahrheit aus. Ein anderer Teilnehmer weiß von dem Nutzen von »New Work«-Projekten folgendes zu berichten: »Die Leute haben gelernt, wie man am besten in der Gesellschaft funktioniert.«

Es kann so nicht verwundern, daß zuweilen gerade Unternehmer ein besonderes Interesse am »New Work«-Ansatz und an der Einführung darauf beruhender Konzepte in ihren Betrieben haben. Ein erfolgreicher mittelständischer Unternehmer aus den USA erklärte seinen Enthusiasmus für »New Work« unter anderem so: »›New Work‹ hat nichts mit dem alten Fordismus und seinen Prinzipien von starker Regulierung, Jobsicherheit und dem Arbeiten-nur-für-das-Geld zu tun. ›New Work‹ bedeutet die Schaffung einer neuen Umgebung für die Arbeit: Kreativität, Unabhängigkeit und Motivation der Arbeitenden.« Die Fragen, ob »New Work« dem Konzept des »Lean Management« (Abbau des mittleren Managements und stärkere Eigenverantwortung der Betriebsbasiseinheiten) verwandt und ob der Sinn von »New Work« die Verbesserung des »Humankapitals« sei, wurden bejaht. Bedarf es noch der Erwähnung, daß solche überzeugten und leidenschaftlichen »New Work«-Unternehmer wohl kaum die von Bergmann gelegentlich verkündete Perspektive einer Emanzipation vom kapitalistischen Beschäftigungssystem teilen, sondern das ganz banale Ziel einer betriebwirtschaftlichen Rationalisierung im Auge haben?

Ist es bei alledem verwunderlich, daß Bergmann häufig weniger als Vertreter einer Utopie von einer lohnarbeitsfreien Gesellschaft wahrgenommen wird, sondern viel eher als ein Diagnostiker, der weiß und verkündet, wohin sich ein entfesseltes kapitalistisches Arbeitssystem entwickeln wird? Der Wissenschaftler Michael Kent, in dessen Universitätsbüro ein großes Poster mit einem Bild von Bergmann hängt, sagt zu »New Work«: »›New Work‹ ist ein Teil von dem, was die Zukunft der Arbeit ist.« Kurzum: »New Work« ist ein bloßer Abdruck des globalisierten und deregulierten Krisenkapitalismus und seiner blinden Dynamik.

Das Schicksal vom »wirklich, wirklich wollen«

Bergmanns Idee vom »wirklich, wirklich wollen«, eine Idee, die er vorzugsweise mit der religiösen Kategorie des »Calling« (Berufung) beschreibt, ist dem Anspruch nach nicht fixiert auf das Trugbild einer »Selbstverwirklichung« in der Lohnarbeit. Hier gibt es Diskrepanzen zwischen den Vorstellungen einiger »New Worker« und ihrem Vordenker. Das Handeln nach der eigenen Berufung soll, nach Bergmanns Überlegungen, hauptsächlich außerhalb der Job-Arbeit stattfinden. Deswegen setzt er auf die möglichst drastische Verkürzung der Arbeitszeit und ist einer der engagiertesten Befürworter von Jobkiller-Technologien.

Bergmann reflektiert also die Krisenentwicklung des Kapitals, insofern er sich vom Ziel der Vollbeschäftigung und des Normalarbeitsalltags für jederMann verabschiedet. Damit Einzelkapitale aber unter den Bedingungen der betrieblichen Vernichtungskonkurrenz überleben und, so wohl die versteckte Hoffnung, zumindest in ihrem Standortwirkungskreis »Callings« ermöglichen können, dient sich »New Work« der Logik und den Zwängen der betriebswirtschaftlichen Rationalität an: »Im Kern und im Ansatz von dem, was ich unter ›Neuer Arbeit‹ verstehe, ist verankert, daß das gleichzeitig besser für Unternehmer ist und besser für die Arbeitenden. ... eine ›win-win-Lösung‹ ... Denn die Produktivität ist zunehmend verknüpft mit Ideen haben, mit Innovation, mit fortschrittlich sein, mit sich schnell entwickeln können. Das kann nur ein Betrieb, in dem die Leute verhältnismäßig frei arbeiten« (Bergmann 1998b).

Nomen est omen: Die Kategorie des »Calling« ist, wie Bergmann mit einem gewissen Stolz öfter betont, calvinistischer Provenienz. Insofern kann »New Work« einerseits als Schützenhilfe für kranke Männer am Weltmarkt begriffen werden, als Wiederbelebung protestantischer Arbeitsethik, unter freilich neuen Vorzeichen. Andererseits scheint sich »New Work« als Versuch eines neuen Management-Konzeptes herauszukristallisieren. Mit mindestens zwei Schritten wird so der erste Schritt gegen die Lohnarbeit hintertrieben: von der »Neuen Arbeit« zur Verteidigung des in die Krise geratenen Lohnarbeitsverhältnisses.

In der Praxis hat das »Calling« freilich keine wirkliche Chance, weil im Zeichen immer schärferer Konkurrenz aller Wahrscheinlichkeit nach wohl nur sehr wenige Unternehmen auf die Segnungen der (gar nicht so neuen) »Cow Sociology«, der Steigerung des Melkertrages durch das Glücklichmachen der Arbeitskühe, setzen werden. In den letzten 15 Jahren gab es so gut wie keine Unternehmen, die auf breiter Front und dauerhaft Raum für »Callings« im Sinne der Bergmannschen Idee geschaffen haben. Charakteristisch ist, was ein jahrelanger »New Work«-Aktivist und -Kenner aus den Vereinigten Staaten von Amerika sagt: »Bergmann spricht gelegentlich von künftigen Projekten, als ob sie bereits völlig umgesetzt seien.«

Sogar in den meisten Betrieben, die reine »New Work«-Projekte sind (wo also nicht in einen bereits existierenden Betrieb im nachhinein »New Work«-Organisationskonzepte eingeführt wurden), spielt das »Calling« eine marginale Rolle. Im *Living Wall Garden Project* in Vancouver, nach Bergmann das Vorzeigeprojekt des »New Work«, gab es in einer Fünftagewoche gerade mal einen Tag, an dem die Teilnehmer aufgefordert waren, sich um ihre »Berufung« zu kümmern. Dabei ist es Bergmann selbst, der immer wieder zu Recht betont, daß man nicht an einem Tag in der Woche das herausfinden und machen kann, was man »wirklich, wirklich will«. Deswegen propagiert er längere Auszeiten (ein halbes Jahr oder mehrere Jahre) von der Lohnarbeit. Das Problem ist nur, daß die »New

Work«-Projekte entweder von Sponsoren oder häufiger noch, wie auch in diesem speziellen Fall, von staatlicher Unterstützung abhängig sind. Der Glaube, es solchen Geldgebern, deren Hauptkriterium für die Vergabe von Geldern die ökomomische Effizienz ist, schmackhaft machen zu können, *im großen Stile* die humanistische Selbstverwirklichung des Individuums zu finanzieren, mutet, bei allem Respekt vor den Motiven eines solchen Wunschglaubens, naiv an. Der Versuch, diesen Glauben in Realität zu überführen, dürfte sich als ein donquichotteskes Unterfangen erweisen. Besagtes Projekt (mit einem Berufungskonzept auf Sparflamme) hat es mal gerade zu einer Finanzierung für ein knappes Jahr (1997) gebracht, und selbst mit diesem äußerst limitierten Rahmen gilt es noch als einer der *wenigen* leuchtenden Sterne am »New Work«-Himmel.

Letztlich scheitert das Berufungskonzept auch und gerade an seiner inneren Widersprüchlichkeit. Die contradictio in adjecto heißt »Paid Calling«. Dahinter verbirgt sich nicht bloß die direkte und indirekte, die staatliche und privatwirtschaftliche Subventionierung von Nischen für die Realisierung der eigenen »Berufung«, also nicht bloß ein philanthropisches Goodwillprodukt warenförmiger Verhältnisse. Sondern »wirklich, wirklich wollen« und Warenproduktion werden ganz unmittelbar zusammengedacht. Allen Ernstes und in aller Unschuld stellt Bergmann es als »Vorzeigebeispiele« dar, daß ein General-Motors-Arbeiter bei dem »HerausArbeiten« seines »Callings« zum Bestseller-Autor avanciert ist, ein anderer ein Yoga-Studio aufgemacht hat.

Der Erfolg auf dem Markt, der Erfolg, seine Fähigkeiten als Kleinunternehmer gewinnbringend zu verkaufen, wird auf diese Weise unterderhand als ein Kriterium für die menschliche Selbstverwirklichung eingeführt. Das Problematische an dieser Art von »New Work«-Humanismus besteht nun nicht darin, daß die Humanisten sich eine Finanzierungsgrundlage beschaffen müssen – das mußten sie seit eh und je; darüber hinaus findet hier jedoch eine Angleichung des Ideals an die Realität statt.

Mithin gerät die »Selbstverwirklichung« des Individuums zu einer bloßen Angelegenheit des Homo oeconomicus. Statt spannungsvoller Distanz zur kapitalistischen Wirtschaft, die der klassische Humanismus immerhin noch besaß, das totale Abmarkten der eigenen Person; statt des hehren Zieles der »Vervollkommnung der Menschheit« die bornierten Partikularinteressen des Warensubjekts. Das Ideal verdoppelt also die Realität und verschlimmert sie auf diese Weise noch, denn der Zwang, sich auf dem Warenmarkt zu entäußern, wird direkt idealisiert und habituell zementiert. Der Unternehmer Harrison James, Anleiter verschiedenster kanadischer »New Work«-Projekte und nach Bergmann einer der fähigsten »New Work«-Mentoren, brachte die Maxime von »New Work« auf die unvergleichliche, atemraubende Formel: »Sieh dich selbst als ein Unternehmen, mache dich selbst zu einem Unternehmen.« Born to be a business, zu nichts anderem berufen als zum Markt, Berufung ade.

Kreuzzug für das Business

Bergmann gibt sich zwar als Kritiker der Lohnarbeit: »Im Kern der Erwerbsarbeit steht der Akt des Mich-Verkaufens, ich behandele mich wie ein Stück Ware. Ich stelle mich auf einen Block wie ein Sklave und hoffe, daß irgend jemand mich kauft ... Für mich ist der Unterschied zwischen Sklavenarbeit und Erwerbsarbeit nicht so schrecklich groß« (Bergmann 1998b). Aus der Infragestellung des Zentrums der kapitalistischen Gesellschaft folgt aber keine Zukunftsvision jenseits dieser Form gesellschaftlicher Organisation: »Ich bezeichne das als ideologisch, wenn man denkt, das Geld ist irgendwie vom Teufel, der Markt ist vom Teufel, man muß sich davon befreien, und man muß direkt miteinander kommunizieren; außerdem ist das utopisch im schlechten Sinn von Utopie: ich finde, eine wirkliche Wirtschaft ohne Geld aufzubauen, ist einfach eine Rückkehr und nicht möglich« (ebenda). Was kann das aber für eine Gesellschaft sein? Ohne Lohnarbeit, aber auch ohne die direkte und freie Verabredung der assoziierten Menschen über die Inhalte und Zwecke gesellschaftlichen Produzierens? Die bisherige »New Work«-Entwicklung hält als Antwort auf diese Frage in der Konsequenz letztlich nur eine ungeheuer regressive Utopie bereit: die totale Marktgesellschaft, in der jeder »wirklich, wirklich« sein eigenes Business sein »will«. Doch genau das ist Rückkehr, und zwar in eine grauenhafte kleinunternehmerische Phantasiewelt.

Zu einem in den USA entworfenen »New Work«-Lehrprogramm für junge Leute gehören dementsprechend die Lehreinheiten »Starting A Business« und die Erziehung zum »Karriere-Unternehmer«. Auch wenn an die Gemeinschaft gedacht und etwas für die eigene Gemeinde getan werden soll, stets ist der Ausgang das sich als sein eigenes Unternehmen konzipierende Individuum. Solche rückwärtsgewandten »Utopien« finden einigen Anklang, denn solche Unternehmerorientierung läßt hoffen, wo es längst nichts mehr zu hoffen gibt. Vor allem bei denjenigen, die der Weltmarkt in seiner krisenhaften Entwicklung zu Verlierern degradiert hat, erscheint »New Work« als rettender Anker, um sich doch noch einmal so einrichten zu können, daß die Existenz als Warensubjekt ja nicht in Frage gestellt wird. In einem der ärmsten Schwarzenghettos der USA, in der Detroiter Eastside, verspricht ein »Unternehmensentwicklungszentrum«, ein »New Work«-Zentrum, an das Bergmann seine größten Hoffnungen der nächsten Zukunft knüpft, den Bewohnern: »Die New Work-Philosophie spricht schlechtbezahlte, unausgebildete Arbeiter an und gibt ihnen die Gelegenheit, besser entlohnte Unternehmenseigentümer zu werden.«

Die Idee des »Calling« bleibt dabei selbstverständlich auf der Strecke. Die Leiterin des Detroiter Zentrums hat bislang hundert Anwärter auf das freie Kleinunternehmertum betreut; für sie zählt dabei die Bergmannsche Idee, das zu machen, wozu man sich berufen fühlt, lediglich, insofern sich damit auch wirklich eine Geschäftsidee verbinden läßt. Aus dem »Calling« wird so die Suche nach der Marktnische. Das beliebteste Geschäft ist die »Kinderaufsicht und -betreuung«. Tragisch ist dabei nicht nur, daß dies offensichtlich nicht die Befreiung der bislang unterdrückten Möglichkeiten des einzelnen und keine allseitige Entfaltung des Individuums bedeutet. Darüber hinaus werden Strukturen der lokalen Selbsthilfe und Nachbarschaftlichkeit, die bereits existieren oder noch entstehen könnten, von vorneherein in die Zwangsjacke der Marktvermittlung gepreßt. Auf diese Weise wird auch an den Orten, an denen der Weltmarkt längst unwiderruflich vorübergezogen ist, die Möglichkeit einer Befreiung von den warengesellschaftlichen Zwängen blockiert. Denn die Fixierung auf den Markt bleibt – ohne daß sich seine Segnungen einstellen werden –, und die Suche nach neuen emanzipatorischen Wegen wird verhindert.

Wird die konkrete Arbeit vieler »New Work«-Projekte in Augenschein genommen, so läßt sich feststellen, daß hier – trotz des rechtlichen Nonprofit-Charakters – alles getan wird, damit in den (und statt der) Menschen die Ware denkt. Meistens überreicht die Detroiter Zentrumsleiterin ihren Klienten als erstes eine einschlägige Unternehmerzeitschrift, damit sie lernen, »die Welt des Business zu entdecken«. Bei dem ersten »New Work«-Vorzeigeprojekt in Vancouver, ein Projekt, bei dem »Jugendlichen der Geist und die Praxis des Unternehmertums beigebracht« werden sollte, bestanden zwei Drittel der Arbeit aus »Business Workshops« und »Lifeskills Workshops« (also Workshops für »Lebenskompetenzen«). Workshops dieser Art versuchen auf jeweils eigene Weise die psychostrukturellen Voraussetzungen für den Eintritt und das Bestehen des einzelnen im »Job- und Unternehmerkrieg« zu schaffen; beispielsweise Workshops zum »Ärger-Management« und »Streß-Management«. Allein schon der Begriff »Management« spricht Bände, weist auf den instrumentellen Charakter der vermittelten »Lebenskompetenzen«, auf die Selbstzurichtung des Individuums hin – das betriebliche Kommandoregime optimaler Vernutzung lebendiger Menschen dient als Vorbild für das Verhältnis des »New Work«-Individuums zu sich selbst. Einige Aktive des zweiten Vancouver-Projektes versuchten – einem Vorschlag von Bergmann folgend –, nach Ende der Förderungszeit aus dem gemeinnützigen Unternehmen ein profitables zu machen. Die Unternehmensgründung scheiterte nach wenigen Monaten.

Bergmann sollte an seine eigenen Worte erinnert werden: »Junge Menschen zu ermutigen, ganz auf sich gestellt one-persons businesses zu gründen ... erinnert mich an die Kinderkreuzzüge im Mittelalter, auf denen Tausende ... zur ›Befreiung‹ des Heiligen Grabes ausgeschickt und auf dem Weg niedergemetzelt wurden« (Bergmann 1996). Junge Menschen zu ermutigen, group businesses zu gründen, macht aber aus einem (Markt-) Kreuzzug noch keine Wallfahrt. Darüber hinaus: Was Bergmann zu Recht als Kreuzzug geißelt, ist das, was das von ihm getragene Detroiter Zentrum Tag für Tag macht.

Bedeutungslosigkeit von High-Tech Selfproviding

Ein zentrales Element des »New Work«-Konzepts, das in emanzipatorischer Hinsicht durchaus zukunftsträchtig erscheinen könnte, ist das »High-Tech Selfproviding«, die Selbstversorgung auf hohem technologischem Niveau. Die dahinterstehende Idee ist, sich zumindest stückweise sowohl vom Zwang des Sichverkaufens als auch von subsistenzwirtschaftlicher Plackerei mit handwerklich-bäuerlichen Mitteln zu befreien. Eine Produktion für den eigenen Bedarf, von assoziierten Individuen eigenständig geplant und unternommen, folgt einem grundlegend anderen Prinzip als dem des Marktes; wenn dabei zudem versucht wird, den erreichten Stand der Produktivkraft zu bewahren, dann birgt das den Keim einer höheren Form der Vergesellschaftung. Nur wird dieser Ansatz in der vorherrschenden »New Work«-Ideologie und -Praxis im Prinzip gar nicht ernstgenommen.

Für den großen Teil der »neu arbeitenden Klasse« zählt – im Unterschied zu Bergmann – Produktion für den Eigenbedarf nicht. Gezählt werden vielmehr die marktbezogenen Möglichkeiten, mit den eigenen Ressourcen und eigenen Produkten im verschärften allgemeinen Wettbewerb sich und den eigenen Betrieb am Leben zu erhalten. Für einen kanadischen »New Work«-Mentor und Unternehmer, wohnhaft in einer berükkenden Landschaft, bedeutet Selbstversorgung, daß er neuerdings seine Garage an Urlauber vermietet. »Selfproviding« und warenförmige Reproduktion sollen zusammengeführt werden, wo es nur geht. Dies war auch schon bei den »New Work«-Projekten in Vancouver der Fall: Aus der staatlich finanzierten Bepflanzung von Biocontainern sollte ein Geschäft werden, die mögliche Reduzierung der eigenen Lebenshaltungskosten durch den Anbau von Nahrungsmitteln war dagegen kein Thema. Noch drastischer ist Bergmanns Vorzeigebeispiel von »High-Tech Selfproviding«, bei dem ein Mitarbeiter einer Kirche an einem heiligen (oder besser: entweihten) Ort via Internet-Recherche Warenkonsumenten berät, wo sie am günstigsten ihr Geld ausgeben können. Daß Bergmann hin und wieder in einem Atemzug »das Aneignen, das Einkaufen« (Bergmann 1994) sagt, zeigt, wie wenig er genuine Reproduktionsformen jenseits der Akte des Kaufens und Verkaufens überhaupt für möglich hält und warum diese Formen im »New Work«-Konzept auf die Bereiche beschränkt bleiben, in denen sie unvermeidlich sind.

Außerhalb der programmatischen Erklärungen spielt wirkliche Selbstversorgung in der »New Work«-Bewegung in ihrer derzeitigen Verfaßtheit so gut wie keine oder zumindest eine äußerst nachrangige Rolle. Der Umfang tatsächlicher Eigenarbeit ist weit, im Grunde Lichtjahre von dem entfernt, was Bergmann als sein Konzept bezeichnet, nämlich ein Drittel der Lebenstätigkeit. Es ist nicht untypisch, daß bei Teilnehmern von »New Work«-Projekten das »Selfproviding« privat betrieben wird und mehr oder minder die Gestalt eines Hobby-Agrarwesens annimmt. Genausowenig untypisch: Bei einem Zweig eines sehr großen US-amerikanischen Nonprofit-Unternehmens, das mit über dreihundert Leuten arbeitet, hat das »Selfproviding« ein Ausmaß, das auf dem Balkon eines Ein-Personen- oder WG-Haushaltes Platz fände.

Einen Bereich der Eigenarbeit gab es im Kapitalismus schon immer. Seine Funktion war und ist die Bereitstellung von Vor- und Ergänzungsleistungen für die Verwertung der Lohnsklaven. (Es ist nicht verkehrt, in diesem Fall bei der Bergmannschen Begriffsbildung zu bleiben.) Nicht erkennbar ist, wieso sich mit »New Work« daran etwas ändern sollte.

Vorzuwerfen ist dem »New Work«-Ansatz nicht, daß er noch nicht in großem Umfang Ansätze neuer Reproduktionsformen jenseits des Kapitalismus geschaffen hat. Das wäre der zweite Schritt vor dem ersten. Vorzuwerfen ist ihm aber die weitgehende Kritiklosigkeit gegenüber den warengesellschaftlichen Prinzipien und Funktionsmechanismen, die von vornherein die Perspektive eines Aufbaus »wirklich wirklicher« gegengesellschaftlicher Strukturen blockiert. Noch ist das letzte Wort über »New Work« nicht gesprochen. Es handelt sich insgesamt um eine offene und dialogbereite Bewegung auf der Suche. Die von mir formulierte Kritik soll keine Schmährede auf einzelne Personen sein – viele Kritisierte werden von mir als Persönlichkeiten sehr geschätzt –, sondern zielt auf die häufig ungewollte Verkehrung emanzipatorischer Absichten und Zwecke in ihr Gegenteil. Diese Tendenz wurde gezeigt, weil sie die vorherrschende ist. Das muß nicht so bleiben. Gleich, ob es sich um die *Bremer Commune*, den Hamburger *Arbeitskreis Lokale Ökonomie* oder das Kölner *Institut für Neue Arbeit* handelt, es gibt Teile in der »New Work«-Bewegung, die die emanzipatorischen Ansätze von »New Work« radikalisieren und weitertreiben wollen. Viel Anstrengung wird noch nötig sein, damit ihnen die Zukunft gehört.

Literatur

Bergmann, Frithjof (1977): On Being Free, Notre Dame, London

Ders. (1994): Arbeitslosigkeit durch Automatisierung – Neue Arbeitszeitmodelle, unveröffentlichtes Manuskript eines transkribierten Tonbandmitschnittes

Ders. (1996): New Work in Practice. A Sketch for a Possible New Work Project for Young People in British Columbia, in: http://freenet.vancouver.bc.ca/newwork/practice.htm

Ders. (1998a): Im Interview, in: *Frankfurter Rundschau* vom 21. November

Ders. (1998b): Im Interview: »Wir verbrennen Geigen, um Dampfmaschinen anzuheizen ...«, in: *Contraste* vom Juni

Martens, Erika (1994): Zeit für die dritte Revolution, in: *Die Zeit* vom 18. März

Ricci, James (1993): Philosopher of the New Work order, in: *Detroit Free Press* vom 28. März

Ernst Lohoff

Zuckerguß für eine bittere Pille

Zur Diskussion um das garantierte Mindesteinkommen

Immer ist die Linke im wesentlichen Modernisierungslinke gewesen. Mit ihren Versuchen, das kapitalistische System zu überwinden, hat sie ein ums andere Mal unfreiwillig nur dessen vollständigere Herausbildung mitbefördert. Es wäre allerdings höchst ungerecht, den Emanzipationsbewegungen der Vergangenheit die Diskrepanz zwischen kapitalismuskritischer Intention und kapitalismuskonformen Resultaten zum Vorwurf zu machen. Denn solange das System der abstrakten Arbeit einerseits schon irreversibel in der Gesellschaft installiert war und andererseits seinen Entwicklungshorizont noch vor sich hatte, strukturierte es auch die Ideen der Opposition. So schien die sozialistische Umwertung der an sich bürgerlichen Kategorie »Arbeit« völlig ausreichend, um einen Ausweg aus dem kapitalistischen Jammertal zu eröffnen, der jedoch immer nur zur jeweils nächsten Entwicklungsstufe des Kapitalverhältnisses und seiner Tätigkeitsform führen konnte. Die reale Überwindung der Arbeitskategorie mußte dagegen als so gut wie unvorstellbar anmuten und konnte allenfalls in den lichtesten Momenten gesellschaftskritischer Theorie aufscheinen; und auch das nur auf hohem Abstraktionsniveau. Für die praktischen sozialen Bewegungen lag eine solche Zielsetzung völlig außerhalb ihrer Reichweite.

Die linke Kapitalismuskritik hat deshalb traditionell gerade die Basiskategorie des Kapitalverhältnisses, die Arbeit, konsequent ausgespart. Statt von der Aufhebung der selbstzweckhaften Vernutzung von Arbeitskraft hat sie immer nur davon geträumt, das lebendige Arbeitsvermögen von der Übermacht der geronnenen, toten Arbeit in Gestalt des Kapitals zu befreien. Wie die Französische Revolution im Dritten Stand die Verkörperung der Allgemeinheit sah, so war die sozialistische Linke darauf konditioniert, den »Standpunkt der Arbeit« mit dem gesellschaftlichen Gesamtinteresse gleichzusetzen. Der lohnabhängige Proletarier erschien als eine im strikten Gegensatz zu den Wolfsgesetzen der kapitalistischen Konkurrenz stehende Lichtgestalt.

In zwei großen historischen Schüben hat sich dieser Nimbus verflüchtigt. Zunächst wurde die revolutionäre Überhöhung des Arbeiterinteresses obsolet. Denn in demselben Maße, wie sich die bürgerliche Gesellschaft daran gewöhnte, den Geldlohn als die normale Einkommensform ihrer Mitglieder zu akzeptieren und die abhängige »Beschäftigung« vom proletarischen Stigma zur allgemeinen Norm wurde, verlor das Arbeiterinteresse seine fundamentaloppositionelle Aura und schrumpfte auf das systemkonforme Streben, die Ware Arbeitskraft zu einem möglichst guten Preis und zu günstigen Konditionen zu veräußern. Die Nazidiktatur hatte mit ihrem allgemeinen Arbeitskultus (»Arbeiter der Stirn und Faust«) diesem Profanisierungsprozeß in Deutschland den Weg geebnet; mit dem »Wirtschaftswunder« kam er zum Abschluß. Auch wenn Teile der Linken es lange nicht wahrhaben wollten: Die Sozialpartnerschaft der Gewerkschaften stellte nie eine Abweichung von irgendeiner »eigentlichen« antikapitalistischen Mission dar. Die »Verbürgerlichung« des Proletariats hat das wahre Wesen des Arbeiterinteresses nicht verfälscht, sondern enthüllt. Der »Arbeiterstandpunkt« muß prinzipiell versöhnlerisch sein, weil er nichts anderes darstellt als den Haus- und Nutztierstandpunkt im Herrschaftsgefüge der toten Arbeit.

Im fordistischen Zeitalter hat sich das Arbeiterinteresse als ein ganz gewöhnliches Konkurrenzinteresse entpuppt. Die fundamentale Krise der Arbeit läßt dieses Interesse aber auch in seiner reformistisch banalisierten Gestalt nicht ungeschoren. War noch in den 70er Jahren der Kampf der Lohnabhängigen das natürliche Gravitationszentrum, um das sich die Interessen aller Unterprivilegierten gruppierten, so wird der Status des Lohnabhängigen im Zeitalter der mikroelektronischen Revolution und der Globalisierung selber zu einem Privileg. Und fügte sich die gewerkschaftliche Interessenpolitik einst ganz selbstverständlich in ein allgemeineres reformerisches Bemühen ein, breite Bevölkerungsteile an den arbeitsgesellschaftlichen Früchten partizipieren zu lassen, so hat sie am Ende des 20. Jahrhunderts aufgehört, generell mit dem Ausbau sozialstaatlicher Leistungen zu korrelieren. Denn in demselben Maße, wie die »Arbeit« zum knappsten aller Güter wird, mutiert die Interessenvertretung der »Beschäftigten« zu einer knallharten Lobbypolitik. Sie hat nur mehr das Ziel, der jeweils eigenen, eng umrissenen Klientel auf Kosten aller anderen die Verkäuflichkeit ihrer Arbeitskraft zu sichern.

Belegschaften und Betriebsräte finden ihre eigentlichen Gegenspieler längst nicht mehr im Management des Unternehmens, in dem sie beschäftigt sind. Die wahren Widersacher sind vielmehr die »Beschäftigten« der Konkurrenz und die Lohnarbeiter anderer »Standorte«, egal, ob in der nächsten Ortschaft oder auf anderen Kontinenten. Auch die Nachbarabteilung und sogar die unmittelbaren Kollegen werden zu Kontrahenten, wenn es darum geht, wer beim nächsten Schub der Rationalisierung über die Klinge springen muß. Unter Bedingungen, in denen lebendige Arbeit beschleunigt durch Aggregate des Sachkapitals verdrängt wird, geraten die »Arbeitsplatzbesitzer« zusätzlich in einen strukturellen Gegensatz zu den Kostgängern des Sozialstaats im allgemeinen. Als Beitragszahler entdecken sie ihre Erbfeinde in den Rentnern, Arbeitslosen und Sozialhilfeempfängern, die durch ihre bloße Existenz die Lohnnebenkosten nach oben treiben.

Auf diese Weise hat sich der emanzipatorische Überschuß der alten Arbeiterbewegung in der systemimmanenten Interessenpolitik endgültig verflüchtigt. Aus dem zweischneidigen Prozeß einerseits der Überwindung überkommener (vormoderner und frühbürgerlicher) Formen von Herrschaft und andererseits der Unterwerfung unter die Sachzwanglogik der abstrakten Arbeit ist längst schon einzig und allein das letztere übriggeblieben. Die Linke möchte zu großen Teilen ihren Part im Rahmen kapitalistischer »Modernisierung« weiterspielen, obwohl dieser Begriff inzwischen ebenso wie derjenige der »Reform« zur puren Drohung geworden ist. Davon haben die Reste der sozialreformerischen Linken immerhin so viel realisiert, als sie sich darüber im klaren sind, daß heute der allgemeine Zwang zum Verkauf der eigenen Arbeitskraft die Verkäufer dieser besonderen Ware nicht mehr verbinden, sondern nur noch trennen kann. Statt aber durch grundsätzliche Kritik der arbeitsgesellschaftlichen Tyrannei einen inhaltlichen Bezugspunkt zu schaffen, um gegen die allgemeine Konkurrenzhetze zu einer Resolidarisierung jenseits der herrschenden Institutionen zu kommen, nimmt die soziale und gesellschaftskritische Opposition ihre Zuflucht zu bloßen Ausweichmanövern. Besonderer Beliebtheit erfreut sich dabei der Versuch, an die Stelle der verlorenen Brüderlichkeit und Schwesterlichkeit der potentiellen Verkäuferinnen und Verkäufer von Arbeitskraft eine andere systemimmanente Allgemeinheit und Gemeinschaftlichkeit zu setzen, nämlich das gemeinsame Dasein als Klientel des kapitalistischen Sozialstaats. Weil der Bezug auf die Arbeit nicht mehr als Vehikel für Solidarität und egalitäre Forderungen taugt, soll die soziale Emanzipation nun ausgerechnet durch den gemeinsamen Bezug auf die staatliche »Sozialkohle« neu begründet werden.

Es geht dabei weniger um den Kampf gegen Kürzungen von Arbeitslosengeld und Sozialhilfe, gegen die Demütigungen durch die bürokratische Arbeitsverwaltung usw. (wogegen natürlich nichts einzuwenden wäre), sondern eher um den Versuch, sich an einem Bruch mit dem herrschenden System vorbeizumogeln und die soziale Emanzipation noch einmal in kapitalistischen Kategorien zu formulieren. Galt dies schon für den positiven Bezug auf die abstrakte Arbeit, so gilt es um so mehr für die Herleitung sozialer Kritik aus sozialstaatlichen Hoffnungen. Denn enthielt der »Arbeiterstandpunkt« immerhin noch einen historischen Anspruch, auch wenn er nur auf die Modernisierungsfunktion der alten Arbeiterbewegung hinauslief, so deutet der »Sozialklientel-Standpunkt« bereits auf die bedingungslose Kapitulation hin, die paradoxerweise noch einmal als emanzipatorisches Projekt daherkommt. In dieser Paradoxie reflektiert sich die Tatsache, daß die »Modernisierung« bereits den sozialen Rückwärtsgang eingelegt hat. Eine abgerüstete Gesellschaftskritik, die sich aus dem Fundus sozialtechnokratischer Konzepte bedient und diese emanzipativ umzuinterpretieren sucht, kann letzten Endes nur noch Zulieferarbeit für die kapitalistische Administration des Elends leisten.

Die einschlägige Debatte, die weit über die Restlinke hinausgeht, firmiert unter mehreren Bezeichnungen. Mal geht es um ein »garantiertes Mindesteinkommen«, mal um ein »Bürgergeld« oder »Existenzgeld«, manchmal sogar um eine »Sozialdividende«. Unabhängig von den verschiedenen Etiketten ist die Grundüberlegung immer dieselbe. Eine von Arbeitsleistung und Arbeitsbereitschaft entkoppelte Grundsicherung, so die Erwartung, wäre dazu angetan, die »Befreiung von falscher Arbeit« einzuleiten und Spielraum für eine gesellschaftliche Neuorientierung zu eröffnen.

Die Motive, die speziell von den linken Befürwortern eines Existenzgeldes für ihre Idee geltend gemacht werden, muten auf den ersten Blick nicht unsympathisch an. Wer will der Aussage widersprechen, daß Massenarbeitslosigkeit zur Dauerperspektive geworden ist und nichts und niemand einen Zustand auch nur annähernder Vollbeschäftigung wiederherstellen kann? Ebenso steht außer Frage, daß die Ausrichtung der sozialen Sicherungssysteme auf das klassische fordistische Normalarbeitsverhältnis in demselben Maße anachronistische Züge annimmt, wie ununterbrochene Erwerbs- und Sozialversicherungsbiographien vom Regel- zum Sonderfall werden. Erst recht gibt es natürlich keinen Grund, die Kritik »an der Ideologie vom segensreichen Charakter der Lohnarbeit« (Thomas Schmid) in Zweifel zu ziehen, wie sie die linken Existenzgeld-Propagandisten zumindest ursprünglich auf ihre Fahnen geschrieben hatten.

Eine ganz andere Frage ist es allerdings, ob die Forderung nach einem »garantierten Mindesteinkommen« tatsächlich den praktischen Angriff auf »das Allerheiligste des Kapitalismus« (Thomas Schmid) einleiten kann. Bei näherem Hinsehen wird schnell deutlich, daß dieses Konzept nicht nur viel zu kurz greift und im kategorialen Rahmen des Kapitalismus verbleibt, sondern auf das Gegenteil der erhofften sozialen Emanzipation hinauslaufen muß. Am Eingang zur Hölle stehen wieder einmal halbrichtige Diagnosen und freundliche Absichtserklärungen.

Die neoliberalen Wurzeln

Eigentlich sollte schon der Ursprung der grandiosen Idee vom »garantierten Mindesteinkommen« zu denken geben. Eine größere Verbreitung hat das Bürgergeld-Konzept zwar erst gefunden, als es Anfang der 80er Jahre vom linken Spektrum aufgegriffen wurde; und über diesen Umweg hat es überhaupt eine größere Ausstrahlung gewonnen. Die ersten Überlegungen in diese Richtung kamen aber keineswegs aus der sozialistischen oder alternativen Ecke. Zum geistigen Vater hat das Mindesteinkommen niemand anderen als den berüchtigten Vordenker des Hardcore-Neoliberalismus, den US-Ökonomen Milton Friedman. Bereits seit 1956 macht sich der Monetaristenpapst für eine Art »negative Einkommenssteuer« stark, die sämtliche anderen Sozialleistungen ersetzen soll.

Friedmans Modell hat durchaus auf seine Weise Hand und Fuß und läßt, was die Zielsetzung angeht, an Deutlichkeit wahrlich nichts zu wünschen übrig. Sein Vorschlag ist auf eine radikale Doppelreduktion von sozialstaatlicher Bürokratie und sozialstaatlichen Leistungen ausgerichtet und paßt damit bestens zum neoliberalen Grundmotto: Wo Staat ist, soll Markt werden. Ein steuerfinanziertes Mindesteinkommen wird als die notwendige Ergänzung zu einem System privater Vorsorge propagiert, das der neoliberalen Dogmatik entsprechend an die Stelle aller bisherigen Sozialversicherungen treten soll. Vom marktradikalen Standpunkt aus gesehen hätte eine solche Neuordnung neben der Minimierung öffentlicher Ausgaben noch den bestechenden Vorteil, den letztlich aussichtslosen Kampf der staatlichen Institutionen gegen den angeblichen »Mißbrauch sozialer Leistungen« von vornherein gegenstandslos zu machen. Weil das Mindesteinkommen, das jeder Bürger ohne Ansehen der Person und der sozialen Umstände beziehen darf, selbstverständlich nur so bemessen sein soll, daß es bestenfalls eine Ernährung auf Hundefutterbasis und das Kampieren im Bauwagen garantieren würde, bleibt die bedingungslose Arbeitsbereitschaft höchst marktkonform, also ohne allen bürokratischen Aufwand, von vornherein gesichert.

Friedmans Vorstoß blieb erst einmal ein bloßes Planspiel und ohne größere Resonanz. Er paßte nicht in die politisch-ökonomische Landschaft der fordistischen Boomzeit. Die historisch einmaligen Wachstumsraten und die Erschließung zusätzlicher Arbeitskraftreservoirs machten den Ausbau der sozialen Sicherungssysteme nicht nur möglich, sondern auch unerläßlich. Der kapitalistische Verwertungsprozeß war in seinem historischen Fortgang zunächst auf zusätzliche Menschenmassen angewiesen, die den Verkauf ihrer Arbeitskraft in den Mittelpunkt ihrer Existenz rückten. Diese Massenarbeit konnte aber nur in dem Maße mobilisiert werden, wie die traditionellen Netze familialer Unterstützung durch die Leistungen der Sozialversicherungen ersetzt wurden. (Man denke in diesem Zusammenhang insbesondere an die Frauenerwerbstätigkeit.)

Auch mit dem Ende des »Wirtschaftswunders« und der Herausbildung einer wachsenden und zyklusübergreifenden Sockelarbeitslosigkeit wuchsen die Chancen für die Verbreitung der Idee vom Mindesteinkommen in der Fassung von Friedman zunächst nicht. Die Krise des Sozialstaats wurde zwar zunehmend diskutiert, eine derart gigantische Enteignungsaktion wie die Einführung eines Existenzgeldes à la Friedman, die sämtliche Ansprüche gegenüber den diversen Sozialversicherungsträgern zur Makulatur machen würde, wagte indes niemand ernsthaft ins Auge zu fassen; und im kontinentalen Europa mit seiner keynesianischen Tradition schon gar nicht. In dieser Situation waren ausgerechnet Teile der Linken bereit, den liegengebliebenen neoliberalen Staffelstab aufzunehmen, indem sie das Mindesteinkommen zum Emanzipationsprojekt umdeuteten.

Arbeit nein danke – Geld ja bitte!

Natürlich hat es prinzipiell nichts Ehrenrühriges, gegnerische Konzepte aufzugreifen und umzudrehen. Die Rechte hat sich jahrzehntelang aus dem Fundus linker Ideen bedient, sie in ihrem Sinne reformuliert und ist damit nicht schlecht gefahren. Eine umgekehrte Entwendung mit emanzipativer Stoßrichtung setzt allerdings eine theoretische Analyse und so etwas wie eine eigene Strategie voraus, in die sich das neukomponierte Beutegut dann einfügt. Davon kann indes leider nicht die Rede sein, wenn linke Adepten den Ehrgeiz entwickeln, aus einem lupenreinen neoliberalen Planspiel eine Art Trojanisches Pferd zu machen, mit dessen Hilfe antikapitalistische Inhalte in die warengesellschaftliche Festung geschmuggelt werden sollen. Der linke Odysseus überlistet niemanden außer sich selber.

Mangels kategorialer Kritik von Arbeit, Warenform und Staat, mangels transzendierender Zielsetzungen und mangels Krisenanalyse bleibt die oberflächliche Kritik an der sozialpsychologischen Fixierung auf das »Normalarbeitsverhältnis« im Rahmen der kapitalistischen Gesellschaft befangen. Damit legitimiert sie aber ungewollt nur den innerkapitalistischen Prozeß, wie er sich ohnehin schon längst unter unseren Augen mit wachsender Dynamik vollzieht. Die vermeintliche »Befreiung von falscher Arbeit« kann sich dabei nur unscharf von jenen Tendenzen abgrenzen, die schnurstracks in eine Gesellschaft mit prekären irregulären Arbeitsformen, unterbeschäftigtem Elend und andererseits Überausbeutung führt.

Sucht man nach den praktischen Unterschieden zwischen der linken und der neoliberalen Version der Existenzgeld-Idee, so stößt man nur auf ein quantitatives Kriterium. Wo Friedman und Co. eine Mindestsicherung angepeilt hatten, die weit unter dem heutigen Sozialhilfeniveau liegen würde, phantasieren sich die linken Fans des Mindesteinkommens ganz andere Beträge zurecht. In der Bundesrepublik kursierte das Konzept Anfang der 80er Jahre für gewöhnlich als 1500-Mark-Forderung. (»Radikale« versteigen sich auch schon mal zu »5000 Mark netto für jeden«.) Ob das Existenzgeld eine drei- oder eine fünfstellige Höhe erreichen wird, erscheint dabei als reine Macht- und Durchsetzungsfrage. Geld jedenfalls, so heißt es regelmäßig, wäre allemal »genug da«.

Die Möglichkeit einer radikalen Umwälzung der Distributionsverhältnisse ohne Angriff auf das zugrundeliegende Produktionsverhältnis wird von den Befürwortern des Mindesteinkommens im wesentlichen stets auf die gleiche Weise hergeleitet. Autoren wie André Gorz oder Thomas Schmid und ihre diversen Nachplapperer nehmen die enormen Produktivitätsfortschritte der letzten Jahrzehnte zum Ausgangspunkt und unterstellen, mit den wachsenden Güterbergen würden auch entsprechende Wert- und damit Geldmengen anfallen, die nur ihrer gerechten (Um)verteilung harrten. Theoretisch ist eine solche Verwechselung von stofflicher und wertmäßiger Produktion natürlich indiskutabel. Das Kapital wird hier ganz den fetischistischen Vorstellungen der bürgerlichen Vulgärökonomie entsprechend als eine Macht behandelt, die in der gleichen Weise ökonomischen Wert und damit Geld abwirft, wie »ein Birnbaum Birnen trägt« (Marx). Glatt übersehen wird dabei, daß das Kapital, indem es die wertproduktive Arbeit aus dem Produktionsprozeß hinausdrängt, seine eigene ökonomische Substanz eliminiert. Je größer die materielle Gütermenge wird, die infolge der mikroelektronischen Revolution ausgestoßen werden kann, desto kleiner wird die damit noch darstellbare gesamtgesellschaftliche Wertgröße; ablesbar an struktureller Massenarbeitslosigkeit, Krise der Staatsfinanzen und Entkoppelung des Finanzüberbaus von der Realökonomie.

Genau das ist aber der springende Punkt: Eine Gesellschaft, die nicht mehr auf der ausreichenden Vernutzung lebendiger Arbeit beruht, kann ihren Verkehr auch nicht mehr über das Geld als die allgemeine Darstellungsform abstrakter Arbeit abwickeln. Die Krise der Arbeit ist logisch zugleich Krise der Finanzen und letztlich des Geldmediums überhaupt. Die Hoffnung, »die Besteuerung der automatisierten Produktion« erlaube es, »die abgeschaffte Arbeit ebenso zu vergüten wie die geleistete Arbeit, den Nicht-Arbeiter ebenso wie den Arbeiter« (André Gorz), ist schlicht grotesk. Es wäre nur dann egal, ob Arbeiter für den realen Verkauf ihrer Arbeitskraft Geld erhalten oder ob ohne diesen Verkauf monetäre Spielmarken (»Soziallohn«) verteilt werden, wenn das Funktionieren der kapitalistischen Verwertungmaschinerie tatsächlich, wie unterstellt, »auf der Maximierung des privaten Verbrauchs« (André Gorz) beruhen würde. Dummerweise hat der Verwertungsprozeß aber gar nicht das humane Ziel, möglichst viele mit möglichst vielem zu versorgen. Sein Inhalt ist die Verwandlung lebendiger Arbeit in tote, die Verwertung des Werts als Selbstzweck, und wo dieser absurde Selbstzweck nicht erfüllt wird, hört jede kapitalistische Gebrauchsgüterproduktion sofort auf – auch und gerade, wenn die technologischen Mittel reichlich vorhanden sind. Wie peinlich, daß es nötig ist, solche elementaren Erkenntnisse über das Wesen der kapitalistischen Produktionsweise ins Gedächtnis zu rufen.

Die Sozialdividende – kasinokapitalistischer Egalitarismus

Die theoretische Totalabrüstung allein kann nicht erklären, warum Linke, das ABC der Kritik der politischen Ökonomie vergessend, dem Trugbild einer vollautomatischen Gesamtfabrik nachlaufen, die ebenso vollautomatisch alle Bürger reichlich mit Geld versorgt. Diese Fata Morgana verdankt ihre Entstehung einer ganz spezifischen historischen Konstellation: Sie ist ein genuines Produkt des Kasinokapitalismus. Zwanzig Jahre lang hat eine ungeheure allgemeine Bewegung von einerseits Verschuldungsdynamik und andererseits des »Sich-reich-Rechnens« die basale Krise der Verwertung ganz und die der Arbeit partiell überspielt. Mit den scheinbar ins Grenzenlose wachsenden Aktienkursen ist eine neuartige hochprekäre Form von Kapitalismus entstanden, in der eine fiktive (rein finanzkapitalistische) Verwertung von Geldkapital die erlahmende Realakkumulation als Motor der Ökonomie scheinbar ersetzt hat.

An die Stelle der Vernutzung von gegenwärtiger Arbeitskraft ist zusehends der Vorgriff auf die Wertschöpfung künftiger Arbeit getreten – Arbeit, die realiter nie geleistet werden wird, weil Rationalisierung und Automatisierung schon jetzt an ihre Stelle getreten sind. Selbstredend führt sich dieses Spiel auf Dauer ad absurdum. Solange indes die spekulative Pseudokonjunktur noch trägt (inzwischen freilich schon von schweren Kriseneinbrüchen des abgekoppelten »fiktiven Kapitals« begleitet), erscheint die verrückte Verkehrung des expandierenden Finanzüberbaus zur Wachstumsbasis zunächst einmal als Emanzipation des warengesellschaftlichen Reichtums von der abstrakten Arbeit.

Die linke Forderung nach einem Mindesteinkommen gewinnt vor dem Hintergrund dieser allgemeinen Verkehrung in der kapitalistischen Systemstruktur eine gewisse Logik. Sie ist im Kern nichts anderes als die Forderung nach demokratisch-politischer Teilhabe am berüchtigten Shareholder Value. All diejenigen, die von der Verwertungsmaschine als nichtverwertbar ausgespuckt werden, sollen nun als Staatsbürger und Gesellschaftsaktionäre in spe an den Früchten der kasinokapitalistischen Dynamik mitknabbern dürfen.

Vor diesem Hintergrund des Kasinokapitalismus wird begreiflich, warum Linke sich in eine so haltlose Forderung wie die nach einer »Sozialdividende« verrennen können. Die ganze Zielsetzung wird dadurch aber weder realistischer noch gewinnt sie sympathischere Züge. In der Forderung nach dem Mindesteinkommen schwingt ein Moment mit, das mit Emanzipation überhaupt nichts zu tun hat: die abgeschmackte Utopie einer Gesellschaft, in der das menschliche Arbeitstier nur verschwindet, damit dessen alter ego, der passive Konsumidiot, als »Gesellschaftsaktionär« fröhliche Urständ' feiert.

Der Abschied vom arbeitsstolzen lohnabhängigen Proletariat via Mindesteinkommen zielt nicht auf eine Aufhebung des kapitalistischen historischen Enteignungsprozesses. Daß alle produktiven gesellschaftlichen Potenzen beim Kapital liegen und den Menschen als fremde Macht gegenübertreten, ist im Existenzgeldkonzept stillschweigend vorausgesetzt und akzeptiert. Diese Forderung fügt sich von daher bestens zu einer Lebenshaltung, die fatal an ein antikes Vorbild erinnert, nämlich an das Proletariat der römischen Kaiserzeit. Wie unter der Herrschaft von Caligula, Nero und Co. die imperiale Macht Roms ihren überflüssigen Bürgern Brot und Spiele gesichert hat, so wäre diesmal die Position des eigenen Wirtschaftsstandorts als Weltmarktgewinner in der gnadenlosen Konkurrenzschlacht die (ebenfalls stillschweigende) Voraussetzung, unter der die Sozialdividenden-Bezieher ihrer fröhlichen Existenz frönen könnten.

Bürgergeld für Bürgerarbeit

Nicht alle linken Anhänger des Existenzgeldes gehören der »Kaviar-für-alle-Fraktion« an (für alle Mitglieder einer vermeintlichen Siegergesellschaft des Weltmarkts, versteht sich) und propagieren das Existenzgeld, um ihren Traum von der dolce vita zu verwirklichen. Außer Leuten, deren einzige Kritik am herrschenden Warenhedonismus darin besteht, an dessen Segnungen nicht ausreichend partizipieren zu dürfen, haben von Anfang an auch Teile der ehemaligen Alternativbewegung am Mindesteinkommen Gefallen gefunden. Diese Unterströmung will das Bürgergeld als Instrument zur Aufwertung »alternativer Arbeitsformen« jenseits regulärer Lohnabhängigkeit nutzen.

Das Konzept wird dementsprechend von ihnen nicht als das Recht auf Bezahlung für die Nichtarbeit der kapitalistisch Überflüssigen verstanden, sondern zu einem »Soziallohn« geadelt, durch den all die Tätigkeiten endlich eine soziale Anerkennung erfahren könnten, die für die Reproduktion dieser Gesellschaft zwar ebenso wichtig sind wie die Lohnarbeit, im Gegensatz zu dieser jedoch von der herrschenden Marktlogik ausgeblendet werden. Dazu zählen neben der (Frauen zugeschriebenen) Hausarbeit alle anderen Formen »marktunabhängiger« Eigenarbeit sowie jedes freiwillige soziale Engagement. Das Mindesteinkommen hätte dabei die beiden Abteilungen der angepeilten dualwirtschaftlichen Ordnung miteinander zu verklammern: Die bisher informellen Sektoren, die als Hort von Selbstbestimmung und Autonomie mißverstanden werden, sollen Eingang in den »Gesellschaftsvertrag« finden und künftig ein »autonomes« Gegengewicht zu der auf Profitproduktion ausgerichteten »heteronomen« Abteilung der gesellschaftlichen Gesamtproduktion bilden.

Als Emanzipationskonzept taugt diese Vorstellung erst recht nichts. Keine Frau kann nur ein bißchen schwanger sein, keine Gesellschaft kann zugleich die versachlichte Gewalt von Markt und Profit anerkennen und sich daneben einen Bereich autonomen Wirtschaftens auf Geldbasis halten, der mehr wäre als ein Elends- und Abfallprodukt der herrschenden Wertverwertung. Das Kapital ist eine imperiale Macht, die nichts Autonomes neben sich duldet und alles, was sich der unmittelbaren ökonomischen Annektion sperrt, nur als Schattenreich zuläßt. Daß die Warengesellschaft Hausarbeit, Nachbarschaftshilfe und jedes nicht-professionelle Engagement zu etwas Marginalem herabsetzt, ist dem Strukturprinzip dieser Gesellschaft geschuldet und keineswegs bloß Folge der herrschenden Lohnarbeitsideologie. Selbstbestimmung kann es nur gegen die kapitalistische Enteignungslogik geben, nicht friedlich neben ihr. Schon die Selbstverständlichkeit, mit der an Papa Staat appelliert wird, er möge durch Daueralimentierung das Überleben des selbstbestimmten Sektors sicherstellen, spricht Bände darüber, wie wenig ernst dieser Selbstbestimmungsgestus zu nehmen ist.

In der Alternativbewegung war das Aufgreifen der Idee vom Mindesteinkommen denn auch bereits ein Verfallssymptom. Diese Diskussion blühte seit den frühen 80er Jahre nur in dem

Maße auf, wie diese Strömung sich erschöpft hatte und das Konzept der alternativen Warenproduktion keine selbsttragende Kraft mehr besaß, sondern dabei war, sich in Bankrott einerseits und kapitalistische »Professionalisierung« andererseits aufzulösen. In dieser Situation schien sich die Rückkehr an die keynesianische Mutterbrust via Bürgergeld-Finanzierung den absaufenden Alternativprojekten als letzter Hoffnungsanker anzubieten.

Die Befreiung von falscher Arbeit als Zwangsarbeit

Die alternativ-arbeitsideologische Version des Mindesteinkommens läuft von einem gesellschaftskritischen Standpunkt aus gesehen nicht weniger auf Totalabrüstung und Kapitulation hinaus als die hedonistische Version. Das macht sie indes keineswegs zwangsläufig bloß irrelevant. Im Gegenteil, gerade dort, wo die Existenzgeldbefürworter sich an den Staat wenden und den etatistischen Apparaten einen »Soziallohn« als Mittel der Minimierung sozialer Kosten nahezubringen versuchen, kann sich ihre Debatte gleich in zwei große gesellschaftliche Entwicklungstrends einfügen und gewinnt damit durchaus eine (allerdings negative) Bedeutung. Zum einen wird dadurch ideologisch einer neuen Art von Arbeitssimulation der Boden bereitet, zum anderen Flankenschutz geleistet für den bevorstehenden Großangriff auf die bislang geltenden sozialen Mindeststandards.

Der erste Gesichtspunkt erschließt sich unschwer. Wenn reguläre Arbeitsplätze zum knappen Gut werden und Massenarbeitslosigkeit zum Dauerzustand, dann steht die Politik als Instanz zur Aufrechterhaltung des arbeitsgesellschaftlichen Irrsinns vor der Wahl, entweder die Betroffenen als sozialen Bodensatz abzuschreiben oder die Abrichtung auf die nie mehr kommende Arbeit trotzdem als das Gut aller Güter selber mit etatistischen Mitteln in die Hand zu nehmen. Gerade die neuen »Linksregierungen« in Europa zeigen sich zumindest gegenwärtig entschlossen, den zweiten Weg einzuschlagen. Vor allem ideologisch, teilweise aber auch praktisch räumen sie zu diesem Zweck dem »sekundären Arbeitsmarkt« trotz der damit verbundenen zusätzlichen Kosten zunächst einmal deutlich mehr Gewicht ein als ihre Vorgänger.

Die Neudefinition von gesellschaftlich nützlicher Arbeit durch den aus der Alternativtradition kommenden Strang in der Existenzgelddebatte liefert dazu aber eine passende Legitimation. Die staatliche repressive Beschäftigungstherapie, der Einsatz von Arbeitslosen und Sozialhilfeempfängern für Arbeiten, die zum großen Teil für die Betroffenen keinerlei Perspektive eröffnen und gesellschaftlich völlig sinnlos sind, erhält höhere Weihen, indem diese Maßnahmen in die Nähe »selbstbestimmter Bürgerarbeit« gerückt werden. Der Sozialhilfeempfänger, der unter Androhung von Leistungsentzug in der Bundesrepublik genötigt wird, für 2 DM »Mehraufwandsentschädigung« täglich sich 38,5 Stunden in der Woche auf dem städtischen Recycling-Hof herumzudrücken, erfährt auf einmal, er leiste eine Arbeit, die ihren Lohn in sich selber trage.

Der Übergang von der freundlichen »Soziallohntheorie« zur staatlichen Praxis ist allerdings mit einigen Verschiebungen verbunden. Die Kritik an der Fixierung auf die Lohnarbeit verschmilzt dabei seltsamerweise mit dem sozialdemokratischen Urschrei nach »Arbeit, Arbeit, Arbeit«. Was als »selbstbestimmtes Tun« angekündigt wurde, realisiert sich als knallhartes Werkzeug der Disziplinierung und nimmt seltsamerweise die Form von Zwangsarbeit an. Sicher wird diese Entpuppung dem einen oder anderen linken Befürworter des Mindesteinkommens nicht gerade gefallen. Andere dagegen scheinen sich damit im Stillen bereits angefreundet zu haben. Was beispielsweise Ulrich Beck in einem »Zeit«-Artikel (28.11.97) als Mitglied einer von den bayerischen und sächsischen Ministerpräsidenten Edmund Stoiber und Kurt Biedenkopf eingesetzten »Zukunftskommission« zum besten gab, liefert keinen Anhaltspunkt dafür, daß dieser prominente Anhänger von Bürgerarbeit und Bürgergeld mit einer derartigen Umsetzung irgendein Problem hätte.

In seinem Beitrag schwadroniert er zunächst blumig über die vielfältigen Möglichkeiten, »Themen wie Bildung, Umwelt, Gesundheit, Sterbehilfe, Betreuung von Obdachlosen, Asylbewerbern, Lernschwachen sowie Kunst und Kultur zum Gegenstand selbstorganisierter grundfinanzierter Bürgerarbeit unter der Regie eines Gemeinwohlunternehmers (!)« zu machen. Im nächsten Absatz wird die Bürgerarbeit sogar als »dosierte Entzugstherapie für die arbeitsdrogenabhängige Gesellschaft« gepriesen. Was die praktische Umsetzung angeht, so beschränkt sich Beck auf die Empfehlung, man möge lernen, »neubritisch zu schwärmen«.

Wie der beschwärmte neubritische Weg aussieht, diese Gesellschaft von ihrer Arbeitssucht zu befreien, verrät Beck vorsichtshalber nicht. Eine ziemlich präzise Auskunft erteilt indes der »Observer« vom 10. Januar 1999 unter der Überschrift »Blair plans harsh relaunch«: »Jedem, der irgendeine Form von Unterstützung in Anspruch nimmt, wird künftig ein persönlicher Berater zugeteilt, der ihn bei der Arbeitssuche anleiten soll. Diese Ankündigung bringt den Tag näher, an dem alle Leistungsbezieher, einschließlich von Behinderten, Hinterbliebenen, Alleinerziehenden und Menschen, die ältere Verwandte betreuen, den Nachweis führen müssen, daß sie bereit sind, bezahlte Arbeit anzunehmen. Ansonsten riskieren sie den Verlust jeglicher Unterstützung. Sogar von Menschen, die offensichtlich nicht in der Lage sind, unmittelbar eine Arbeit aufzunehmen, etwa Müttern von Säuglingen oder frisch verwitweten Frauen, wird erwartet, daß sie ihre weiteren Pläne offenlegen. Nur wenige, beispielsweise Menschen, die vor großen chirurgischen Eingriffen stehen, bleiben ausgenommen« (Übersetzung E. L.).

Der staatlich organisierte zweite Arbeitsmarkt bildet kein Gegengewicht zu diesen Zumutungen, sondern ist deren Bestandteil. Wo Beschäftigungsmaßnahmen nicht mehr in Lohnhöhe und Sozialversicherungsstatus regulären Arbeitsverhältnissen nachempfunden sind und statt dessen zur Bedingung für den Bezug von Sozialleistungen werden, macht der Staat es sich zur Aufgabe, den Preis der Ware Arbeitskraft zu drücken und dem Kapital billigstes Menschenmaterial zuzutreiben. Für die von den staatlichen Zwangsmaßnahmen Betroffenen bedeutet dies in gewisser Weise tatsächlich die Aufhebung der Lohnarbeit. Verschwunden ist peinlicherweise aber weniger die Arbeit, sondern mehr der Lohn.

Daß Leute wie Ulrich Beck einerseits so tun, als würden sie Zwangsarbeit für Sozialhilfeempfänger ablehnen, andererseits aber im selben Atemzug die Zahlung der Sozialhilfe vom Ableisten »freiwilliger Bürgerarbeit« abhängig machen wollen, ist sicher zynisch; dieser Zynismus entbehrt allerdings nicht einer gewissen Konsequenz. Wenn das Mindesteinkommen mit der Arbeit begründet wird, die im sozialen Schattenreich für diese Gesellschaft geleistet wird, und wenn der Staat sie honorieren soll, dann muß er diese Arbeit auch kontrollieren und diktieren können. Wer kann schon ernsthaft erwarten, einen monatlichen Pflegesatz zu erhalten, nur weil er sich mutmaßlich zweimal am Tag die Zähne putzt, regelmäßig Hände und Gesicht wäscht und vielleicht gelegentlich der älteren Dame von nebenan die schwere Einkaufstasche hochträgt? Wer zahlt, schafft auch an!

Der Speck muß weg!

Der mit Selbstverantwortungsphraseologie kaschierte neue Arbeitsterror, der Versuch also, durch verschärften bürokratischen Druck Arbeitslose in den Billiglohnbereich des ersten Arbeitsmarktes zu komplimentieren oder in staatliche simulative Beschäftigungsmaßnahmen hineinzunötigen, wird die Krise der Arbeitsgesellschaft natürlich nicht lösen. Fallen die »Linksregierungen« auf ihre eigene Propaganda herein und versuchen tatsächlich im großen Stil »Arbeit statt Arbeitslosigkeit zu finanzieren«, dann wird dies den Bankrott der Sozialversicherungssysteme beschleunigen, statt ihn aufzuhalten. Wo mehr oder minder »freiwillige« Bürgerarbeit sich zumindest teilweise selber tragen soll, da verdrängt sie notwendigerweise reguläre Arbeit.

Das ist in Ostdeutschland in einigen Branchen mittlerweile bereits in größerem Maßstab der Fall. Im Gartenbau, wo die ABM-Kräfte zur Schmutzkonkurrenz geworden sind, dürfte für zwei Menschen, die unter Staatsregie in Billiglohn und Billigbrot gesetzt wurden, mindestens ein Lohnabhängiger seinen Job verlieren. Wo dagegen ohne jede Marktanbindung auf Staatskosten Muskel, Nerv und Hirn verausgabt werden, reißt dies auf alle Fälle finanzielle Zusatzlöcher. Auch wenn die Zwangsarbeiter selber in den Simulationsbereichen nur ihre laufende Unterstützung weiter erhalten, verschlingen die Arbeitsvoraussetzungen und die Beschäftigung von sozialpädagogisch ausgebildeten Sklaventreibern, Kontrolleuren und Zwangsberatern beträchtliche Mittel.

Ein an Arbeitszwang welcher Art auch immer gebundenes Mindesteinkommen ohne eine erweiterte Reabsorbtion von Arbeitskraft durch den kapitalistischen Akkumulationsprozeß selbst führt sich ökonomisch in jedem Fall ad absurdum. Trotz des herrschenden Arbeitsfanatismus ist aber keineswegs auszuschließen, daß man seitens des Staates über kurz oder lang auch damit liebäugeln könnte, irgendeine Form von Mindestsicherung einzuführen, emanzipatorische Konsequenzen hätte das aber keine. Angesichts der prekären und mittelfristig unhaltbaren Lage von Renten- und Arbeitslosenversicherung dürfte die Diskussion über das Mindesteinkommen künftig eine ganz neue Brisanz gewinnen. Bei den zu erwartenden wirtschaftlichen Einbrüchen kann das schon sehr bald der Fall sein.

Ein aus dem Staatshaushalt finanziertes Mindesteinkommen bietet sich als letzte sozialstaatliche Auffanglinie geradezu an, wenn die »Krise der Arbeit« das bestehende Sozialsystem zum Einsturz bringt und die angehäuften Ansprüche mehr oder minder für nichtig erklärt werden müssen. Die Linke hat mit der Idee der Sozialdividende den seltsamen Traum eines kasinokapitalistischen Egalitarismus geträumt. Die kapitalistische Krisenwirklichkeit könnte die Politik durchaus drängen, den Gedanken einer Mindestsicherung aufzugreifen, allerdings als Katastrophen-Egalitarismus.

Radikale Kapitalismuskritik, die auf die Produktionsweise als solche zielt, sollte sich angesichts dieser Perspektive möglichst frühzeitig positionieren, um sich schon im Vorfeld zu eventuellen Umsetzungsversuchen einer repressiven sozialtechnokratischen Krisenverwaltung verhalten zu können. Worin die Hauptgefahr eines Mindesteinkommens besteht und zugleich der Hauptvorzug für die Staatsfinanzen, liegt auf der Hand. Als Pflichtversicherungsleistungen, mit denen Rechtsansprüche auf eine Gegenleistung im Versicherungsfall erworben werden, sind Renten und Arbeitslosenversicherung bei weitem nicht in der gleichen Weise komprimierbar wie ein vom Gesetzgeber festgelegtes Mindesteinkommen.

Selbst die heutige Sozialhilfe ist noch so konstruiert, daß sie – wenn auch in bürokratisch-reglementierender Weise – ein (mehr als bescheidenes) Auskommen sichern muß. Die »ständige Hilfe zum Lebensunterhalt« entspricht in der Bundesrepublik dem Geldwert eines festgelegten Standard-Warenkorbes, während die Finanzierung von Teilen der Grundversorgung wie Miete, Gas und Strom zusätzlich in voller Höhe übernommen werden muß. Ob das Mindesteinkommen dagegen noch ein Auskommen auch nur in der Nähe dieses nicht gerade fürstlichen Niveaus ermöglichen würde, hinge bloß noch von den persönlichen Lebensumständen und vom aktuellen Zustand der Staatsfinanzen ab. Das elementarste Lebensniveau wäre garantiert nicht mehr garantiert. In der Bundesrepublik klagen vor allem die Kommunen, daß sie als Träger der Sozialhilfe beständig mit unvorhersehbaren Kosten konfrontiert werden, die jede Haushaltsplanung zur Makulatur machen. Ein garantiertes Mindesteinkommen wäre durchaus geeignet, die Berechenbarkeit auf Kosten der Unterstützungsbedürftigen wiederherzustellen. Mehr Flexibilität wäre dann nicht von den staatlichen und kommunalen Haushalten gefordert, sondern von den Arbeitslosen bei der Gestaltung ihres Speisezettels. Es gibt wirklich keinen Grund, warum Linke an den Blaupausen für derlei Geniestreiche der Notstandsverwaltung mitzeichnen sollten.

Robert Kurz/Norbert Trenkle

Die Aufhebung der Arbeit

Ein anderer Blick in das Jenseits des Kapitalismus

Arbeitslosigkeit und Krisen hat es im Kapitalismus »schon immer« gegeben. Neu ist allerdings, daß diese Phänomene am Ende des 20. Jahrhunderts als »Krise der Arbeitsgesellschaft« firmieren; ein Ausdruck, der ursprünglich auf die Philosophin Hannah Arendt zurückgeht (Arendt 1989/1958). Bis zur ersten Hälfte dieses Jahrhunderts wäre niemand auf die Idee gekommen, die üblichen kapitalistischen Krisenerscheinungen mit einer solchen Bezeichnung zu belegen. Die Kategorie »Arbeit« erschien allen Parteien und Theorien gleichermaßen als ontologischer, überhistorischer Hintergrund alles gesellschaftlichen Geschehens. Wenn die Arbeit aufhört, muß der Himmel einstürzen.

Die veränderte, für das ältere gesellschaftliche Bewußtsein »unmögliche« Bezeichnung der Krise verweist auf deren qualitativ neuen Charakter. Da geht offenbar mehr zu Ende als bloß irgendein kapitalistischer Zyklus. In dem Terminus von der »Krise der Arbeitsgesellschaft« scheint auch die innere Identität von Arbeit und Kapital auf, während das herkömmliche Verständnis dieser Begriffe stets nur den immanenten Gegensatz betont hat, der sich im ewigen Clinch der Interessenorganisationen niederschlug. Radikalität schien einzig in der Zuspitzung dieses Gegensatzes – »Klasse gegen Klasse!« – vor dem ontologischen Hintergrund der »unendlichen Arbeit« zu liegen. Völlig außer Betracht, ja weitgehend außerhalb des Vorstellungsvermögens blieb, daß es sich bei Arbeit und Kapital letztlich um die beiden Aggregatzustände einer identischen gesellschaftlichen Fetischform handelt, nämlich des aus allen

Bedürfnissen und sonstigen Zusammenhängen »herausgelösten« prozessierenden Selbstzwecks, menschliche Energie »unendlich« in Geld zu verwandeln. Aus dieser Sicht wäre der immanente Gegensatz selber nur die Funktion eines gemeinsamen Bezugssystems, und dessen Funktionäre müßten, um in der Marxschen Terminologie zu sprechen, beiderseits als »Charaktermasken« des übergeordneten irrationalen Selbstzwecks gelten.

Der kategoriale Bruch

Das Problem besteht also darin, über den immanenten sozialen Funktionsgegensatz hinaus das gesamte fetischistische Bezugssystem und damit die »Arbeit« selbst kategorial in Frage zu stellen. Ein entsprechendes kritisches Bewußtsein und klare Zielsetzungen fehlen heute allerdings. Es ist mit Angst besetzt, aus dem bisherigen als selbstverständlich verstandenen kategorialen Raum hinauszutreten, der überhaupt erst dann als distinkter Gegenstand ins Blickfeld rückt, wenn er obsolet geworden ist. Daß die komplementären Aggregatzustände »Arbeit« und »Geld« als fraglose Gegebenheiten der Moderne mit einem starken Tabu belegt sind, weil sie gewissermaßen die Realität konstituieren und »garantieren«, wird nie deutlicher als im Moment ihrer kategorialen Krise.

Hat man die früheren Krisen, die einen transitorischen Charakter im bloß immanenten Entwicklungsprozeß hatten, vorschnell zu »Krisen des Kapitalismus« ausgerufen (als deren Konsequenz die ewige »Arbeit« sich dann von ihrem Gegenpol emanzipieren sollte), so erscheint nun umgekehrt und ebenso vorschnell die qualitativ neue, tatsächlich fundamentale Krise des modernen warenproduzierenden Systems ganz einseitig als alleinige Krise der »Arbeit«, also der Lohnarbeiter und ihrer Organisationen, Funktionäre, Ideologien usw. »Das Kapital« dagegen kann anscheinend ganz unbehelligt davon bis in alle Ewigkeit weiterakkumulieren (»jobless growth«). Wenn aber überhaupt nur der Kapitalismus im strikten Sinne eine »Arbeitsgesellschaft« ist, dann muß deren Krise auch die des Kapitals selber sein.

Denn bei der abstrakten Arbeit handelt es sich um die Substanz des Kapitals, insofern die in den »herausgelösten« Selbstzweck eingeschlossene Tätigkeitsform gleichzeitig den Charakter eines gespenstischen quantitativen Inhalts annimmt: Die Produkte werden gesellschaftlich nicht als schlichte Gebrauchsgüter behandelt, sondern als (wie Marx sagte) »Arbeitsgallerten«, das heißt als eine bestimmte abstrakte Quantität verausgabter menschlich-gesellschaftlicher Energie, die ihnen als unsichtbare »Eigenschaft« anhaftet und deren »Gültigkeit« durch den Konkurrenzmechanismus anonymer Märkte reguliert wird. Diese Pseudo-Eigenschaft der Güter, die den Fetischismus des gesellschaftlichen Verhältnisses ausmacht, erscheint als der ökonomische »Wert« der Produkte, der sich als Preis und dieser wiederum als bestimmte Geldmenge darstellt. Genau darin besteht der Zusammenhang, der Arbeit und Kapital erst als Aggregatzustände eines gemeinsamen Systemmechanismus sowohl der Form (Wertform) als auch dem Inhalt (Wertsubstanz) nach konstituiert. Logischerweise folgt daraus, daß die »Krise der Arbeitsgesellschaft« nicht nur eine gemeinsame »Formkrise« der beiden Seiten dieses Verhältnisses, sondern auch eine »Substanzkrise« der Kapitalakkumulation ist.

Vordergründig erzeugt der abgehobene spekulative Finanzüberbau des Kasinokapitalismus, bis zum fälligen Finanzkrach, den Schein eines ohne ausreichende Arbeitssubstanz weiterprozessierenden Kapitals. Aber auch schon für sich verweist die vermeintlich einseitige Krise der Arbeit auf die Grenzen des Gesamtsystems. Denn solange die kapitalistische Produktionsweise noch einen Entwicklungsspielraum vor sich hatte, konnte auch der immanente Interessenkampf der Lohnarbeiter gewissermaßen unbefangen geführt werden. Es galt eben, notfalls auch mit harten Bandagen, das eigene Interesse innerhalb des Systems in der ewigen Auseinandersetzung mit dem Widersacher geltend zu machen. Heute dagegen ist der Interessenkampf derart zurückgenommen, daß er durchgehend der Mitverantwortung für den Systemerhalt (»Standortlogik«) Platz gemacht hat.

Dieser sonderbare Sachverhalt zeigt aber nur, daß sich das gemeinsame Bezugssystem ad absurdum geführt hat. Natürlich entfällt im Hier und Heute keineswegs die Notwendigkeit, einen systemimmanten Kampf für die eigenen Lebensinteressen zu führen. Aber gerade weil das System an historische Grenzen stößt, ist dieser auf absehbare Zeit weiterhin unverzichtbare Kampf schlichtweg paralysiert. Somit haben wir es mit der ironischen Dialektik zu tun, daß die eigenen systemimmanenten Interessen überhaupt nur noch unbefangen geltend gemacht werden können, wenn gleichzeitig das gesamte System von Grund auf in Frage gestellt und dafür eine transformatorische Sozialbewegung entfesselt wird. Für die Zukunft gilt, daß selbst der Mindestlohn und das Krankengeld nur noch im größeren Kontext einer radikal antikapitalistischen Bewegung verteidigt werden können.

Gerade in dieser Hinsicht aber droht sich ein Teufelskreis aufzutun, denn unter radikaler Systemkritik wird ja nach wie vor nichts anderes als der »radikalisierte« Standpunkt der Arbeit verstanden. Es kommt also entscheidend darauf an, ob der bisher undenkbare kategoriale Bruch mit den basalen Formen des warenproduzierenden Systems und damit eine (dem Charakter der Krise entsprechende) qualitativ andere Perspektive der sozialen Emanzipation überhaupt als Möglichkeit ins gesellschaftliche Bewußtsein dringen kann, um einen Orientierungspunkt für eine Neuausrichtung der sozialen Auseinandersetzungen und für eine gesellschaftliche Transformation zu finden. Wenn der Bruch mit dem Kapital in Wahrheit auch ein Bruch mit der Arbeitskategorie sein muß, dann gilt dies natürlich auch für alle damit zusammenhängenden politisch-ökonomischen Formen. Das Jenseits der Arbeit kann nur ein Jenseits der fetischistischen Wertform, also auch von Ware und Geld, von Markt und Staat, von Politik und Ökonomie sein.

Zur Geschichte der Arbeitskritik

Oberflächlich betrachtet ist die Kritik der Arbeit keineswegs neu, auch wenn sie in den letzten 150 Jahren nur ganz selten an den Rändern der großen sozialen Bewegungen aufblitzen konnte. Berühmt geworden ist etwa Paul Lafargue, der Schwiegersohn von Marx, mit seinem Pamphlet »Das Recht auf Faulheit«. Darin spottet er über die »Arbeitssucht« und protestantische Leistungsideologie der offiziellen Arbeiterbewegung, verlangt »in den Zeiten der Krisis eine Verteilung der Produkte und allgemeine Belustigung« (Lafargue 1998/1883, S. 31) sowie »ein ehernes Gesetz..., das jedermann verbietet, mehr als drei Stunden pro Tag zu arbeiten« (ebd., S. 53). Es ist leicht erkennbar, daß wir es hier zwar mit einer phänomenologischen und sozusagen habituellen, aber noch lange nicht mit einer kategorialen Kritik der Arbeit zu tun haben.

An einigen witzigen Formulierungen kann man sich noch heute freuen, etwa wenn Lafargue den christlichen Arbeitsideologen entgegenhält: »Jehovah, der bärtige und sauertöpfische Gott, gibt seinen Verehrern das erhabenste Beispiel idealer Faulheit: nach sechs Tagen Arbeit ruht er auf alle Ewigkeit aus« (ebd., S. 22). Und es ist gerade heute wieder eine klatschende Ohrfeige ins Jammergesicht der olivgrünen Menschenrechts-Linken, wenn er fordert, »die Faulheitsrechte« auszurufen, »die tausendmal edler und heiliger sind als die schwindsüchtigen Menschenrechte, die von den metaphysischen Advokaten der bürgerlichen Revolution wiedergekäut werden« (ebd., S. 33).

Bedenklich stimmen muß es nur, daß in fast 120 Jahren das »Recht auf Faulheit« immer wieder neu entdeckt und als Provokation aufgelegt werden konnte – die Arbeitskritik in dieser ganzen Zeit also kaum vom Fleck gekommen ist. Lafargue selber geht eigentlich nicht über die Forderung nach mehr Warenkonsum und weniger Arbeitszeit hinaus, allerdings in nicht nur für seine Zeit unerhörten Dimensionen. Trotzdem bleibt seine Arbeitskritik insofern keine bloß quantitative, als er seine Forderungen immerhin in einen nicht mehr arbeitsideologischen, sondern hedonistischen Begründungszusammenhang stellt: Reichlicher sinnlicher wie geistiger Genuß und nicht abstrakte Leistung (in wessen Namen auch immer) soll das Ziel sein. Das war zweifellos ein Schritt in die richtige Richtung, aber eben noch keine Überwindung der Arbeitskategorie.

Später waren es dann noch einmal die Dadaisten, die im Rahmen ihrer allgemeinen Bürger- und Publikumsbeschimpfung die Arbeit weniger kritisierten als vielmehr verhöhnten – was ja auch etwas ist. Es muß zugegeben werden, daß Richard Huelsenbeck mit dem Vers: »Arbeit Arbeit brä brä brä brä brä brä brä« (zit. nach: Pereza 1998) bereits 1916 die ultimative Antwort auf Gerhard Schröder und seine Mannschaft vorformuliert hat. Die kategoriale Kritik hat damit freilich noch nichts gewonnen. Während der östliche Staatskapitalismus »nachholender Modernisierung« sowieso in den Stachanow-Exzessen der abstrakten Arbeit versank, beschränkte sich in der Folge der negatorische Impuls gegenüber der Arbeit im Westen auf die gewerkschaftliche Politik der »Arbeitszeitverkürzung«, ein Begriff, der schon seinem Geruch nach eine arbeitszuchthäuslerische Immanenz beweist. Blamiert hat sich diese systemimmanente Sozialpolitik an der betriebswirtschaftlichen Logik, die ausgerechnet in der »Krise der Arbeitsgesellschaft« eine Verlängerung der betrieblichen Arbeitszeiten auf die Tagesordnung setzte. Heute gilt deshalb die »Arbeitszeitverkürzung« als Auslaufmodell, während gleichzeitig die Zahl der Arbeitslosen wächst. Die bloß hedonistische Haltung und das Motiv der bloß quantitativen Verminderung der unaufgehobenen Arbeit werden von der Systemkrise überrollt.

Jenseits des Klassenkampfs

Die letzte Welle der bisherigen Arbeitskritik ging in den 70er Jahren vom italienischen »Operaismus« aus, in der BRD weitergedacht von der Zeitschrift »Autonomie« und in den 80er Jahren von der Gruppe »Wildcat«. Daß auch dieser Ansatz zu kurz greift, zeigt sich allein schon an seiner Begrifflichkeit, denn wie soll ein »Arbeiterismus« (so die wörtliche Übersetzung) eine kategoriale Arbeitskritik beinhalten? Die Arbeitskritik bleibt auch in diesem Kontext phänomenologisch beschränkt. Das hedonistische Moment, obwohl auch in der operaistischen Abgrenzung vom traditionellen Arbeitsmarxismus durchaus präsent, tritt zurück hinter einen neuen Klassen-Soziologismus. Dabei wird zwar einerseits der Mainstream-Marxismus kritisiert, der »die Klasse auf ihre Existenz als Arbeitskraft reduziert« (Schultze/Gross 1997, S. 111), aber andererseits die soziologisch beschränkte Klassenkategorie als letzter Grund der Kritik beibehalten.

In dieser Hinsicht treten einige merkwürdige Unschärfen auf. Während der traditionelle Marxismus die Klassenkategorie durchaus korrekt, aber affirmativ im Zusammenhang der warenförmigen Fetischformen verortet, versucht der »Operaismus« daraus eine für sich seiende Subjektkategorie zu destillieren. »Klasse« ist aus dieser Sicht nicht die Bezeichnung für eine objektive Lage im Formzusammenhang des warenproduzierenden Systems, sondern für die Gemeinsamkeit eines subjektiven Wollens gegen die Zumutungen dieses Systems. Darin geht die operaistische Arbeitskritik auf. Aber mit einem bloßen »Revoltismus« sind natürlich nicht die objektivierten kapitalistischen Kategorien geknackt.

Der ökonomische Objektivismus der traditionellen Arbeiterbewegung wird dabei nur in einen komplementären Subjektivismus umgestülpt, etwa nach dem Motto: Was scheren uns die blöde Arbeit und Wertform, wir wollen gut leben! Kein Wunder, daß sich mit dieser Richtung auch postmoderne Linke anfreunden können, die in Phantasien eines haltlosen und längst idiotisch gewordenen Warenkonsums schwelgen. Dabei unterbleibt im Operaismus ebenso wie im Arbeiterbewegungsmarxismus die kategoriale Kritik und damit auch der entscheidende Bruch. Die bloß subjektivistische Bestimmung der »Klasse« als Nicht-Arbeit und Nicht-Wert mogelt sich in derselben Manier am Kernproblem vorbei wie der übliche gewissermaßen epistemologische Einwand gegen die radikale Arbeits- und Wertkritik: Was reitet ihr immer auf den Kategorien herum, die Individuen gehen doch darin nicht auf! Das ist so richtig wie nichtssagend, denn daß die Individuen nicht in den aufgeherrschten Kategorien aufgehen, ist zwar die Voraussetzung der Kritik, aber was nützt diese Voraussetzung, wenn dann die Kritik selber nicht aufs Ganze geht?

Teilweise stützen sich die operaistischen Strömungen auf die verdienstvollen Untersuchungen von E. P. Thompson, der am Beispiel Englands die »vergessene« Geschichte der frühen Sozialrevolten gegen die kapitalistische Modernisierung längst vor der »klassischen« Arbeiterbewegung ans Tageslicht geholt hat (Thompson 1980, ders. 1987). Diese Revolten waren, wie Thompson gegenüber dem ökonomischen Objektivismus zu Recht betont, nicht das »Ergebnis ökonomischer Bewegungsgesetze…, sondern ein aktiver Prozeß, Resultat menschlichen Handelns und historischer Bedingungen« (Schultze/Gross 1997, S. 108). Das trifft freilich auf jede soziale Bewegung zu, die trotzdem nie »reine Subjektivität« ist, sondern eben unter »Bedingungen« stattfindet. Genau um die Veränderung oder Überwindung dieser »Bedingungen« dreht sich ja das emanzipatorische Wollen!

Der Impetus der alten Sozialrevolten bestand darin, daß ihre Träger sich gewissermaßen instinktiv nicht zur »Arbeiterklasse« eines verselbständigten Systemzusammenhangs machen lassen wollten. Die spätere Arbeiterbewegung dagegen operierte nur noch innerhalb dieses Systemzusammenhangs, nachdem er historisch durchgesetzt war. Für uns heute kommt es darauf an, das kategoriale Gefängnis dieses Systemzusammenhangs zu sprengen und wieder aus der abstrakten Arbeit herauszukommen. Dabei genügt freilich keine instinktive Revolte und keine Berufung auf die vormoderne »moralische Ökonomie« (ein Zentralbegriff bei Thompson) mehr. Die Entdeckung der alten Sozialrevolten kann heute nur die Bedeutung haben, überhaupt ein Bewußtsein über das blutige und repressive »Gewordensein« der heutigen Welt von »Arbeitsplätzen« zu gewinnen und die scheinbar überhistorischen Kategorien von Arbeit und Wert zu »historisieren«. Aber es ist natürlich unmöglich, an diese alten Revolten unmittelbar anzuknüpfen beziehungsweise aus ihnen eine blanke »rebellische Subjektivität« als ahistorisches »Willenssubjekt« zu destillieren. Um die in einem langen historischen Prozeß hergestellten und verinnerlichten Objektivierungen durchbrechen zu können, ist ein kritisches Bewußtsein über ihre historische und strukturelle Konstitution nötig. Es gilt also, sowohl die historische Konstitution der frühmodernen »politischen Ökonomie der Feuerwaffen« zu einem verselbständigten, »herausgelösten« Systemzusammenhang bewußt zu machen als auch das kategoriale System dieses Zusammenhangs radikal zu kritisieren.

Die diversen operaistischen Strömungen dagegen begnügen sich mit einem bloßen Robin-Hood-Gestus, während sich für sie der kategoriale Zusammenhang der Arbeitsgesellschaft in pure Willenshandlungen auflöst. Dabei wird dann sogar die Krise versubjektiviert: Die Entwicklung der Maschinerie erscheint als schiere Reaktion des Kapitals auf die »Arbeiterrevolten«, ganz so, als gäbe es die Konkurrenz zwischen den Kapitalien und Nationalökonomien gar nicht. Und teilweise wird sogar die weitere Existenz des kategorialen Systemzusammenhangs mit der These abgeleugnet, »daß das Kapital kein Interesse an der Verwertung menschlicher Arbeitskraft mehr habe, seine Wertschöpfung vielmehr aus vergegenständlichter Arbeit, also aus Maschinen (!), realisiere und damit das Herrschaftsverhältnis ein rein politisches werde...« (Schultze/Gross 1997, S. 129). Bei einem derart reduktionistischen Denken (reduziert wird hier aufs Subjektive statt aufs Objektive) kann es dann natürlich gar keine »Krise der Arbeitsgesellschaft« geben: Problem gelöst durch Ignoranz!

Die diversen operaistischen Strömungen haben sich so völlig unbekümmert ob des Problems kategorialer Kritik an alle möglichen Bewegungen, »Riots« und Konzepte angehängt, von Brotunruhen in der »Dritten Welt«, Jobber-Initiativen und Subsistenzökonomien bis zur Existenzgeldforderung. Damit zeigt sich, daß die systemimmanente Beschränktheit des

»Klassenkampfs« durch die Wendung ins Subjektive nicht durchbrochen werden kann. Indem überhaupt ein Interesse »in« der Waren- und Geldform geltend gemacht wird, egal, auf welche Weise, ist es auch schon arbeitsgesellschaftlich-kapitalistisch objektiviert.

Das war bereits das Dilemma des alten, »objektiven« Klassenbegriffs. Es existiert keine bestimmte soziale Klasse oder Gruppe, die allein aufgrund ihrer Stellung innerhalb des arbeitsgesellschaftlichen Zusammenhangs »an sich« als spezifischer Träger der gesellschaftlichen Transformation prädestiniert wäre (und sich dessen nur noch »für sich« bewußt werden müßte). Das historische »An sich« der Arbeiterklasse war nicht etwa ihr systemtranszendierendes Wesen, sondern gerade im Gegenteil ihr (ursprünglich erzwungenes) Dasein als Funktionskategorie des Kapitals. Gerade deshalb konnte die Arbeiterbewegung als Arbeiterbewegung keine Bewegung gegen die Arbeit, sondern nur eine Bewegung für deren volle Durchsetzung und allgemeine Anerkennung sein.

Der kategoriale Bruch mit der Logik des kapitalistischen Fetisch-Systems dagegen kann per Definition gar nicht in diesem selbst schon »an sich« angelegt sein oder gar quasi-automatisch aus dessen Eigendynamik herauswachsen. Was sich »selbstläufig« aus dem inneren Selbstwiderspruch der Kapitalverwertung ergibt, ist allein ihr negatives Zerbrechen in der »Krise der Arbeitsgesellschaft«. Die Objektivität dieser Krise kann aber nicht mit einer vermeintlichen Objektivität der emanzipatorischen Aufhebung verwechselt oder kurzgeschlossen werden, auch wenn sie Unmut und Verzweiflung erzeugt.

Der operaistische Versuch, durch pure subjektive »Setzung« eine Kategorie gerade des objektivierten Systemzusammenhangs, nämlich den Klassenbegriff, doch noch in ein systemtranszendierendes Wesen zu verwandeln, das absurderweise (unabhängig von seiner gesellschaftlichen Form) bloß noch »für sich« wäre, muß scheitern. Es heißt, sich etwas vorzumachen, wenn »die Entwicklung des Kapitals als Variable des Arbeitskampfes« (Schultze/Gross 1997, S. 125) verstanden wird. Genau umgekehrt wird ein Schuh daraus: Der Arbeitskampf (Klassenkampf, systemimmanente Interessenkampf) bleibt seinem Wesen nach eine Variable der kapitalistischen Entwicklung. Arbeitskritik ist erst jenseits des Klassenkampfs möglich als Selbstkonstitution einer Emanzipationsbewegung, die nicht mehr »in« den kapitalistischen Bewußtseinsformen denkt und handelt.

Die Zurücknahme der Arbeit in das Leben

Natürlich kann die kategoriale Kritik der Arbeit nicht darin bestehen, den abstrakten Arbeitsbegriff lediglich durch eine andere, etymologisch unschuldige Abstraktion wie etwa »Tätigkeit« zu ersetzen. Es geht vielmehr um die reale Aufhebung der »herausgelösten Ökonomie«. Das kann nur bedeuten, den verselbständigten Systemzusammenhang in die Gesellschaft und damit die »Arbeit« in das Leben zurückzunehmen. Zunächst handelt es sich dabei um die Anforderung an die Gesellschaft, die konkreten sozialen Beziehungen, stofflich-materiellen und geistigen Inhalte ihrer Reproduktion bewußt und direkt als solche zu bestimmen und zum Bezugsfeld der gesellschaftlichen Institutionen zu machen, statt sie dem irrationalen Umweg einer verselbständigten gesellschaftlichen Form auszusetzen. Es gilt also einen Zustand herzustellen, in dem die Gesellschaftsmitglieder nicht gemeinsam in hoch vergesellschafteten Selbstzweck-Aggregaten etwas herstellen, nur um es hinterher unter völlig verrückten Restriktionen zu »tauschen«, als wären es die Produkte isolierter Einzelproduzenten.

Die Gesellschaftlichkeit muß aufhören, eine absurde Eigenschaft der Dinge zu sein, die durch die »unsichtbare Hand« eines verselbständigten Mechanismus reguliert wird. Stattdessen geht es darum, daß die Gesellschaftsmitglieder direkt über den Einsatz der gemeinsamen Ressourcen beraten und entscheiden, so daß Bedürfnisse, Produktion und deren Nebenfolgen in ein durchsichtiges Verhältnis gebracht und vernünftig geregelt werden. Bei dieser Überwindung der destruktiven betriebswirtschaftlichen Rationalität ist es natürlich nicht das Ziel, die vom Kapitalismus blind hervorgetriebenen Produktivkräfte wieder abzuschaffen, sondern sie nach Maßgabe einer *inhaltlichen* »sinnlichen Vernunft« (statt abstrakter, inhaltlich gleichgültiger Geldrationalität) zu prüfen, umzuformen und weiterzuentwickeln.

Aufhebung der Arbeit bedeutet insofern nicht einfach eine bloß quantitative Verminderung der Produktionszeit vermittels einer (inhaltlich rücksichtslosen) »Vollautomatisierung«, sondern die Befreiung aller gesellschaftlichen Tätigkeiten von ihrer abstrakten, entsinnlichten, einem bloß zufälligen Inhalt gegenüber gleichgültigen Form. Durch diese Aufhebung der allgemeinen Warenform und damit von Betriebswirtschaft, Markt, Tausch und Geld hört die gesellschaftliche Reproduktion auf, einer allgemeinen abstrakten Tätigkeitsform unterworfen zu sein. Sie gliedert sich dann in ein vielfältiges Geflecht zahlloser konkreter, inhaltlich bestimmter Tätigkeiten, von denen jede auch als solche behandelt und ausgeführt wird, statt vom äußerlich herangetragenen Kriterium eines abstrakten Systemzusammenhangs abgestempelt zu werden.

Sobald aber die konkreten Tätigkeiten nach ihrem realen Inhalt gesellschaftlich gehandhabt werden, muß auch die abstrakte astronomische Fließzeit der Betriebswirtschaft aufhören, ihre Diktatur auszuüben. Die gesellschaftliche und persönliche Reproduktion gliedert sich dann in Momente, die jeweils ihre eigene Zeitform haben können. Erst auf diese Weise können auch die »abgespaltenen«, als »weiblich« definierten Bereiche und Momente, die gesellschaftlich funktional gerade nicht der »Zeitsparlogik« (F. Haug) gehorchen können, in die Gesellschaft zurückgeholt werden. Wenn die gesellschaftliche Reproduktion durchsichtig gemacht und allein den konkreten Inhalten gemäß bestimmt wird, kann es auch keine Hierarchisierung der Tätigkeitsbereiche und keine geschlechtsspezifische Zuordnung mehr geben.

Aufhebung der Arbeit bedeutet aber nicht nur, daß die verschiedenen Momente der Reproduktion zu ihrem eigenen

Recht kommen, sondern auch, daß sie überhaupt als getrennte Sphären aufgehoben werden. Die strikte Sphärentrennung resultiert ja überhaupt erst aus der »Herauslösung« der Ökonomie als Selbstzweck, in dessen Funktionsraum alle anderen Momente ausgelöscht werden mußten. Aufhebung der Arbeit ist somit auch Aufhebung der »Freizeit« und damit Befreiung der Muße, die kein sozialer »Restraum« sein kann, sondern die gesamte Reproduktion durchdringt. Als erstes also: Schluß mit der Arbeitshetze, denn welchen Grund sollte es angesichts gigantischer Produktivkräfte geben, anders als geruhsam zu produzieren, wenn zusammen mit dem zur Raserei getriebenen ökonomischen Selbstzweck auch jedes Hetzmotiv verschwunden ist?

Das gilt aber nicht nur für das Verhältnis von Anspannung und Muße, sondern überhaupt für eine wechselseitige Durchdringung der verschiedenen Momente und Bereiche. So kann etwa die Kultur im weitesten Sinne kein abgetrennter »Sektor« mehr sein, sondern sie ist in die von der Diktatur der abstrakten Zeit befreite Reproduktion schon immer eingeschlossen. In diesem Zusammenhang ginge es auch um die Einführung kulturell-ästhetischer Kriterien in alle bisherigen »Zweckbereiche«. Das ästhetische Verbrechen eines heutigen »Gewerbegebietes« wäre dann beispielsweise nicht mehr möglich.

Von der Enteignung zur Aneignung

Die gesellschaftlichen Ressourcen scheinen zum Greifen nah und sind doch wie durch eine gläserne Wand von den Produzenten getrennt. Denn die auf Arbeit und Warenproduktion basierende Gesellschaft ist eine gigantische Maschinerie der Enteignung. Nicht einfach in dem verkürzten Sinne, wie es der Arbeiterbewegungsmarxismus immer verstanden hat, daß den Arbeitenden die Produktionsmittel nicht juristisch »gehören« und daß ihnen die Früchte ihrer Arbeit (in der Fetischgestalt des Mehrwerts) vom Kapital vorenthalten werden. Die Enteignung hat einen viel umfassenderen Charakter und läßt sich deshalb auch nicht durch den bloß äußerlichen, juristischen Wechsel in der »Verfügungsgewalt« über Fabriken, Grund und Boden, Werkstätten, Gebäude etc. aufheben.

Egal, ob nun der Staat als Generalunternehmer auftritt und hochoffiziell verkündet, »das Volk« oder »die Arbeiterklasse« seien ab sofort stolze Eigentümer des gesamten volkswirtschaftlichen Aggregats, in dessen Dienst sie sich daher um so eifriger zu stellen hätten, oder ob die Betriebe in »Selbstverwaltung« als warenproduzierende Genossenschaften geführt werden, die ihren gesellschaftlichen Zusammenhang weiterhin marktwirtschaftlich herstellen (auch wenn der Markt womöglich mit dem Adjektiv »sozialistisch« versehen wird) – beides waren nur zwei historisch notwendig gescheiterte Versuche, bedürfnisorientierte Bewußtheit in die Arbeits- und Warengesellschaft einzuführen, die doch ihrem Wesen nach ein unabhängig von den Bedürfnissen blind prozessierendes System ist.

In dieser Gesellschaft treten den Menschen ihre eigenen produktiven Potenzen und sozial-kulturellen Beziehungen in der verrückten Form einer sie beherrschenden fremden Macht gegenüber. Wo moderne Individuen denken und handeln, tun sie dies immer schon unter den vorausgesetzten Bedingungen des arbeits- und warengesellschaftlichen Konstitutionszusammenhangs, nach dessen Zwängen sie nicht nur äußerlich funktionieren, sondern die als soziopsychische Struktur in ihnen selber präsent sind. Jede warengesellschaftliche »Freiheit« und jede »Politik« reduziert sich auf Entscheidungen innerhalb des von dieser »zweiten Natur« konstituierten Binnenraums, der als solcher nie zur Disposition steht und sich jedem bewußten Eingriff entzieht. Der Begriff der Enteignung bezeichnet insofern die grundlegende und strukturelle Unfähigkeit der Gesellschaftsmitglieder, über sich selbst und ihren eigenen Zusammenhang bewußt zu verfügen.

Der warengesellschaftliche Mensch kann noch nicht einmal eine Mohrrübe essen, ohne sich über deren Kauf bewußtlos mit einem gigantischen agro-industriellen, logistischen und bürokratischen Aggregat von Düngemittelfabriken, Lkw-Spediteuren, Subventionsverwaltern usw. in Beziehung zu setzen – wobei es keinem der Beteiligten um die Mohrrübe, sondern allen einzig und allein um die abstrakte betriebswirtschaftliche Geldrendite geht, die an irgendeinem Punkt des ganzen absurden Verkettungszusammenhangs zufällig einmal die Gestalt einer Mohrrübe angenommen hat. Das materielle und soziale Resultat ist ganz nebenbei, daß dabei alle sich selbst ebenso wie die natürlichen Lebensgrundlagen vergiften, Menschen verarmen und agrarische Überschußprodukte auf Halde gelagert werden. Nicht nur die täglichen Arbeitsprozesse in Büro, Fabrik und Supermarkt werden von der abstrakten Rationalität der Verwertung gesteuert, selbst noch die Träume des Menschen sind der warengesellschaftlichen Wunschmaschine ausgeliefert.

Es versteht sich eigentlich von selbst, daß eine derart totale Enteignung nie und nimmer durch einen äußerlichen politischen Machtwechsel und durch die Veränderung der juristischen »Verfügungsgewalt« über die Produktionsmittel aufgehoben werden kann (wie es die berühmte Formel von der »Expropriation der Expropriateure« nahezulegen scheint), sondern nur dadurch, daß eine soziale Emanzipationsbewegung sich das gesellschaftliche Ganze bewußt ebenso total aneignet. Die strukturelle Trennung von Politik und Ökonomie, wie sie erst der »herausgelöste« Selbstzweck erzeugt hat, muß von Anfang an in die soziale Bewegung selbst zurückgenommen werden; diese kann nicht mehr im herkömmlichen Sinne »politisch« (also staatsbezogen) sein. Die materiellen Ressourcen sind dem selbstzweckhaften System der Verwertung nicht einfach in einem feierlichen Akt zu entreißen, sondern nur in einer grundlegenden Transformation aller sozialen, ökonomischen und kulturellen Beziehungen, in der sich auch das stoffliche Gesicht der Welt verändert (von der Architektur bis zu den Verkehrsmitteln). Eine derart prinzipielle emanzipatorische Zielbestimmung gilt es gerade in einer gesellschaftlichen Situation zu entwickeln, in der sie völlig illusorisch erscheinen mag, weil der Krisenprozeß zunächst einmal einen neuen Schub des Arbeitsfanatismus ausgelöst hat und die schwärzesten Seiten der Warenseele nach außen kehrt.

Der permanente Enteignungsprozeß hört in der Krise keinesfalls von selbst auf, sondern nimmt im Gegenteil immer krassere Formen an. Daß das Arbeits- und Warensubjekt in seiner Vereinzelung immer schon in einer totalen sozialökonomischen Abhängigkeit lebt, erfährt es auf um so brutalere Weise, wenn seine Arbeitskraft nicht mehr benötigt wird und zugleich die sozialen Transferleistungen des Staates abschmelzen. Ohne Geld (sprich: »geronnene Arbeit«) ist es in der kapitalistischen Gesellschaft buchstäblich ein Nichts; seine Bedürfnisse gelten als nicht existent, weil sie sich nicht als kaufkräftige Nachfrage ausdrücken können. Gleichzeitig bleibt ihm aber der Zugang selbst zu den brachliegenden materiellen Ressourcen (wie etwa leerstehenden Häusern) verwehrt, die eifersüchtig von den staatlichen und privatwirtschaftlichen »Sicherheitsdiensten« bewacht werden, da prinzipiell kein anderer Nutzungszweck als der kapitalistische vorgesehen ist.

Jeder Versuch, diesen immer weiter um sich greifenden Prozeß der absoluten Enteignung (bis hin zum massenhaften Hungertod in den schlimmsten ökonomischen Zusammenbruchsregionen) durch eine immanente »andere Politik« zu stoppen, um zu einem gerade noch erträglichen Maß arbeitsgesellschaftlicher Knechtung zurückzukehren, ist von vornherein zum Scheitern verurteilt. Es gibt keine Grundlage mehr dafür, denn da Politik nur die abstrakt-allgemeine Form ist, in der die warenproduzierende Gesellschaft ihre unheilbaren Widersprüche verwaltet, verliert dieser Modus folgerichtig seine ohnehin begrenzte Regulations- und Interventionskompetenz, je weiter die »Krise der Arbeitsgesellschaft« fortschreitet. Die enthemmte Brutalisierung der kapitalistischen Logik und der Verfall aller zivilisatorischen Standards (von zivilen Umgangsformen bis hin zur Gesundheitsversorgung) kann nur durch eine soziale Bewegung gestoppt werden, die grundsätzlich nicht mehr akzeptiert, daß Reichtumsproduktion nur in der Form von warenproduzierender Arbeit möglich sein soll. Emanzipatorische

Aneignung in diesem Sinne läuft nicht mehr über den politisch-juristischen Modus, sondern eben über den kategorialen Bruch mit den Imperativen der warengesellschaftlichen »zweiten Natur«.

Elemente einer Aneignungsbewegung

Kann die emanzipatorische Perspektive nur in der sozialen Aneignung der arbeitsgesellschaftlich nicht mehr vermittelbaren Reproduktion des gesamten Lebens bestehen, so ist die Praxis dieser Aneignung nur als ein sich über viele Jahre hinziehender Prozeß vorstellbar, in dem der soziale, ökonomische und kulturelle Zusammenhang aufgerollt wird. Es sind nicht allein die äußeren Machtverhältnisse, die einen komplexen Transformationsprozeß erzwingen. Denn die Elemente einer nicht-warenförmigen emanzipierten Gesellschaftlichkeit liegen ja nicht fertig vor und können auch nicht gewissermaßen aus dem Stand geschaffen, sondern sie müssen überhaupt erst herausgefunden und entwickelt werden. Das ist nicht einfach eine technisch-organisatorische Frage, sondern betrifft wesentlich auch die handelnden Individuen und ihre psychosoziale Verfaßtheit. Schließlich werden die Mitglieder einer Aufhebungs- und Aneignungsbewegung keine »transzendenten Wesen« sein, sondern Menschen mit einer mehr oder weniger ausgeprägten Arbeits- und Warensubjektivität, der sie zwar nicht deterministisch ausgeliefert sind, die sie aber andererseits auch nicht einfach abstreifen können wie ein Hemd. Deshalb wird der Prozeß der Aneignung notwendigerweise immer auch ein Prozeß der umfassenden Diskussion, Auseinandersetzung und Selbstreflexion sein müssen.

Eine »Bewegung« in diesem Sinne eines Aneignungsprozesses (statt äußerlicher politischer Akte) hat nichts zu tun mit einem Sichbescheiden oder einer Elendsökonomie auf der verbrannten Erde der Marktwirtschaft. Sie unterscheidet sich auch ganz grundsätzlich von einer bäuerlich-handwerklichen »Subsistenzperspektive« oder von Konzepten einer »lokalen Ökonomie«, wie sie unter dem Eindruck der Krise vielfach propagiert werden. Sicher bietet für viele kapitalistisch »überflüssig« gemachte Menschen die lokale Eigenproduktion und Selbsthilfe mit einfachen Mitteln oft die einzige Möglichkeit, ihr Überleben zu sichern. Zum Teil geht dies sogar einher mit der Wiederbelebung oder Neuentwicklung von Formen der Kooperation und Selbstorganisation; und insofern scheinen auch hier Momente auf, die gegen die kapitalistische Konkurrenzlogik gerichtet sind. Trotzdem stellen diese Ansätze letztlich nur Rückzugs- und Defensivstrategien dar, die gesellschaftlich isoliert bleiben und keine weiterreichende Emanzipationsperspektive bieten. Deshalb können sie auch von sich aus keine Dynamik entwickeln, um über das extrem niedrige Niveau der Vergesellschaftung, der Funktionsteilung und der Produktivität hinauszukommen, auf dem sie sich bewegen. Im Gegenteil sind sie leicht instrumentalisierbar für Strategien der Krisen- und Armutsverwaltung, darüber hinaus tendenziell auch anfällig für ethnizistische und lokalistische Identitätsbildungen.

Die krisenpolitisch aufgeklärteren Fraktionen in den Regierungen und internationalen Institutionen wie Weltbank oder Vereinten Nationen haben gar nichts dagegen, wenn die kapitalistisch »Überflüssigen« sich irgendwie an den Rändern des Kapitalismus einrichten, um ihr Überleben selbst zu sichern. Damit wird nicht nur mögliche soziale Unruhe entschärft, sondern auch die Legitimation geschaffen, um mit der sozialen Ausgrenzungspolitik fortzufahren. Zudem sind die eventuell zugestandenen Ressourcen derart dürftig bemessen, daß die betreffenden Initiativen und Gruppen zumeist schon durch den Kampf um die alltäglichen Lebensmittel voll ausgelastet sind und für weiterreichende Aktivitäten keine Energie mehr mobilisieren können. In ihren Programmen zur »Bekämpfung der Armut« fördert etwa die Weltbank zwecks Imagekosmetik schon seit Jahren mit ein paar Peanuts die »Hilfe zur Selbsthilfe«; und in Mexiko hat gerade die neoliberale Regierung von Präsident Salinas den Basisorganisationen in den Städten größere Entscheidungsbefugnisse insbesondere hinsichtlich einiger lokaler Baumaßnahmen (Straßen, Kanalisation etc.) zugestanden, um sie auf diesem Wege politisch in die Krisenverwaltung einzubinden.

Es ist daher völlig falsch, das Mitmischen in solchen Zusammenhängen zur einzig möglichen »politischen« Praxis zu erklären. Damit wird die Kapitulation vor der zweifellos schwierigen Aufgabe einer aufhebenden Aneignung im gesamt- und weltgesellschaftlichen Maßstab ideell und auf theoretischem Gebiet bereits vollzogen, bevor auch nur der erste praktische Schritt in diese Richtung unternommen werden könnte. Im Gegensatz dazu hat ein transformatorischer Aneignungsdiskurs die Aufgabe, den Orientierungsrahmen für eine Aneignungspraxis zu entwickeln, die sich selbst immer nur als vorläufig und provisorisch begreift, also ständig bemüht ist, über sich selbst hinauszuwachsen. Die Spannung zwischen dem gesamtgesellschaftlichen Ziel einer Aufhebung der Arbeit und den Schwierigkeiten einer transformatorischen Aneignungsbewegung ist ein vorwärtstreibendes Moment und darf deshalb weder durch ein leeres Beschwören des »ganz Anderen« noch durch eine Verselbständigung beschränkter Praxisformen preisgegeben werden.

Die Praxis einer Aneignungsbewegung ist nicht verkürzt auf bloße Nischenprojekte vorstellbar, sondern wesentlich als fortlaufende Konfrontation mit der kapitalistischen Praxis auf den verschiedensten Ebenen. Das gilt vor allem für die radikale Kritik betriebswirtschaftlicher Rationalität nicht nur im allgemeinen, sondern als umfassendes Aufdecken des irrationalen und destruktiven Charakters in den konkreten stofflichen wie sozialen Vernetzungsprozessen des Kapitals (etwa wenn tiefgefrorene Hähnchen von übermüdeten und unterbezahlten Lkw-Fahrern Tausende von Kilometern durch Europa kutschiert werden). Die systematische Enthüllung der massenhaften Absurditäten in der betriebswirtschaftlich-kapitalistischen Praxis könnte gleichzeitig einen Ansatz bilden, die Möglichkeiten einer Aneignung und Umgestaltung des materiellen Reproduktionszusammenhangs auf der Ebene von Produktionssektoren und ihrer Ressourcenflüsse genau zu untersuchen. Gerade weil es nicht darum gehen kann, den kapitalistischen Produktionskomplex in seiner jetzigen Gestalt einfach zu übernehmen, sondern große Teile davon entweder einfach stillgelegt oder zumindest grundlegend verändert werden müssen, ist die Aneignung und Veröffentlichung dieses Wissens (was selbst schon einen glatten Bruch mit den Spielregeln des Systems darstellt) von enormer Bedeutung.

Dabei wären auch frühere Versuche von Kritik und Umwälzung auf der Ebene der konkreten Reproduktion, die in einem ganz anderen Kontext stattfanden, kritisch zu sichten; so etwa die Untersuchungen der Ökologiebewegung oder die sogenannte Rüstungskonversionsdebatte der 70er und 80er Jahre. Dabei wurde zum Teil ziemlich detailliert und sachkundig untersucht, wie bestehende Rüstungsbetriebe mit Hilfe der dort vorhandenen Fachkompetenz und unter partieller Verwendung der Maschinenparks auf andere, nicht-militärische Produkte umgestellt werden könnten. Natürlich ging es dabei nicht um eine radikale Kritik der »herausgelösten Ökonomie«, sondern letztlich immer bloß um den Erhalt marktwirtschaftlicher »Arbeitsplätze«; meist in Verbindung mit den Illusionen einer ökologisch und genossenschaftlich orientierten »alternativen Wirtschaftspolitik« innerhalb eines irgendwie reformierten Kapitalismus. Auch war es mehr als blauäugig anzunehmen, die Rüstungsindustrie ließe sich umbauen, wenn nur ausreichend alternative Produktideen entwickelt werden könnten. Deshalb verschwand die Rüstungskonversionsdebatte auch im Niedergang der Alternativ- und Friedensbewegung und dem Anpassungsprozeß der Olivgrünen sang- und klanglos von der öffentlichen Bühne. Trotzdem könnten diese ad acta gelegten Untersuchungen als Material dienen, um eine Vorstellung zu vermitteln, welches Wissen und welche materiellen Möglichkeiten im Rahmen einer ganz anderen »Konversionsdebatte« gegen Betriebswirtschaft und Warenproduktion überhaupt mobilisierbar wären.

Die Ausgangs- und Ansatzpunkte einer radikalen Aneignungsbewegung werden sicherlich je nach Land oder Region und den dort herrschenden Verhältnissen sehr unterschiedlich sein. Denkbar und anzustreben ist grundsätzlich, daß eine massenhafte, bei unerträglich verschärften Krisenbedingungen gegen die staatliche Krisenverwaltung gerichtete Protestbewegung aus ihrer eigenen Dynamik heraus große Bereiche des gesellschaftlichen Zusammenhangs einschließlich Teilen des industriellen Produktionsapparats erobert. Es hängt von den unterschiedlichen sozialen, politischen und ökonomischen Rahmenbedingungen des Krisenkapitalismus ab, welche Übergangsformen realer Aneignung entstehen können; vor allem natürlich davon, ob und in welchem Ausmaß die soziale Atomisierung und Lethargie überwunden wird.

In demselben Maße, wie die arbeitsgesellschaftliche Reproduktion weiter schrumpft und die Menschen auf Notrationen gesetzt werden, kann der Kampf um die elementare Versorgung mit Wohnung, Nahrungsmitteln, Energie etc. und um den Zugang zu medizinischen und sozialen Diensten Sprengkraft entfalten. Wem das illusorisch vorkommt, der sei daran erinnert, daß in großen Teilen der Welt die »regulären« marktwirtschaftlichen und staatlichen Versorgungskreisläufe schon großenteils zusammengebrochen sind. In den kapitalistischen Kernländern fährt der Zug ja ebenfalls längst in diese Richtung. Weil die Löhne ständig gesenkt und gleichzeitig die sozialen Transferleistungen gekappt werden, nimmt der Druck auch auf diejenigen zu, die noch in der Lage sind, ihre Arbeitskraft irgendwie zu verkaufen. Unter solchen Umständen wird es entscheidend, ob die Versorgungskatastrophen eine gewaltsame Ausgrenzungskonkurrenz auslösen, die von rassistischen Banden und schillernden nationalistischen Medienpolitikern besetzt werden kann – oder ob ein emanzipatorischer gesellschaftlicher Fokus entsteht, etwa wenn durch Hausbesetzungen oder Mietstreiks damit begonnen wird, den Wohnbereich aus der Sphäre der Warenproduktion herauszulösen und zum Beispiel gleichzeitig im Stadtviertel eine autonome Infrastruktur von sozialen und medizinischen Einrichtungen, Treffpunkten, Kommunikationszentren usw. aufzubauen.

Aber durchhaltbar sind solche Ansätze eben nur, wenn sie

gewissermaßen als Ausgangsbasen und Brückenköpfe eine aufs Ganze der gesellschaftlichen Reproduktion gehende Dynamik entwickeln. Und eine solche Dynamik wiederum ist nur noch möglich, wenn gleichzeitig ein theoretischer gesellschaftlicher Fokus entsteht, der als neue Gegenöffentlichkeit die Idee des kategorialen Bruchs mit Arbeit und Warenproduktion vermittelt. Das heißt auch, daß es von Anfang an einer überregionalen und transnationalen Kommunikation, Koordination und wechselseitigen Unterstützung einer Aneignungsbewegung bedarf, die es auch erlaubt, von einer dritten, aufhebenden Position aus in die immanenten sozialen Konflikte und Interessenkämpfe um Lohn, Arbeitslosengeld, Sozialhilfe usw. einzugreifen.

Anzustreben ist also nicht ein »alternativökonomischer« Zusammenhang kleiner warenproduzierender Genossenschaften oder gar von Einzelpersonen, die ihre Arbeitszeit »direkt« tauschen, wie in der regressiven Ideologie der Tauschringe vorgesehen. Denn damit wäre ja nichts weiter erreicht als die Reproduktion (oder parallelgesellschaftliche Simulation) der marktwirtschaftlichen Zwänge mit all ihren Implikationen. Die abstrakte Tätigkeitsform Arbeit wäre nicht etwa aufgehoben, sondern die »Selbstverwaltung« würde sich darauf reduzieren, die verrückten Gesetze der Betriebswirtschaft an sich selbst zu exekutieren. Reale Aneignung kann dagegen immer nur heißen, daß im jeweiligen Zugriffsbereich die verfügbaren Ressourcen gemäß direkter Absprache der Beteiligten eingesetzt werden und das Resultat »im Gebrauch erlischt«, also nicht auf den Markt als Angebot zurückkehrt. Nur mit dieser Perspektive kann eine Rücknahme der verselbständigten Sphäre der Ökonomie in einen bewußt organisierten gesellschaftlichen Zusammenhang auch in Teilbereichen eingeleitet werden.

»Direkte Absprache« kann natürlich nicht heißen, daß sich dauernd riesige Menschenmassen treffen, um über alle Angelegenheiten zu diskutieren und abzustimmen. Vielmehr wäre ein gestaffeltes institutionelles System der Absprache auf allen Ebenen herauszufinden, das für jedes Gesellschaftsmitglied zum Bestandteil des Alltags wird (wie heute die abstrakte Arbeit, das Geld, die Konkurrenz). »Direkt« meint also nur, daß sich keine verselbständigte Fetischform zwischen die Gesellschaftsmitglieder und ihre Existenzmittel schiebt und daß auch höhere Aggregationsebenen des gesellschaftlichen Zusammenhangs für alle durchsichtig bleiben (etwa vermittels moderner Kommunikationsmittel), statt sich wie der Staat und seine Apparate analog zur Ökonomie aus der Gesellschaft herauszulösen und diese im Namen des vorausgesetzten Selbstzwecks zu beherrschen.

Die Aufgabe, solche Formen und Institutionen der direkten gesellschaftlichen Kommunikation und ihrer Vermittlung zu entwickeln, steht allerdings vor der Schwierigkeit, daß kein historisches oder gar aktuelles Vorbild existiert, an dem sie sich orientieren könnte. Die kurzlebige Räteidee etwa kann zwar (soweit sie kritisch durchleuchtet wird) einige Anhaltspunkte bieten, aber gescheitert ist sie wohl gerade daran, daß sie selber arbeitsgesellschaftlich fixiert blieb und damit auch nicht über die bürgerliche Form der Politik hinauskam. Gedacht war an ein eher plebiszitäres politisches (und damit trotz des Anspruchs auf Beteiligung aller para-staatliches) Repräsentationssystem mit einem weiterhin bloß äußerlichen Kommando über die unaufgehobene abstrakte Arbeit und Warenökonomie. Das zeigt sich schon daran, daß etwa in der theoretischen Räte-Konzeption, wie sie Karl Korsch in den 20er Jahren entwickelt hat, eine Gliederung in »Produzentenräte« und »Konsumentenräte« vorgesehen ist. Praktisch müßte sich dadurch aber die strukturelle Schizophrenie des Warensubjekts als Verkäufer von Arbeitskraft einerseits und Warenkonsument andererseits wiederholen. Für eine Aufhebung der verselbständigten Fetischform dagegen wäre es gerade die erste logische Voraussetzung, daß eine kommunikativ vermittelte gesellschaftliche Identität von Produzenten und Konsumenten hergestellt wird.

In jedem Fall wäre es ganz verkehrt, sich auf ein bestimmtes »Modell« der gesellschaftlichen Kommunikation zu fixieren, das nun analog zur Warenform überall gültig sein sollte. Über die Kinderbetreuung im Stadtteil wird anders zu verhandeln sein (und keinesfalls in allen Stadtteilen und Regionen auf die gleiche Weise) als über die Produktion von Stahlträgern und die Gestaltung eines Radioprogramms. Wenn Aufhebung der Arbeit heißt, jede als sinnvoll erkannte Tätigkeit in ihrer Eigenlogik gelten zu lassen, dann müssen dem auch die Entscheidungsverfahren Rechnung tragen. Nicht ein neues abstrakt-universalistisches Funktions- und Organisationsprinzip ist die Zukunft jenseits der Arbeit, sondern ein im Gegensatz zur Warenform tatsächlich »offener« gesellschaftlicher Raum für die Entwicklung konkreter Vielfalt in allen Lebensbereichen – ohne den zwanghaften Drang konkurrenter Identitätsbildung und Abgrenzung.

Literatur

Arendt, Hannah (1989, zuerst 1958): Vita Activa oder Vom tätigen Leben, München

Lafargue, Paul (1998, zuerst 1883): Das Recht auf Faulheit, Grafenau

Pereza, Pablo (1998): Das Recht auf Faulheit – 100 Jahre später, Grafenau

Schultze, Thomas/Gross, Almut (1997): Die Autonomen, Hamburg

Thompson, Edward P. (1987): Die Entstehung der englischen Arbeiterklasse, Frankfurt/Main

ders. (1980): Plebeische Kultur und moralische Ökonomie, Berlin

AutorInnen

Gerd Bedszent, Jahrgang 1958, Ökonom und Ingenieur, lebt in Berlin

Götz Eisenberg, Jahrgang 1951, Psychologe und Publizist, lebt in Gießen

Volker Hildebrandt, Jahrgang 1964, Publizist, lebt in Hamburg

Robert Kurz, Jahrgang 1943, Publizist und Redakteur der Zeitschrift »Krisis«, lebt in Nürnberg

Ernst Lohoff, Jahrgang 1960, Publizist und Redakteur der Zeitschrift »Krisis«, lebt in Nürnberg

Martin Massip, Jahrgang 1958, arbeitet seit vielen Jahren bei der Sozialistischen Selbsthilfe Mühlheim mit, lebt in Oberhausen

Franz Schandl, Jahrgang 1960, Politologe und Publizist, lebt in Wien

Roswitha Scholz, Jahrgang 1959, Publizistin, lebt in Nürnberg

Norbert Trenkle, Jahrgang 1959, Publizist und Redakteur der Zeitschrift »Krisis«, lebt in Fürth

Karl-Heinz Wedel, Jahrgang 1960, Redakteur der Zeitschrift »Krisis«, lebt in Nürnberg